2020年度教育部人文社会科学研究青年基金项目
"汉语框式介词的生成语法研究"成果
(项目批准号:20YJC740055)

中国社科研究文库
CHINESE SOCIAL SCIENCE RESEARCH LIBRARY

汉语方所介词的纳米句法研究

孙文统 | 著

吉林大学出版社
·长春·

图书在版编目（CIP）数据

汉语方所介词的纳米句法研究 / 孙文统著 . —长春：吉林大学出版社，2021.6
ISBN 978-7-5692-8123-1

Ⅰ.①汉… Ⅱ.①孙… Ⅲ.①汉语—介词—研究 Ⅳ.①H146.2

中国版本图书馆 CIP 数据核字（2021）第 055667 号

书　　名	汉语方所介词的纳米句法研究
	HANYU FANGSUO JIECI DE NAMI JUFA YANJIU
作　　者	孙文统　著
策划编辑	李潇潇
责任编辑	赵雪君
责任校对	周　鑫
装帧设计	中联华文
出版发行	吉林大学出版社
社　　址	长春市人民大街 4059 号
邮政编码	130021
发行电话	0431-89580028/29/21
网　　址	http：//www.jlup.com.cn
电子邮箱	jdcbs@jlu.edu.cn
印　　刷	三河市华东印刷有限公司
开　　本	710mm×1000mm　1/16
印　　张	16.5
字　　数	210 千字
版　　次	2021 年 6 月第 1 版
印　　次	2021 年 6 月第 1 次
书　　号	ISBN 978-7-5692-8123-1
定　　价	95.00 元

版权所有　翻印必究

序

纳米句法(nanosyntax)是原则与参数框架下的一种生成语法理论,该理论模型由 Michal Starke 提出,旨在为自然语言中的句法结构提供精密的描写与刻画。目前国内对于纳米句法的相关研究并不多见,运用该理论对汉语语言现象进行具体研究的专著更是凤毛麟角。因此,纳米句法在国内尚属于较为新颖的理论概念,值得我们进行全面深入的探索与研究。

孙文统所著的《汉语方所介词的纳米句法研究》一书,在全面阐述纳米句法的产生背景、理论模型、操作要件及具体应用的基础上,对汉语方所介词展开了系统全面的分析与研究。该书将纳米句法理论应用于汉语研究,为汉语方所介词结构的研究提供了新颖的研究视角和理论支撑。该书研究视角新颖独特,论证过程层层深入,现象描写全面具体,广泛运用语言对比,较为深刻地揭示了汉语方所介词结构的句法构造和运算机理。具体说来,该书的理论价值主要体现在以下几个方面:

第一,对纳米句法理论做出了较为全面细致的描写与刻画。本书详细介绍了纳米句法的理论内涵、基本假设、操作方式和理论优势，并通过法语代词、类并（syncretism）现象和习语研究阐述了纳米句法的具体应用。作者详细分析了纳米句法与最简方案和分布式形态学之间的异同，彰显出纳米句法的理论特点。读者可以通过阅读本书对纳米句法的理论内涵和基本操作有一个较为全面的了解与认识。

第二，基于语义特征对汉语方所介词进行了系统的分类与描写。本书在总结前人关于方所介词分类的基础上，根据语义特征对汉语方所介词进行了描写与分类。本书将汉语方所介词分为"方位"（Place）和"路径"（Path）两大类，前者又分为"临近"（Vicinity）和"处所"（Location）两个次类，后者则细化为"来源"（Source）、"终点"（Goal）、"方向"（Direction）、"经由"（Passage）和"沿途"（Route）五个次类。本书对不同类型的语义特征进行了解释，并分析了语义特征和语义强制性的关系。

第三，在纳米句法的框架下探索了汉语方所介词结构的结构形式、生成机制、介词及方位词隐现等问题。本书将汉语方位词分析为"外轴向部分"，将准方位词分析为"内轴向部分"，构建了汉语具有语言普遍性的层级性投射，并通过纳米句法的运算机制探索了汉语方所介词结构的生成机制及介词结构中介词和方位词的隐现机制，这对汉语方所介词的研究来说是一种新的尝试。

第四，对汉语方所介词结构的句法分布及游移动因提供了解释。本书考察了汉语方所介词结构的句法分布，总结出不同类型的方所介词结构在句子中的游移区域，并通过形式化的手段详细描摹了方所介词结构的游移机制及内在动因。

当然，本书尚存在一些不足之处，有待在将来的研究中进行进一步的深化与完善。比如本书论证过程中的类型学语料尚需进一步拓展与完善，而且在研究方所介词的句法分布的过程中较少涉及对韵律制约因素的讨论。作者年富力强，勤于探索，而且具有较为丰硕的前期研究成果。相信他在今后的研究过程中能够进一步完善自身的理论体系，进行更为深刻的探索与挖掘，在生成语法领域做出更为优秀的研究成果。

是为序。

2020 年 9 月 1 日

目 录
CONTENTS

第1章 绪 论 ·· 1
  1.1 研究对象 ··· 1
  1.2 前人的研究及存在的问题 ·· 3
    1.2.1 国内外研究现状 ·· 3
    1.2.2 存在的问题 ·· 9
  1.3 选题意义 ·· 10
  1.4 研究目标 ·· 11
  1.5 研究方法 ·· 12
  1.6 章节安排及各章要义 ··· 13
  1.7 本书语料说明 ·· 15

第2章 纳米句法的理论模型及操作要件 ································ 16
  2.1 纳米句法的产生背景及基本假设 ······································ 17
    2.1.1 纳米句法产生的背景 ·· 17
    2.1.2 纳米句法的理论内涵及基本假设 ····························· 26
  2.2 纳米句法的理论模型及操作要件 ······································ 28
    2.2.1 纳米句法的理论模型 ·· 28
    2.2.2 纳米句法的操作要件及运算方式 ····························· 33

2.3 纳米句法的理论优势及具体应用 ·············· 38
2.3.1 纳米句法的理论优势 ·············· 38
2.3.2 纳米句法理论的具体应用：个案研究 ·············· 42
2.4 本章小结 ·············· 48

第3章 汉语方所介词的类型及句法语义特征 ·············· 49
3.1 汉语方所介词的内部分类 ·············· 49
3.1.1 前人的分类 ·············· 49
3.1.2 基于语义特征的汉语方所介词分类 ·············· 54
3.2 汉语方所介词的语义特征及语义强制性 ·············· 62
3.3 方所结构的普遍性层级序列与汉语方所介词的结构表征 ·············· 70
3.3.1 方所结构的普遍性层级序列 ·············· 70
3.3.2 汉语方所介词结构的句法表征 ·············· 78
3.4 本章小结 ·············· 79

第4章 汉语方位成分的句法性质及语义功能 ·············· 81
4.1 汉语方位成分的内部分化及具体类型 ·············· 81
4.1.1 几种具有代表性的分类模型 ·············· 81
4.1.2 方位成分的内部分化及具体分类 ·············· 87
4.2 汉语方位成分的句法语义特征 ·············· 94
4.2.1 方位成分与"在"的共现 ·············· 94
4.2.2 方位成分与"从"的共现 ·············· 96
4.2.3 方位成分与"到"的共现 ·············· 98
4.2.4 方位成分与"从"的共现 ·············· 99
4.3 汉语方位词的句法属性及语义功能 ·············· 101
4.3.1 前人的研究 ·············· 101

    4.3.2 本书的分析 …………………………………………… 107
  4.4 本章小结 ………………………………………………… 113

第5章 汉语方所介词的结构形式及推导机制 ………………… 115
  5.1 汉语方所介词的句法表现 ………………………………… 115
    5.1.1 方位类(PLACE)方所介词的句法表现 …………… 115
    5.1.2 路径类(PATH)方所介词的句法表现 …………… 119
  5.2 汉语方所介词短语结构的内部构造 ……………………… 126
    5.2.1 方位类(PLACE)方所介词结构的内部构造 ……… 126
    5.2.2 路径类(PATH)方所介词结构的内部构造 ……… 135
    5.2.3 汉语方所介词结构的普遍性结构表征 …………… 139
  5.3 汉语方所介词短语结构的推导机制及生成动因 ………… 142
    5.3.1 纳米句法的理论主张及句法运算模式 …………… 142
    5.3.2 方位类(PLACE)方所介词结构的推导机制及
          生成动因 ………………………………………… 144
    5.3.3 路径类(PATH)方所介词结构的推导机制及
          生成动因 ………………………………………… 153
  5.4 本章小结 ………………………………………………… 158

第6章 方所介词结构中介词及方位词的隐现机制研究 ………… 159
  6.1 方所介词结构中介词及方位词的隐现规律 ……………… 159
    6.1.1 方所介词中介词的隐现规律 ……………………… 159
    6.1.2 方所介词中方位词的隐现规律 …………………… 172
  6.2 方所介词结构中介词的隐现机制研究 …………………… 179
  6.3 方所介词结构中方位词的隐现机制研究 ………………… 188
  6.4 本章小结 ………………………………………………… 194

第7章 方所介词结构的句法分布及游移动因 ········· 195
7.1 方所介词结构的句法分布 ············· 195
7.1.1 方位类(Place)方所介词结构在句子中的句法分布 ············· 195
7.1.2 路径类(Path)方所介词结构在句子中的句法分布 ······ 197
7.2 方所介词结构在句子中的游移形式 ············· 204
7.2.1 方位类(Place)方所介词在句子中的游移形式 ············· 204
7.2.2 路径类(Path)方所介词结构在句子中的游移形式 ······ 205
7.3 方所介词结构游移的推导机制及动因 ············· 208
7.3.1 方位类(Place)方所介词结构游移的生成机制 ············· 208
7.3.2 路径类(Path)方所介词结构游移的生成机制 ············· 215
7.3.3 方所介词结构游移的内在动因 ············· 219
7.4 本章小结 ············· 220

第8章 结　语 ············· 222
8.1 创新之处及存在问题 ············· 222
8.2 研究总结及未来展望 ············· 224

附录　本书常用术语英汉对照表 ············· 227

参考文献 ············· 231

后　记 ············· 251

第1章 绪 论

1.1 研究对象

　　方所，指方位与处所，属于表达空间含义的语法范畴。方所介词（locative preposition）即表达方位及处所语义的介词类型。汉语方所介词"在""自""到""向""经""临""沿"等分别可以表示处所、来源、目标、方向、经由、临近及沿途等方所语义。和其他类型的介词一样，方所介词的主要功能在于为句子中的谓语动词介引间接论元，标记句子中成分之间的空间位置关系。比如：

（1）a. 张三站在山岗上。

　　　b. 张三向山岗走去。

　　在例（1）a中，介词"在"标记的是"张三"和"山岗"之间一种静态的处所关系，而在例（1）b中，介词"向"则标记"张三"和"山岗"之间的动态的方向关系。作为汉语介词系统的重要组成部分，方所介词一直受到国内外语法学家的广泛关注。尤其是20世纪80年代以降，语法学界围绕汉语方所介词展开了全面深入的研究，对相关语言事实的挖掘已然十分深入，研究方法亦呈现出多维度、多视角、多侧面以及多元化等特征,并在一定程度上借助西方语言学理论进行结构语义及跨语言对比分析,取得了相当丰硕的研究成果。尽管前人在汉语方所介词的研究方面已经做出了大量的工作,已有成果亦在一定程度上达到了语言研究上的解释充分性,但当前的研究仍然存在诸多问题,有待更进一步的研究与探索。具体表现为:

第一,汉语方所介词系统内部成员在句法及语义特征方面体现出较为明显的不平衡性,不同的方所介词对位于其后的名词性成分具有不同的要求:

(2)a. *在桌子/在桌子上

　　b. 朝桌子/朝桌子上

在例(2)中,表示处所的介词"在"要求其后的普通名词(非处所词)必须带方位词,而表示方向的介词"朝"则无此要求,而实际的情况则更为复杂。语义要求及结构表征方面的不平衡性给汉语方所介词系统的研究造成了一定的困难。第二,汉语方所介词在具有自然语言中的普遍特征的同时,还拥有自身独特的特点。英语中存在的介词连用现象(比如"from behind the door")以及荷兰语中广泛存在的框式介词(circumposition)结构(比如"*onder* de brug *door*"意为"从桥下")在汉语方所表达中则依靠"介词+方位词"的形式进行表示。除此之外,对汉语方所介词展开研究需要同时将汉语方位词纳入研究范域,而汉语方位词的理论地位以及语法本质在学界一直众说纷纭,尚无定论。

有鉴于此,本书将汉语方所介词作为研究对象,在生成语法理论的新近发展——纳米句法(nanosyntax)的理论框架下,全面探索汉语方所介词的内部结构、语义特征、生成机制及句法分布,并为汉语方位词的句法属性、结构位置、语义功能及隐现规律提供整齐划一的解释方案,以期为汉语介词系统研究的完善做出贡献。

1.2 前人的研究及存在的问题

1.2.1 国内外研究现状

1.2.1.1 国内关于汉语方所介词的研究

关于方所介词的研究，国内语法学界的关注点主要体现在以下几个方面：第一，汉语方所介词的语义类型及历时演变研究；第二，汉语方位词的理论定位及历时发展研究；第三，汉语方所框式介词的专题研究。

在汉语方所介词的研究方面，比较有代表性的学术专著有马贝加(2002)、陈昌来(2002)、史冬青(2009)和张金生(2017)等。马贝加和陈昌来将方所介词置于整个汉语介词系统中进行研究，前者根据语义将近代汉语方所介词分为"始发处""所在处""终到处""临近处""方向""经由"及"沿途"七种类型，对每种类型进行了全面深入的描写，并探讨了汉语介词的来源、介词范畴发展的原因及趋势展望。陈昌来则从功能的角度出发，研究汉语介词系统中的介词类别与内部差异，并从英汉对比的角度对汉语方所介词"在"进行了句法分析。二位学者的着眼点在于整个汉语介词系统，仅仅辟出单个章节对汉语方所介词进行论述。史冬青和张金生则专门针对汉语方所介词系统进行专题研究。前者探讨的是先秦至魏晋时期的方所介词系统。史冬青对先秦至魏晋时期的介词"于""从""在""由""自""以""乎"等进行了深入的个案分析，并深入探讨了介词"著""向""就""即""临""顺""沿""缘""寻"等介词的形成及演变。除此之外，作者还全面探索了方所范畴与时间范畴的关系，全面研究了空间与时点和时段之间相互转移的因素。张金生则从认知语法的角度,对空间介词的多义结构模式进行了分析,作者在梳理空间介词意义的网络结构模式的基础上,构建出描述空间介词多义结构的功能几何构型。除了学术专著之外,还有一些专门针对特定方所介词的学术论文,比较具有代表性的有冯宏(2003),史冬青(2008a,2008b,2009,2010a,2010b),于娟娟(2010),蒋利(2015),张颖(2015),王用源(2016),郑继娥(2020)等。这些学者多从语言对比、历时变化、语义功能等角度对古代汉语特定方所介词展开分析。

在汉语方位词的理论定性及历时发展方面,相关学术专著及论文较多,争议较大。以方位词为研究对象的学术专书有蔡言胜(2008)、王红广(2009)、林晓桓(2011)、陈瑶(2014)、刘艳红(2015)、施建平(2018a,2018b,2018c)等。这些学术专著着眼于历史上特定时期或特定古籍中方位词的研究,比如刘艳红对唐五代时期的方位词进行了考察,而蔡言胜则对《世说新语》中的方位词系统进行了研究。在方位词的理论定性方面存在的争议较大,国内外学者根据自身的理论背景对其做出了不同的分析,比较具有代表性分析的有:李亚非(2009)、贝罗贝、曹茜蕾(2014)、储泽祥(2006)将其视为名词的子类。Tai(1973)、Peyraube(1980)、Ernst(1988)、Hagège(1975)将其视为后置介词。刘丹青(2002,2003)则将其视为框式介词中的后置词。Huang(2009)将汉语方位词视为一种后置型中心语,与名词共同构成介词的补语。而李崇兴(1992)则认为汉语方位词属于一种自足的词类,具有与一般名词相同的副词功能。除此之外,方位词还被分析为名词性后缀(Cartier,1972)、代词(Ragaloff,1973)、附着语素(clitic)(Liu,1988)、名词后缀(Jia Bu Ji Nuo,1957,1958)等。另外,方位词在方所介词结构中的隐现问题也是学者关注的焦点。这方面比较有代表性的研究有储泽祥(2004)、邱斌(2008)、杨朝军(2019)等。

在汉语方所类型的框式介词研究方面,也有较为丰硕的研究成果。

作为一种较为特殊的介词类型,框式介词已经引起了学界的广泛注意。Greenberg(1980)最早在自然语言中注意到这种语言现象,最初称其为"环缀"(circumfix),后来将这种结构类型称为"框式介词"(circumposition)。比如在荷兰语方所介词结构"*in die kamer in*"(在房间里)中,介词"in"前后形成一个框架,将名词短语"kamer"(房间)框在中间。刘丹青(2002,2003)将这一概念引入汉语研究,从语言类型学的视角论证了古代汉语、近代汉语和现代汉语中框式介词的范围及特征。他利用双层介词短语模型分析了英语"from under the desk"这种介词连用结构并通过"单用测试"和"并列测试"分析了汉语框式介词的范畴。刘丹青(2002)将汉语方所介词结构"在桌子上"分析为[$_{PP}$[$_{Pre}$在][$_{PP}$[$_{NP}$桌子][$_{Pos}$上]]]。此外,王世群(2013,2016)、张云峰(2014)和陈昌来(2014)都涉及了方所类框式介词的研究。需要指出的是,上述学者将方所类框式介词作为汉语框式介词系统中的一个子类进行研究,而且对框式介词的内涵与范围的界定各不相同。

1.2.1.2 国外形式学派关于方所介词的研究

和国内注重语言现象的分类与描写相比,国外形式语言学界多从方所介词的结构形式入手,探索方所介词结构的推导机制与生成动因,并试图在广阔的语言类型学的范畴内为该类结构的语言普遍性提供整齐划一的解释方案。研究视角亦呈现出多样化的态势,有的学者在传统最简方案(Minimalist Program)的理论框架下对英语方所介词(国外称为空间介词,Spatial Preposition)展开研究,有的学者在制图理论(Cartography)的框架下为方所介词的结构形式提供精密的刻画,有的学者从新构式(neo-constructionist)的理论视角出发,结合句法结构和空间认知展开研究,有的学者则从语法化(grammaticalization)的角度,为方所后置介词的句法地位做出解释,比较具有代表性的研究分述如下。

Ayano Seiki(2001)在传统最简方案的框架下探索了方所介词短语

的内部结构和外部句法表现，涉及英语、日语、荷兰语及匈牙利语等语料。其基本思路是将方所介词结构分析为一种和轻动词结构 vP 相平行的双层结构 pP，具有[±directional]特征的功能性中心语 p 选择具有[+locational]特征的词汇性中心语 PP 作为其补语，方所介词的层次性(layered)句法结构如下所示(见图1-1)：

(3)
```
        pP
       /  \
P[±directional]  PP
                /  \
        P[+locational]  DP
```

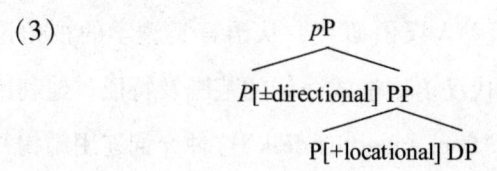

图 1-1　方所介词的层次性结构图

作者用该模型对德语和荷兰语中的框式介词结构以及英语中的方所介词连用现象做出了解释，涉及传统最简方案中的合并(merge)、移位(movement)、一致(agreement)、并入(incorporation)等基本句法操作。

Koopman (2000)对荷兰语和德语中的前置词、后置词和框式介词进行了制图分析，假设方所介词结构自上而下由 PathP 和 PlaceP 两层投射叠加而成，前者容纳方向介词(directional preposition)，后者容纳静态介词(stative preposition)。两层投射之间以及 PathP 之上存在一定数量的功能性投射，以便为指示代词 er、程度短语(degree modifiers)以及其他类型的修饰成分提供落脚点。分所介词的扩展性投射(Extended Projection, EP)被分析为：

(4) $[_{CP(Place)} \text{Spec}_{[+R]} [C (Place) [_{DegP(Place)} \text{MOD} [\text{Deg} (Place) [_{PlaceP} \text{Spec}_{[+R]} [\text{Place} [_{PP} P_{Loc} DP]]]]]]]$

Den Dikken (2003)在 Koopman (2000)研究的基础上对静态性方所介词和方向性方所介词的词汇性及功能性投射的内部结构和推导方式进行了改良，并将其分析为和小句结构和名词性结构相平行的结构：

(5) a. $[_{CP} C^{[FORCE]} [_{DxP} Dx^{[TENSE]} [_{AspP} Asp^{[EVENT]} [_{VP} V \ldots]]]]$

b. $[_{CP} C^{[DEF]} [_{DxP} Dx^{[PERSON]} [_{AspP} Asp^{[NUM]} [_{NP} N \ldots]]]]$

c. $[_{CP}C^{[SPACE]}[_{DxP}Dx^{[SPACE]}[_{AspP}Asp^{[SPACE]}[_{PP}P...]]]]$

其中,(3)a 为小句结构,3(b)为名词性结构,3(c)为方所介词结构。在此基础上,Den Dikken 探索了静态性方所介词和方向性前置词、后置词以及框式介词短语的推导方式、PLoc 和 PDir 扩展性投射结构内部及外部移位的条件限制以及修饰成分在介词结构中的分布模式,并且指出:方所介词结构中的功能性投射的出现具有选择性。

Svenonius (2006, 2010, 2012)详细探讨了英语方所介词的扩展性投射,其关于方所介词的层级性分析和 Koopman(2000)与 Den Dikken (2003)类似。其颇具特色的分析方式是将英语复合介词短语"in front of"中的"front"分析为轴向投射(AxPartP),"front"在方所介词结构中具有"轴向性"(axial)功能。诸如"in front of the house"这种介词短语被分析为以下结构(见图 1-2):

(6)

```
        PlaceP
       /      \
     in      AxPartP
            /        \
         front        KP
                    /    \
                   of    DP(the house)
```

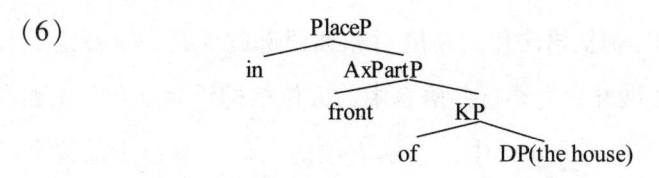

图 1-2 "in front of the house"结构图

名词"front"位于轴向投射(AxPartP)之下,KP 投射为介词 of 提供句法位置,其功能在于为其后的限定词短语 DP 授格。Svenonius 具有新构式的理论背景,他将"矢量空间"(vector spaces)和"轴向部分"(axial part)融入方所介词的结构分析和语义解释过程中,为方所介词的研究提供了崭新的研究视角。

Noonan(2010)和 Terzi(2010)则赋予方所介词一种较为特殊的理论地位,二者将其视为名词的修饰成分。Noonan 将方位介词视为隐方位名词(silent PLACE noun)的修饰成分,并根据这种假设统一解释了英语、德语和法语中的方向性方所介词 to、zu 和 à。他认为方向性方所介词在结构上具有跨语言的普遍性特征,在结构上表现为:

$V_{DIR} > R_{PATH} > (Mod_{PATH}) > Path > P_{LOC} > R_{PLACE} > (Mod_{PLACE}) > PLACE$

Noonan 进一步指出,跨语言的结构变异的原因在于不同的功能范畴(functional category)在是否发音(pronunciation versus non-pronunciation)方面存在着参数差异。Terzi 则以希腊语为基本语料,将方所介词分析为一种抽象名词 PLACE 的修饰成分。作者基于希腊语构建的方所介词结构表示如下:

...[$_{SC}$ø[$_{DP}$[$_{XP}$ epano [$_X$[$_{NP}$ Place]]]] [$_{PP}$ø[$_{DP}$ tu]]]

其中,"SC"表示的是方所介词结构所出现的小句环境。"epano"为希腊语方所介词,相当于英语中的介词"on""X"为空冠词,"Place"为空名词,tu 为附着成分(clitic),该成分在后续的句法操作中移位附着于介词"epano"之后。在限定词短语 PD 中,介词"epano"作为修饰成分修饰作为中心语的空名词。

Aboh(2010)则从语法化的角度对非洲西部的克瓦(Kwa)语族和乍得(Chadic)语族展开研究。这些语言中的方位结构较为复杂,比如在克瓦语族中的冈毕语(Gungbe)中,表示方位的名词短语位于前置介词和后置介词之间,在形式上表现为"$P_1 + DP + P_2$",而乍得语族中的科特克语(Kotoko)中则允许介词连用,在形式上表现为"$P_1 + P_2 + DP$"。Aboh 从语法化的角度出发,证明在冈毕语中,P_1 源自该语言中连动结构中的第一个动词,而 P_2 则来源于表示轴向部分的关系名词、物体及身体部位名词以及表示路标含义的名词。因此,DP 和 P_2 形成一种属格结构,直接受 P_1 所支配:

[$_{IP}$ DP$_{[Possessor]}$[$_I$°ø [NP$_{[Possessum]}$]]]

在该结构中,P_2 被分析为被领有物 NP[Possessum],为限定词短语 DP 领有,ø 表示属格标记为空,整个"$DP + P_2$"结构被标记为 IP。循着相同的思路,Aboh 对科特克语中的"$P_1 + P_2 + DP$"型方所介词结构进行了分析,指出其与冈毕语中的"$P_1 + DP + P_2$"型方所短语在结构上存在移位转化的关系。

1.2.2 存在的问题

尽管国内外学者针对方所介词做出了大量深入的研究，并取得了令人瞩目的研究成果，但就汉语方所介词而言，尚存在一些问题值得进行更为深入的研究。具体表现在：

第一，国内语法学界大多倾向于以整个汉语介词系统为研究对象，以汉语方所介词系统为研究对象的专著较少，对汉语方所介词的研究多着眼于个别方所介词的形成与演变，研究成果多散见于单篇研究论文中，系统性的研究成果较少，相关成果主要集中于少数专家学者的研究专书中。

第二，学界对汉语方所介词的研究和汉语方位词的探讨相对独立，方位词在方所介词结构中的理论地位尚未得到具体定性与阐释，有关方位词和方所介词结构的关系研究多集中在"在+名词+方位词"结构中的前后项隐现问题上，较少涉及其他类型的方所介词，方位词在整个方所介词系统的句法表现尚不明确。

第三，学界对汉语方所介词的内部构造与形成机制的研究还不够充分，现有的研究主要聚焦于方所介词的语义分类及历史演化，对其结构形式关注不够，采用形式化的手段进行分析的研究较少，对现象的解释多以认知为主，比如方经民（1999，2002，2004），廖秋忠（1989）、刘宁生（1994）等，较少关注该类结构的内部构造及生成机制。

第四，尽管国外学界擅长以形式化的手段描写并解释自然语言中的方所介词结构，研究对象涉及英语、德语、法语等世界主要语种以及各种方言语族，针对汉语方所介词结构所进行的研究较为缺乏，对汉语实际语言现象关注较少，因此在一定程度上削弱了其理论模型的语言普适性。

1.3 选题意义

本书旨在纳米句法的理论框架下全面系统地考察汉语方所介词的语义类型、结构特征、推导机制及生成动因。在正确描写相关语言现象及语言事实的基础之上为汉语方所介词结构提供精密的结构刻画、赋予汉语方所介词结构动态性的推导机制、解释与方所介词结构相关的结构变体以及基于语言普遍性的跨语言对比分析是本书的基本脉络。本书将主流生成语法理论的新近发展——纳米句法作为其理论框架，为汉语方所介词的研究提供了崭新的研究视角和坚实的技术支撑，具有较为深刻的理论意义：

第一，在纳米句法的理论框架下对汉语方所介词系统进行全方位的研究，深刻地揭示汉语方所介词的结构形式、句法表现、语义类型、推导机制，并在此基础上揭示汉语方所结构的变体来源及形成动因，能够为汉语语法教学、对外汉语教学、汉语词典编纂以及汉语语言信息处理提供坚实的理论基础和技术支持，有利于汉语的对外传播及国际影响力的提升。

第二，本书采用形式化的手段对汉语方所介词进行分析，研究重心在于精密地刻画方所介词结构的内部构造，并为其结构生成提供动态化的推导机制。在理论解释方面，本研究从语言的普遍性出发，兼具语言类型学的眼光，着力为汉语方所介词系统提供全方位的描写与解释，以弥补当前研究中重认知、轻形式的解释方案，为汉语方所介词的研究提供全新的理论视角。

第三，尽管学界前修时贤对汉语方所介词已经做出了大量的研究并取得了丰硕的研究成果，但当前的研究来看，对汉语方所介词结构的句法表现研究得还不够充分,某些具体的领域尚缺乏系统深入的研究,比如方位词在方所介词结构中的理论地位及结构位置、"路径"(path)类方所介词结构中前后项的隐现规律、方所介词结构在小句中的位置、方所介词结构内部各成分之间的语义关系等。本书的研究旨在弥补先前研究中的不足之处,进一步深化相关领域的研究。

第四,作为汉语介词系统中的重要组成部分,汉语方所介词系统在汉语语法研究中具有极为重要的理论地位。对汉语方所介词进行研究,有利于汉语介词系统研究的丰富与完善,从而有利于整个汉语语法体系的发展与完善。同时,本书以形式化的语言学理论研究汉语语法现象,能够促进汉语语法理论与西方主流形式语言学理论的互动与融合,时刻保持语法研究的理论前沿性与蓬勃生命力。

1.4 研究目标

本书的总体研究目标是在生成语法的新近发展——纳米句法的理论框架下为汉语方所介词的结构形式、语言类别、推导机制和形成动因提供形式化的描写与解释。具体分为以下几个方面:

第一,将汉语方所介词进行科学的分类,并根据其所携带的内在语义特征将方所介词结构分析为不同的层次性投射,把不同类型的方所介词囊括在同一个句法投射之下,在具有语言普遍性的句法结构中明晰各种方所介词类型的区别和联系,以彰显汉语方所介词的系统性及结构层次的统一性,力求构建出具有普遍解释力的语言理论。

第二,在纳米句法的理论框架下对汉语方所介词短语的内部结构提供明晰的刻画,并基于精密的结构描写为汉语不同类型的方所介词结构的生成提供统一的解释,从结构形式的层面揭示不同语义类型的方所介词在结构上的区别和联系，进而为其句法表现方面的差异之处提供解释。

第三，重新审视汉语方位词在汉语方所介词结构中的理论地位与语义功能，赋予其全新的理论定位，并全面探索汉语方所介词结构中方位词及方所介词的隐现规律及制约机制。此外，本书进一步区分了单音节方位词(比如"上""下""左""右"等)和具有方位标记功能的单音节准方位词(比如"顶""边""脚""心"等)，明确了二者在方所介词结构中的相对位置和具体功能。

第四，将汉语方所介词结构置于更为广阔的语言类型视野中进行探索，广泛收集世界上主要语种及方言语族中的语言事实，注重跨语言的对比与分析，以广博翔实的语料探索汉语方所介词结构在普遍语法(Universal Grammar)中的理论地位，为汉语方所介词短语的语言普遍性和结构变异性提供新理论启示，进而推动汉语语法研究的长足发展。

1.5　研究方法

本书在研究汉语方所介词结构的过程中主要使用以下几种研究方法：

(1)继承与批判相结合

本研究在继承前人关于汉语方所介词研究中的合理性的基础上，找出传统研究中的不足与缺陷，力求在生成语法的理论的新近发展——纳米句法的理论框架下探索汉语语言现象，以弥补当前国内外研究中的不足之处及空白地带。

(2)共时与历时相结合

本书关于汉语方所介词的研究不仅仅局限于共时层面上的探索，而是基于古今汉语中的语言事实,全盘考察,古今兼顾,在明晰该类介词结构的古今演变规律的基础上,全面探索汉语方所介词结构的内部构造与生成机制,并力图为其生成动因提供解释。

(3)个性与共性相结合

本书在研究汉语方所介词的过程中,兼具语言类型学视角,注重语言对比和语言普遍性的探索。本书将汉语方所介词放在更为广博的语言类型学领域中进行考察,以自然语言中的事实证据为支撑,在凸显汉语方所介词结构特有属性的同时,兼顾汉语方所结构所具有的跨语言普遍性特征。

(4)描写与解释相结合

科学研究的终极目标在于为表面现象提供理论解释。本书的目标并不是对现有语言现象的简单搜集,而是在充分描写汉语方所介词的句法表现及语义特征的基础上,清晰地刻画该类介词结构的内部构造及推导过程,在全面描写相关语言现象的基础上,为汉语方所介词结构的生成机制和形成动因提供形式化的解释。

(5)归纳与演绎相结合

本书旨在全面揭示汉语方所介词系统的句法语义特征,并为其提供科学合理的解释。在语言事实的描述方面,本书主要采用归纳的方法,注重语言事实描写的全面性和准确性,以求达到语言研究上的描写充分性(descriptive adequacy);在语言现象的解释方面,本书则采用演绎的方法,提出理论假设,并用实际语料验证理论假设的正确性,力求达到语言研究上的解释充分性(explanatory adequacy)。

1.6　章节安排及各章要义

本书共有八章,章节安排及各章要义简述如下:

第 1 章为绪论，旨在引入本书的研究对象，梳理国内外研究状况，找出当前研究中的薄弱环节与不足之处，为本书的研究找到合适的切入点与突破口。此外，在绪论部分条分缕析地论述了本书的选题意义，纲举目张地阐明了本书的研究目标，并分门别类地胪列出本书的研究方法，为后面章节的具体研究做好了理论上的铺垫。

第 2 章"纳米句法的理论模型及操作要件"首先对纳米句法理论的产生背景进行了一个鸟瞰式的回顾，在将其与其他相关理论模型（制图理论和分布式形态学（Distributed Morphology，DM））进行对比的基础上，阐明了纳米句法理论与二者之间的内在联系和理论优势，进而明晰了该理论框架在汉语方所介词研究中的科学性与合理性。之后，本章清晰地勾勒出该理论模型的运算系统，详细论述了该理论模型的操作要件及具体应用，为后续章节的具体分析提供了理论基础和技术支持。

第 3 章"汉语方所介词的类型及句法语义特征"基于具体的语言事实对汉语方所介词进行了分类，然后对其句法结构和语义特征进行了初步的描写与刻画。本章探索了不同类型的方所介词在语义强制性方面所表现出的差异性，并以世界上主要语种及方言语族中的语言事实为佐证，根据普遍语法中"普遍特征序列假设"（universal feature sequence），为汉语方所介词的句法结构提供了初步的形式化表征。

第 4 章"汉语方位成分的句法性质及语义功能"梳理了汉语方位成分的类型及内部分化，并在跨语言对比分析的基础上明确了汉语方位词的句法性质、结构位置、语义功能和推导机制，指出其在方所介词结构中所发挥的"轴向性"功能，在句法结构中拥有自身独立的"轴向性"投射。此外，本章还对"顶""边""心""脚"等准方位标记进行了理论定性，阐释了其理论功能，并从结构上和语义上将其和单音节的方位词进行了区分。

第 5 章"汉语方所介词的结构形式及推导机制"则在纳米句法的理

论框架下对汉语方所介词的结构形式和推导机制进行了深入的研究。本章赋予汉语方所介词结构统一的动态性的生成方式，在推导方面没有沿用传统最简方案中提升（raising）移位的操作手段，转而采用纳米句法中的停留核查（stay and check）、循环移位（cyclic movement）和整体移位（snowball movement）等动态算法，为汉语方所介词结构的生成提供了全新的研究范式。

第 6 章"方所介词结构中介词及方位词的隐现机制研究"在纳米句法理论所提供的结构模型下探讨汉语方所介词结构中前后项的隐现规律，并为其提供形式化的理论解释。先前的研究多聚焦于"在 + 方所短语"结构中方位词的隐现问题，并较少涉及介词"在"的隐现问题。本章将方位词的隐现问题扩展到所有类型的方所介词中，全面考察了不同类型的方所介词在结构中的隐现情况，并为其隐现机制提供了形式化的解释。

第 7 章"方所介词结构的句法分布及游移动因"则将汉语方所介词结构作为一个整体进行考量。本章在全面考察语言现象的基础上，深入剖析不同方所介词短语在句子中的句法分布，并为方所介词结构在句子中不同位置之间的关系以及整体结构的游移方式及动因提供了理论解释。

第 8 章为结论，本章全面总结了本书的研究，阐述了本书研究中的创新之处及存在问题，并对今后的研究做出了展望。

1.7　本书语料说明

本书语料来源主要分为四类：北京大学 CCL 语料库、语料库在线、转引语料和自拟语料。前三类在文中标明了具体出处，自拟语料不做标注。

第 2 章　纳米句法的理论模型及操作要件

纳米句法（Caha，2009；Starke，2009，2011）是原则与参数框架内的一种形式语言学理论（Chomsky，1986；Chomsky & Lasnik，1993），是生成语法理论在新时代条件下不断发展与变革的产物。作为一种直接导源于制图理论（Rizzi，1997，2004a，2004b，2013；Cinque，1999，2002；Belletti，2004 等）的语法研究模型，纳米句法对先前的理论模型及运算方式进行了较为激进的拓展与延伸，为生成语法提供了全新的理论视角和研究范式。纳米句法理论精密，尤以语义分解及结构刻画见长，为形态领域和句法领域之间的互动研究搭建了坚实的理论桥梁。由于纳米句法理论尚处于发轫之始，相关资料较为贫乏，其理论主张与运算方式并不广为人知。有鉴于此，本章首先依次阐述纳米句法的产生背景、历史源流、基本概念及理论模型，然后深入探索该理论模型的推导方式、操作要件、理论优势及个案研究，旨在明晰其理论内涵，为汉语方所介词的研究做好理论铺垫。

2.1 纳米句法的产生背景及基本假设

2.1.1 纳米句法产生的背景

2.1.1.1 纳米句法产生的理论背景

理论模型和运算机制的不断变化与更迭伴随着生成语法的全部发展历程,是生成语法理论持续发展的内在动力。肇源于20世纪90年代初期的最简方案(Chomsky,1993,1995)为形式句法学理论带来了一次较为激进的变革,精简了理论模型的结构层次和句法运算的操作手段。在其理论模型中,从词库(lexicon)中提取的词项(lexical entry)经狭式句法(narrow syntax)运算后直接移交(transfer)给语义部门和音系部门进行语义解释和语音解释,而句法操作则仅仅保留移位与合并(merge)。最简方案为句法推导提供了全新的操作手段,而随后的语段(phase)推导为句法的运算过程提供了阶段性的限制。基于语段的最简句法推导的理论模型如下图所示(Chomsky,2001)(见图2-1):

(1)
```
                narrow syntactic computation
            spell-out   spell-out   spell-out
LA ─────────┼───────────┼───────────┼─────────── LF
           PH1         PH2         PH3        PHn
              Phonological Computation
```

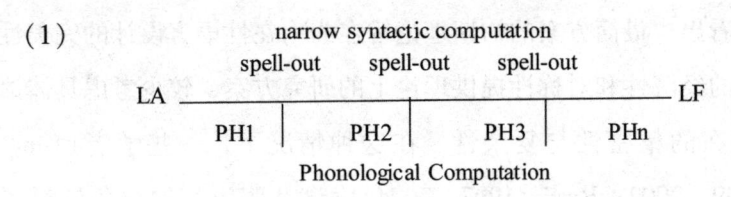

图2-1 语段推导模型图

上图为主流生成语法领域内最为通用的句法推导模型。其中,LA(Lexical Array)为词汇序列,LF(Logical Form)为逻辑式,spell-out为"拼出"操作,Phonological Computation为音系计算。句法推导按阶段性的模式进行,每个语段的完成伴随着"拼出"操作的实施过程。在生成语法的最简方案阶段,句法理论模型已经剔除了结构推导中不必要的表征层次,在句法运算及结构表征方面已经较大程度地体现了自然语言设计的完美性与对称性,同时亦折射出理论构建的动态性与最简性,在很大程度上达到了解释充分性的要求。但是须要指出的是,最简方案初期的句法结构表征并不十分精密,句子一般被分析为由四层投射所构成的结构层级,在线性序列上表现为"CP – TP – vP – VP"(见图 2 – 2):

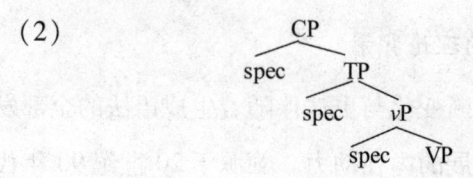

(2)
```
        CP
   spec    TP
        spec   vP
             spec   VP
```

图 2 – 2   最简方案初期句子结构图

其中,CP、TP、vP 和 VP 分别为标句词投射、时态投射、轻动词投射和动词投射。CP 投射和及物性的 vP 投射为语段。spec 为标识语(specifier)位置,在结构中为疑问词短语和句子主语提供落脚点。句子结构通过合并和移位的方式自下而上(bottom – up)地动态生成。其他结构类型,比如介词短语、名词短语、形容词短语以及副词短语被简单地分析为 PP、DP、AP 和 AdvP 等,而 tense/aspect/mood/modality、inflection、CP 等功能语类则被分析为单一型功能投射。

可以看出,最简方案的初期理论旨在为内在性语言设计的完美性和句法推导的经济性和对称性提供理论上的研究方案,较少考虑具体语言结构的内在的精密性与复杂性。在这种情况下,一些学者(Cinque,1990,1999,2002;Rizzi,1997,2004)尝试从跨语言的视角针对语言结构的精密构造展开研究,制图理论在这种背景下应运而生。在另一方面,最简方案的研究层面在短语结构之上,并不关注词汇的内部构造。在句法和形态的关系上,最简方案认为词库负责词汇的生成,句法则主司短语的推导。因此,最简方案沿用传统词库论(Chomsky,1970)中的理论假设,将词汇和短语视为不同的理论模块,专攻短语层面以上结构的推导与生成。与之相比,另一个和最简方案产生时间大致相同的理论模型——"分布式形态学"（Distributed Morphology，DM）（Halle & Marantz，1993；Marantz，1997）则主张"句法一路向下"的"单引擎"立场（程工，李海，2016：97-119），为词汇的内部结构及生成机制提供解释。

最简方案为自然语言的句法结构的生成提供了极为精简的运算法则，制图理论专攻语言结构精密的（fine-grained）内部构造，而分布式形态学则主司形态领域的结构生成，三种理论模型同属一个阵营，又各有偏重，共同构成了新时代下生成语法的主流研究范式。纳米句法理论正是在这种学术背景下，在秉持最简句法精神、继承制图描写导向和修正 DM 理论模型的基础上逐步形成并发展起来的。

2.1.1.2 制图理论

顾名思义，制图理论即"绘制句法结构的精密图片"，旨在为句法结构提供极为精细的结构描写与刻画。在早期原则与参数（Principles and Parameters）的理论框架下，句法结构远不及现在这么精密，特定的语类往往由少数中心语投射构成，结构较为粗糙和单一（比如句子被分析为 CP-IP-VP，名词被分析为 NP。（Chomsky，1981，1986））。随着语言类型学的发展和跨语言对比研究的深入，生成语法学家开始为语言结构的精密构造提出理论假设。Pollock（1989）和 Abney（1987）基于 Szabolcsi（1981，1984，1987）关于匈牙利语名词结构的研究，将英语中的功能语类 I 和名词短语进行了重新分析，IP 投射被分裂（split）为若干个功能投射，NP 投射上方则叠加了一层功能投射 DP。这些研究成为制图理论的初期模型。20 世纪 90 年代以降，制图理论的发展突飞猛进，其中极具代表性的是 Rizzi（1997）基于意大利语所进行的左缘结构（left periphery）分析和 Cinque（1999）关于副词在 IP 功能区域中的句法分布研究：

(3) [$_{ForceP}$ * [$_{TopP}$ [$_{FocP}$ [$_{TopP}$ * [$_{FinP}$ [$_{IP}$ ...]]]]]]（Rizzi，1997）

(4) [$_{MoodP}$ [$_{ModP}$ [$_{TP}$ [$_{ModP}$ [$_{AspP}$ [$_{ModP}$ [$_{TP}$ [$_{AspP}$ [$_{VoiceP}$ ...]]]]]]]]]（Cinque，1999）

其中，CP 被分裂为 ForceP、TopP、FocP 和 FinP 等投射类型，而 IP 中的功能区域被分裂为 MoodP、ModP、TP、AspP、VoiceP 等投射类型，每一种具体的投射都可以根据语义类型进行进一步的划分，在结构上表现为句法层级的叠加，旨在为不同类型句法单位提供结构上的空位。制图理论认为，句法单位极为渺小，对句法结构的刻画应当尽量做到精密细致(Rizzi，2013)。制图理论的核心观点为：第一，普遍语法 UG 的内部结构是简单明晰的，任何一个句法 - 语义特征(syntactico - semantic feature)都是一个中心语(head)，拥有自身独立的投射，即著名的"特征 - 中心语——对应假设"(one feature - one head maxim，OFOH(Cinque and Rizzi，2008；Kayne，2005))。第二，中心语投射的方式仍然采用最简方案中双分枝(binary branching)和右向分叉(right branching)的形式，通过合并的方式自下而上依次生成。此外，一个中心语只能够投射出一个标识语，而且左向移位是唯一的移位方式。在理论模型方面，制图理论和主流最简方案的精神基本一致，整个理论模型呈现为"倒 Y"模式(Rizzi，2013)(见图 2 - 3)：

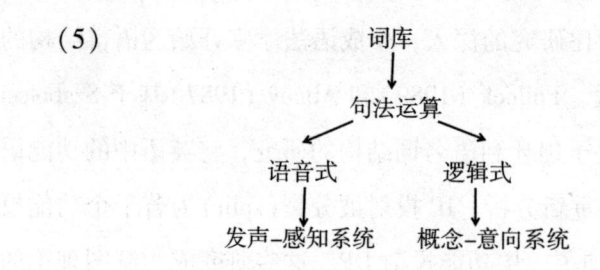

(5)
```
              词库
               ↓
             句法运算
           ↙       ↘
        语音式      逻辑式
          ↓          ↓
      发声-感知系统  概念-意向系统
```

图 2 - 3　"倒 Y"模式图

如上图所示，词库在操作顺序上是"前句法"的(presyntactic)，其中包含由一个或多个抽象特征(比如单复数特征、时态特征、有定/无定特征等)所组成的功能语素或词汇语素。词库将这些抽象的"特征束"(bundles of features)输送(feed)至句法运算，由句法运算所生成的合法表征式分别移交至语音式(Phonetic Form，PF)和逻辑式两个界面(interface)进行语音解释和语义解释，前者包括和焦点及话题有关的特定韵律调型(prosodic contour)的解释，后者则关注辖域－语篇(scope-discourse)等特征的解释。语音式和逻辑式则与发声－感知系统(articulatory-perceptual，AP)和概念－意向系统(conceptual-intentional，CI)两个外部界面产生联系。可以看出，在制图理论的模型中，句法运算系统所生成的信息已经相当丰富，因此其理论模型并不涉及"后句法"式(postsyntactic)的运算操作。

生成语法假设自然语言拥有普遍一致的结构模式，在形式上体现为具有普遍性的特征序列(feature sequence，fseq)。制图理论的研究目标在于挖掘所有构成合法结构的基元性结构单元，并探索这些基元性结构单元在整个语言结构中的层级性组构方式。句法结构的实现方式以及移位类型的不同造成不同语言之间的参数差异。正如 Cinque（1999，2002）、Cinque 和 Rizzi(2008)所指出的，直接支配 VP，NP，AP，PP，IP 等结构的功能性投射在其所涉及的中心语和标识语的类型、数量和相对顺序方面体现出跨语言性的普遍特征。尽管功能投射在数量及层级组配方面具有普遍性特征，但并不是所有功能性投射在某种特定的语言中都能够得到激活，有的功能性投射处于失活(deactivated)状态。这和中心语所携带的特征类型（可解释性特征或不可解释性特征[interpretable featrures or uninterpretable features]）有关(Shlonsky，2010：426)。因此，不同语言之间的参数差异是中心语在形式特征方面所具有的差异性的表现，这种观点和"Borer-Chomsky 假设"高度契合。"Borer-Chomsky 假设"的内容为：

(6)所有参数变异可以归因于词库中特定项目（比如功能性中心语）的特征差异。

(Borer，1984)

制图理论从跨语言对比的角度证明了"普遍特征序列"的正确性，

21

并尝试对语言结构进行精密的分解与表征。语言结构中的功能性投射逐步增多,比如 CP 被分裂为 Force、Top、Foc、Mod、Fin 等投射(Rizzi, 1997, 2001, 2004; Aboh, 2004), vP-to-TP 区域中增加了 modal、temporal、aspectual 等投射(Cinque, 1999, 2006),事件结构也被分析为不同类型的动词结构(Larson, 1988; Hale & Keyser, 1993; Ramchand, 2008)。其他结构类型也在制图理论的框架下得到的较为细致的研究,比较具有代表性的有副词(Laenzlinger, 1998; Cinque, 1999)、形容词(Cinque, 2010)、主语(Cardinaletti, 1997, 2004)、否定结构(Haegeman & Zanuttini, 1991)、限定词短语(Szabolcsi, 1981, 1984, 1987; Abney, 1987; Ritter, 1991; Giusti, 1997)、介词结构(Koopman, 2000; den Dikken, 2010; Noonan, 2010)等。

以"特征-中心语一一对应"定理、句法投射的反对称性(antisymmetry)、句法-语义之间严格的映射关系为基本理论假设,制图理论通过广泛的跨语言对比将自然语言的句法结构映射为一条由有限的基元性结构单元所构成的普遍性结构序列(fseq),为跨语言变异的精密描写与研究提供了坚实的方法论基础,也为纳米句法的产生提供了基本的理论性铺垫。

2.1.1.3 分布式形态学

分布式形态学(Halle & Marantz, 1993; Marants, 1997; Bobaljik, 2012, 2015; Embick, 2015; Embick & Noyer, 2007 等)对纳米句法理论的发展产生了巨大的影响。该理论模型诞生于 20 世纪 90 年代初期,主要针对词汇的内部结构进行研究。和传统词库论的理论假设不同,分布式形态学将词库拆分为三个列表,在语法系统的不同位置进行推导,"分布式"(distributed)由此得名。在运算操作方面,分布式形态学奉行"句法一路向下"的"单引擎论"主张(Harley & Noyer, 1999),其理论模型如图 2-4 所示:

(7)

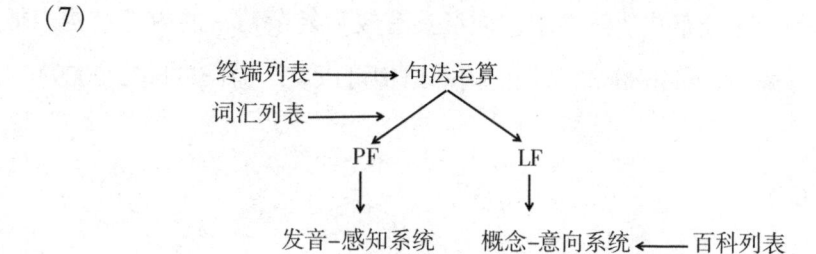

```
终端列表 ──────→ 句法运算
词汇列表 ──────→  ╱  ╲
              PF    LF
              ↓     ↓
          发音-感知系统  概念-意向系统 ←── 百科列表
```

图 2-4　分布式形态学理论模型图

其中，终端列表主要包含词根（root）和功能语素，是句法运算的初始部门。词根是实词语素，在文献中用"√"进行标记（比如"√eat""√dog""√beautiful"等），功能语素是语法特征的集合（比如时态、数量等特征）。词汇列表则包含抽象词素的语音形式和一系列插入条件，旨在为抽象语素提供语音内容。由于这种匹配过程发生在句法运算之后，故这项操作被称为"迟后填音（late insertion）"。这项操作要求词项和终端节点在特征方面部分匹配，这条限制被称为"不充分赋值"（underspecification）（程工、李海，2016：99）。百科列表和概念-意向系统产生关系，主要包含词根的概念信息，最终为其语义提供最终解释。可以说，单引擎论、迟后填音和不充分赋值是分布式形态学区别于其他理论模型的鲜明特色和技术手段。

上面说到，分布式形态学主要着眼于词汇的内部构造，其主要的形态操作分为装饰性形态操作、节点操作和音系式移位操作三类。其中，装饰性形态操作旨在引入句法中不存在的节点或特征，节点操作的主要对象为终端节点，最为常见的是"融合"（fusion）操作和"分裂"（fission）操作，前者将不同终端节点的特征拼读为一个词项，比如将第三人称特征、单数特征和一般现在时特征统一为"-s"，后者将多个词项插入至同一个终端节点。音系式移位则根据是否发生在线性化之前分为"下降"（lowering）和"易位"（dislocation）。前者中极具代表性的是英语中的"T-降落"操作，后者诸如英语形容词"bigger"生成过程中的局部易位操作等。在分布式形态学中，词汇具有较为复杂精密的内部结构表征。比如"grammaticalization"一词的内部结构可以表示为(Siddiqi, 2009)(见图2-5)：

(8)

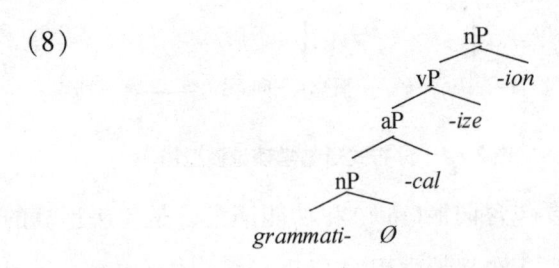

```
         nP
        / \
       vP  -ion
      / \
     aP  -ize
    / \
   nP  -cal
  / \
grammati- Ø
```

图2-5 "grammaticalization"内部结构图

如上图所示，"grammati-"为词根，"n"(名词性)、"a"(形容词性)、"v"(动词性)等为功能性的"赋类语素"(category assigning morpheme)，其主要作用在于赋予词根具体的词类特征。在分布式形态学的框架下，词根"grammti-"不具有独立的词类特征，其首先与赋类语素 n 合并生成 nP，然后与 a(-cal)合并生成形容词性的 aP "grammatical"，然后继续与 v(-ize)合并生成动词性的 vP "grammaticalize"，并最终和 n(-ion)合并生成名词性的 nP "grammaticalization"。对于词汇生成过程中所产生的语素变体(allomorph)，分布式形态学则使用一系列的"调整规则"(readjustment rules)进行重新整合。比如词根"-ceive"和"-cept"属于同一个词汇项目(vocabulary item)的实现形式，分布式形态学假设"-ceive"为基础的词素变体，其他形式的词素变体由音系调整规则生成。在"-ceive"向"-ception"推导的过程中，调整规则先将/v/转化为/p/，然后在添加名词性后缀"-tion"的时候将/i/进一步缩短为/ɛ/。相似的情况还有单数名词"foot"向其复数形式"feet"转化的过程，以及英语不规则动词变化的形式(比如"drive"→"drove")。前者的调整规则由"复数特征"[PLURAL]引发，后者则由"时态特征"[PAST]驱动。和传统的句法转换规则不同，分布式形态学中的调整规则并不是一种普遍性的音系规则,其仅仅针对个别词汇项目或一类词汇项目发生作用。

在分布式形态学的理论框架下,"拼出"操作完成之后词汇插入(vocabulary insertion)过程即刻进行。每一个词汇项目均带有不同数量的形式特征。比如西班牙语中的限定词 los 和 el 均携带形式特征[DEFINITE]和φ特征[MASCULINE],而前者同时携带[PLURAL]特征。当有多个词汇项目同时插入同一个终端节点的时候,需要用竞争原则(competition)和子集原则(subset principle)进行排除。前者要求和终端节点拥有最多匹配特征的词汇项目得以插入,后者则要求词汇项目所携带的特征是终端节点特征的子集,不能携带其他特征。比如 Siddiqi(2009)详细演示了英语系动词的词汇插入过程(见图 2-6):

(9) were   [PAST]
    are   [PRESENT]
    be   属于"别处条件"(elsewhere condition)的情况
    am   [1ST][PRESENT][SINGULAR]
    is   [3RD][PRESENT][SINGULAR]
    was   [SINGULAR][PAST]

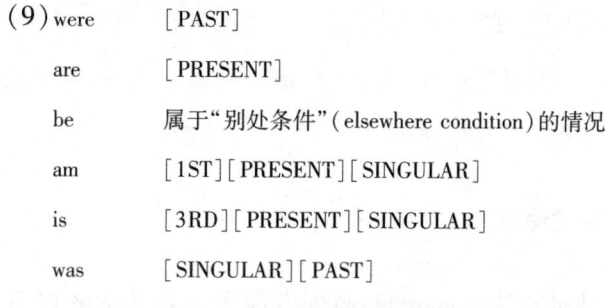

图 2-6 英语系动词的词汇插入模式图

上面为英语系动词的各个形式及其所携带的特征,在"I am happy"中的词汇插入情况如下所示(见图 2-7):

(10)

句法节点携带特征 [PRESENT][SINGULAR][1ST]
← 特征冲突 were [PAST]
← 特征不足 are [PRESENT]
← 特征不足 be 无特征
← 词汇插入 am [1ST][PRESENT][SINGULAR]
← 特征过多 is [3RD][PRESENT][SINGULAR]
← 特征冲突 was [SINGULAR][PAST]

图 2-7 "I am happy"词汇插入模式图

如图2-7所示，词项"were"和"was"所携带的特征与句法节点所包含的特征冲突，因此被运算系统排除；词项"is"携带了句法节点没有包含的特征[3RD]，因此也被系统排除。而与词项"am"相比，词项"are"和"be"携带的能够与句法节点相匹配的特征不足。最终词项"am"被插入至终端节点。

除了在形态操作和填音方式方面独具特色之外，分布式形态学在语义研究和音系研究方面亦颇具贡献。在语义研究方面，分布式形态学认为组合意义和习语意义均蕴含在不同层次的复杂结构中，多语素结构和多词结构可以在语义上等值。在音系研究方面，分布式形态学为词重音研究和语素变体的音变限制等方面提供了全新的分析手段，相关研究可以参照 Marvin（2002），Newell（2008），Embick 和 Marantz（2008），Embick（2010）等的研究，此处不再赘述。和制图理论一样，分布式形态学以其细致的形态操作和新颖的语义/音系研究视角为纳米句法理论的产生提供了理论基础和技术支撑。

2.1.2 纳米句法的理论内涵及基本假设

从构词上看，纳米句法（nanosyntax）即专注于语言结构微观构造的形式句法学理论。前缀"nano-"表示"毫微"之意。该理论模型的创始人为挪威特罗姆瑟大学（University of Tromsø）语言学系的 Michal Starke 教授。其在2009年发表的《纳米句法导论：语言研究的新方法》（*Nanosyntax: A Short Primer to a New Approach to Language*）一文是该研究领域的开山之作，标志着纳米句法理论的正式确立。该理论模型直接导源于诞生于20世纪90年代的制图理论，并有效吸收了分布式形态学中的合理成分，为新时代背景下的生成语法研究提供了全新的研究范式（孙文统，2020）。

和之前的理论模型相比，纳米句法更为注重语言细微结构的精密描写，并兼顾句法结构的动态推导与生成。尽管纳米句法理论也认为句法操作同时作用于短语结构和词汇结构，很多在分布式形态学框架中的后句法性的规则和操作均不复存在。除此之外，纳米句法理论还拥有一系列独具特色的理论假设，其中颇具代表性的基本假设简述如下：

第一，后句法词库论（postsyntactic lexicon）。与分布式形态学将词库拆分的做法不同，在纳米句法的理论模型中，词库是独立存在的。就其理论地位而言，纳米句法取消了词库"前句法性"的理论地位，将其置于句法运算之后。并将词素特征（features of morpheme）和句法中心语（heads of syntax）等同视之。这一假设被称为"特征－中心语——对应假设"（one feature–one head，OFOH），使得纳米句法的研究层面更加细致入微。

第二，严格分工论（strict division of labor）。纳米句法坚持句法和音系之间的严格分工，否认二者之间存在独立的形态部门。分布式形态学中形式各异的形态－音系规则在纳米句法的理论框架下并不具有理论地位。因此，诸如"tell"和"told"之间的形式交替在分布式形态学中通过语素变体"d"和形态－音系调整规则"/ɛ/→/əu/"进行解释，而纳米句法则通过假设更为精密的潜在结构寻求突破。

第三，信息槽位论（slot）。在分布式形态学中，词汇项目仅包含句法－语义结构和音系特征，其非组合性的语义信息被存储在百科列表中。在纳米句法中的词汇项目则同时包含三个槽位，用来存储其携带的语言学信息。其中，第一槽位存储音系形式（phonological form）方面的信息，第二槽位存储句法－语义结构方面的信息，第三槽位存储概念信息（百科信息）。

第四，特征次词素论（submorphemic）。在纳米句法的理论模型中，特征被视为次词素性的，亦即特征和词素之间存在多对一的关系。在结构组织方面，特征作为中心语，按照"特征中心语——对应"假设，通

过合并的方式生成非对称性的有序结构,而不是对称性的无序结构(Dékány,2009:51):

(11) a. √ [$_{XP}$ X [$_{YP}$ Y [$_{ZP}$ Z]]]　　非对称有序结构
　　 b. * [X, Y, Z]　　　　　　　对称性无序结构

(11)a中非对称型的有序结构是合法的结构表征,而(11)b中"特征束"(feature bundle)式的结构模式被语法系统排除在外。基于这些基本理论假设,纳米句法构建了自身独具特色的理论模型和运算方式,我们将在下一节进行详细说明。

2.2　纳米句法的理论模型及操作要件

2.2.1　纳米句法的理论模型

和主流生成学派的理论模型相比,纳米句法的理论模型词库位置、句法运算、拼出方式和词项构成等方面均显得较为另类。除了在整体上仍然呈现出"倒Y"模式之外,语法系统在运算顺序和拼读方式等方面均有较大程度的变化。Caha(2001)和Starke(2011)将其理论架构表示如下(见图2-8)。

如图2-8所示,在纳米句法的理论模型中,句法运算位于语法系统的初始位置。SMS是句法(syntax)、形态(morphology)和语义(semantics)的首字母缩写。也就是说,在纳米句法中,三者被视为同一个语法模块,形态并不具有独立的理论地位。在句法运算部门,基元性的语言结构单位被视为原子性的句法-语义特征(atomic syntactico-semantic features),根据恒定不变的特征序列(fseq),通过中心语合并的方式进行结构生成。也就是说,句法运算部门的输入成分是由普遍语法提供的

单独的原子性特征。

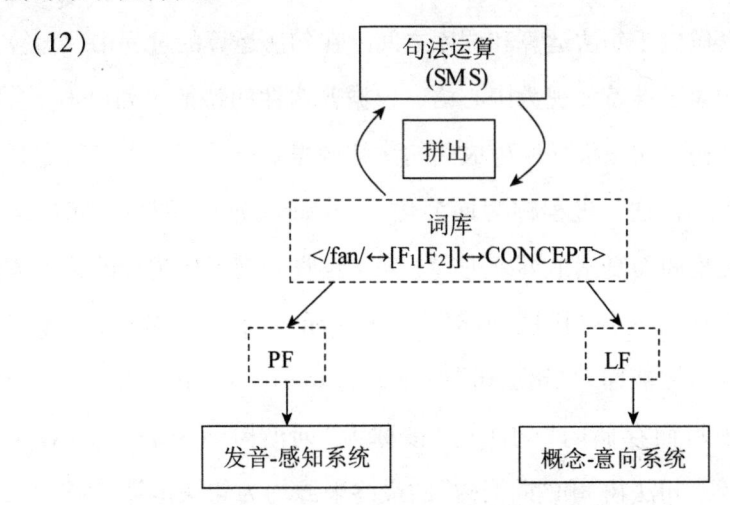

（12）

```
          句法运算
           (SMS)
             ↕
            拼出
             ↕
           词库
    </fan/↔[F₁[F₂]]↔CONCEPT>
         ↙         ↘
        PF          LF
         ↓           ↓
    发音-感知系统   概念-意向系统
```

图 2-8　纳米句法的理论模型

纳米句法中的理论模型中存在一个独立的词库，其位于句法运算之后，主要负责词汇项目及其信息的存储。上文指出，纳米句法中的词汇项目包含三个槽位，分别存储词汇项目的音系结构、句法结构和信息结构方面的信息。比如词汇项目"fan"在词库中的存储方式如下图所示见图 2-9）：

（13）

```
                    ZP
                   ╱ ╲
                  Z   YP
  ⟨/fæn/⟩ ↔         ╱ ╲    ↔ ⟨FAN⟩
                   Y   XP
                      ╱ ╲
                     X   ...
```

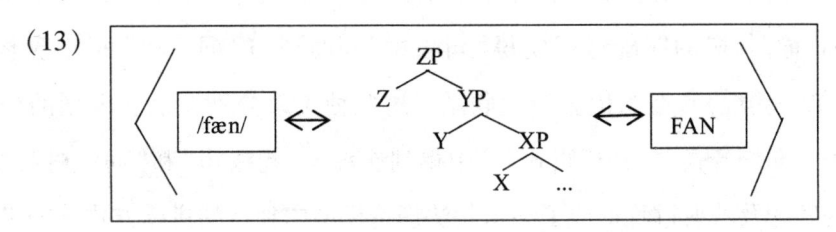

图 2-9　"fan"在词库中的存储模式图

可以看出，词汇项目"fan"的音系信息"/fæn/"被存储在第一槽位，句法结构信息"[$_{ZP}$ Z [$_{YP}$ Y [$_{XP}$ X]]]"被存储在第二槽位，概念信息"FAN"被存储在第三槽位，极大地增加了词汇项目的信息存储量。将词库置于句法操作之后的做法可以从儿童语言习得方面得到佐证：词素只有首先被生成出来，才能被儿童存储在其心智词库中。

29

传统最简方案中的拼读操作在纳米句法中也被赋予了全新的理论地位。这一操作位于句法运算和词库之间。在句法运算的过程中，运算系统将单独的原子性特征视为中心语，根据普遍性的特征序列(fseq)合并生成句法结构。句法推导所生成的句法结构需要通过词库中的特定材料获得词汇形式，这一过程称为词汇化(lexicalization)。随后，句法运算和词汇化过程周而复始地继续进行。句法运算和词汇化过程的这种关系在上图中表现为一种"拼读回路"(spell - out loop)。由句法运算部门SMS生成的结构被称为"句法树"(syntactic trees, S - trees)，而被词库作为词汇项目而存储的"句法树"被称为"词汇树"(lexical trees, L - trees)。尽管"句法树"和"词汇树"的最终来源均为句法运算SMS，二者具有不同的理论地位："句法树"由SMS生成，是一种抽象的句法结构，位于句法运算部门内部。这一抽象的句法结构需要得到具体的词汇形式，这一词汇化过程即"拼出"操作。而"词汇树"是经词库存储了的句法结构，是一种较为具体的结构信息，位于具体词汇项目中的第二槽位。

由于"词汇树"属于具体词汇项目的一部分(第二槽位)，"句法树"和"词汇树"的匹配过程使得"句法树"同时还与"词汇树"的音系形式(第一槽位)和概念信息产生联系，这两种关系分别在语法模型的分支处，即语音式PF和逻辑式LF中得到诠释。"句法树"和"词汇树"之间的匹配及映射过程形成了纳米句法理论模型中独特的拼读方式。纳米句法理论中的"拼出"过程受到超集原则(Superset Principle)、别处原则(Elsewhere Principle)和循环覆盖原则(Cyclic Override Principle)的制约(Starke, 2009)：

1. 超集原则 该原则规定，只有当"词汇树"在结构方面和"句法树"存在"超集－子集"的关系的时候，前者才能和后者进行匹配(Caha, 2009: 67)。也就是说，只有当"词汇树"在结构上大于或等于"句法树",且二者由相同的特征构成的时候,前者才能将后者拼出。比如,图2-10中的"词汇树"可以和"句法树"匹配,从而将其拼出:

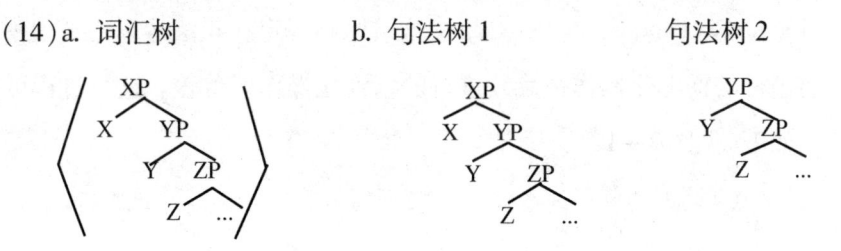

(14) a. 词汇树　　　　　b. 句法树1　　　　　句法树2

图2-10　"词汇树"和"句法树"的匹配及拼出示意图

如图2-10所示,(14)a中的"词汇树"和(14)b中的两个"句法树"在结构上存在"超集-子集"的关系:"句法树1"在结构上与"词汇树"完全相同,而"句法树2"在结构上是"词汇树"的子集。

2. 别处原则　又称为"最合适原则"(Best Fit Principle)或"废物最小化原则"(Minimize Junk)(Baunaz & Lander,2018:30),该原则在超集原则的基础上对拼出操作进行进一步限制。其内容为:如果有多个"词汇树"可以对"句法树"进行词汇化操作,那么在结构方面最精简的"词汇树"将被选择。别处原则在本质上属于一种经济原则,旨在剔除"词汇树"中冗余的结构成分。请看下例(见图2-11):

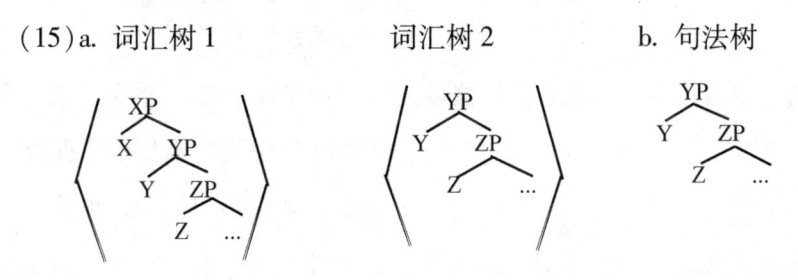

(15) a. 词汇树1　　　　　词汇树2　　　　　b. 句法树

图2-11　"别处原则"示意图

尽管根据超集原则,图2-11a中的两个"词汇树"均可以对图2-11b中的"句法树"进行词汇化操作,但"词汇树1"包含冗余的结构(即XP层投射),而"词汇树2"的结构与"句法树"中的结构完全匹配。因此，运算系统将选择"词汇树2"进行词汇化(即拼出)操作。

3. 循环覆盖原则 又称为"最大结构定理"(Biggest Win Theorem) (Baunaz & Lander, 2018: 32)。这条原则规定在句法运算的过程中，先前进行的词汇化操作被后续进行的词汇化操作所覆盖。这一过程可以表示如下(见图2-12)：

(16) 词汇树 a　　　　词汇树 b　　　　词汇树 c

⟨/α/ ↔ [ZP Z]⟩　　⟨/β/ ↔ [YP Y ZP]⟩　　⟨/γ/ ↔ [XP X [YP Y ZP]]⟩

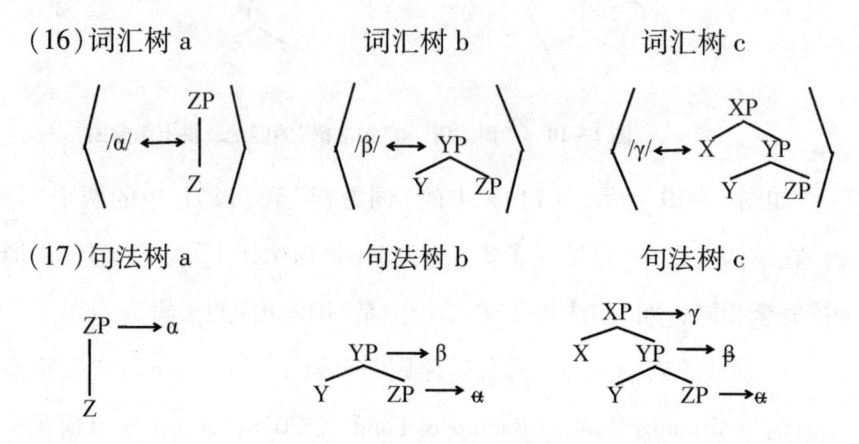

(17) 句法树 a　　　　句法树 b　　　　句法树 c

ZP → α　　　　YP → β　　　　XP → γ
Z　　　　　　Y　ZP → α̶　　X　YP → β
　　　　　　　　　　　　　　　Y　ZP → α̶

图2-12 "循环覆盖原则"示意图

句法运算以单个特征为操作对象，自下而上地生成句法结构。当推导至 ZP 层级时，(16)中的"词汇树 a"与(17)中的"句法树 a"相匹配，运算系统将后者拼出为"α"。当运算进行至 YP 层级时，(16)中的"词汇树 b"和(17)中的"句法树 b"匹配，运算系统将其拼出为"β"，此时经上一轮运算而拼出的"α"被覆盖，被运算系统删略。同样，当运算进行至 XP 层级时，(16)中的"词汇树 c"和(17)中的"句法树 c"匹配，运算系统将其拼出为"γ"。此时，经上一轮运算而拼出的"β"被覆盖，同样被运算系统删略。最终，由句法推导所生成的[$_{XP}$X [$_{YP}$Y [$_{ZP}$Z]]]最终被运算系统拼读为"γ"，并赋予其具体的词汇外形。

在纳米句法中，拼出和词汇化同时进行，并伴随着词汇插入。随后，运算系统将生成出来的具体词汇项目移交至语音界面 PF 和语义界面 LF 分别进行语音解释和语义解释，并分别与"发音-感知系统"和

"概念－意向系统"形成外部界面关系。

2.2.2 纳米句法的操作要件及运算方式

和最简方案一样，合并与移位是纳米句法最主要的操作手段。从句法运算的推导方式来说，纳米句法仍采用双分枝型结构表征，以单个特征为基元性操作单位，根据自然语言中具有普遍性的特征序列，自下而上地、循序动态地生成句法结构。拼出和词汇化过程赋予句法结构具体的形态外形，句法运算以词汇插入的方式结束，等待内部界面（语音式PF/逻辑式LF）和外部界面（发音－感知系统/概念－意向系统）的进一步解释。

因此，纳米句法的操作要件由合并、移位、匹配和拼出构成。其中，合并是二元性的，旨在构建对称性的双分枝结构；移位针对结构成分进行提升式操作，旨在对句法结构进行调整，以生成新的句法结构；匹配涉及"词汇树"和"句法树"之间的匹配及映射，为拼出操作做准备；拼出操作（即词汇插入）赋予句法结构具体的形态表征，为界面部分提供具体的词汇输入。

纳米句法在继承最简方案关于语言结构推导方式（即合并与移位）的同时，逐渐形成了自身独具特色的推导模式和拼出方式。更为重要的是，纳米句法为句法运算的推导动因提供了与众不同的解释方案。尽管基于附加特征（diacritic features）的移位操作是主流生成学派一贯秉持的理论主张，关于附加特征的本质属性在形式学界一直缺乏令人满意的解释。从本质上讲，形式各异的附加特征（比如EPP特征、OCC特征或EP特征）的本质在于为句法移位提供合理的驱动手段，其本身并不具备实际的理论地位。实际上，生成语法学家近年来一直在尝试剔除这种不具实际意义的附加性特征（Norvin，2010，2016）。纳米句法将"拼出"操作视为移位推导的内在动因，并提出了"基于拼出的移位算法"（spell-out driven movement algorithm）：

(18) a. 停留核查（stay and check）

b. 循环移位（cyclic movement）

c. 整体移位（snowball movement）

(Baunaz & Lander, 2018：37)

下面我们用抽象符号来演示纳米句法中基于拼出操作的句法运算。假设在句法运算的过程中，句法结构已经生成，并且被运算系统拼出。接下来，特征[X]左向合并至[$_{YP}$[ZP]...]结构，形成较大的[$_{XP}$X [$_{YP}$[ZP]...]]，这一过程如(19)所示（见图2－13）：

(19)　　　　YP　　　合并　　　　XP
　　　　　 ╱╲　　　⟶　　　 ╱╲
　　　　　ZP　...　　　　　 X　YP
　　　　　　　　　　　　　　　 ╱╲
　　　　　　　　　　　　　　　ZP　...

图 2－13　句法合并示意图

此时，特征[X]及其投射[XP]尚未被运算系统拼出。为了将其拼出，结构[$_{XP}$X [$_{YP}$[ZP]...]]需要暂时在运算系统中停留，并核查词库只能是否存在包含[$_{XP}$X [$_{YP}$[ZP]...]]结构的词汇项目，这一过程如图2－14所示：

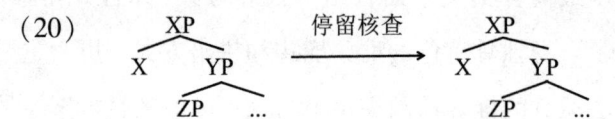

(20)　　　　XP　　　停留核查　　 XP
　　　　　 ╱╲　　　⟶　　　 ╱╲
　　　　　X　YP　　　　　　 X　YP
　　　　　 ╱╲　　　　　　　　 ╱╲
　　　　　ZP　...　　　　　　　ZP　...

图 2－14　停留核查示意图

如果此时词库中不存在能够与[$_{XP}$X [$_{YP}$[ZP]...]]结构相匹配的词汇项目，ZP 则循环移位至 XP 的左缘，形成 [ZP [$_{XP}$ X [$_{YP}$[ZP]...]]]结构，位于原位置上 ZP 的语迹被系统删略。这一过程如图 2－15 所示：

34

(21)

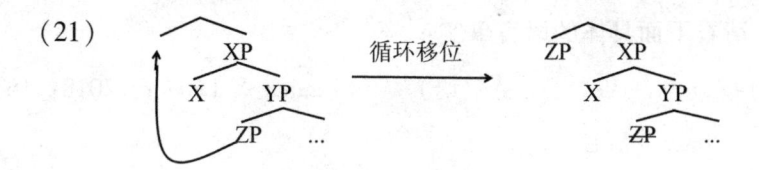

图 2-15　循环移位示意图

在这一阶段，运算系统继续在词库中核查是否存在能够与[ZP [$_{XP}$X [$_{YP}$[ZP]...]]]结构进行匹配的词汇项目。如果词库中仍然不存在能够与之匹配的词汇项目，循环移位操作将被运算系统撤回(undone)，原结构[$_{XP}$X [$_{YP}$[ZP]...]]中的整个[$_{YP}$[ZP]...]结构进行整体提升移位，左向合并至 XP 投射，形成[[$_{YP}$ZP...][$_{XP}$X]]结构。这一过程如(22)所示(见图 2-16)：

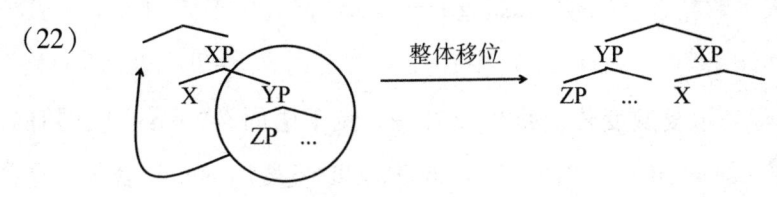

(22)

图 2-16　整体移位示意图

整体提升移位操作在本质上属于短语移位操作(phrasal movement)。纳米句法假设，进行整体移位的 YP 的落脚点为 XP 未加标记的标识语位置，而且整体移位不留语迹(Baunaz & Lander, 2018：38)。

除了在推导和拼出方面独具特色之外，纳米句法还提出了另外一种全新的操作方式："短语拼出"(phrasal spell-out)，旨在为语言中的类并(syncreticism)现象提供解释。我们在 2.1.2 节中提到，纳米句法将"特征"视为"次词素"性的(submorphemic)，即词素和特征之间存在"一对多"的(one to many)关系。由于特征在纳米句法中具有中心语的地位，那么词素就可以被视为由多个中心语共同构成的结构复合体。因此，拼出词素的过程可以是同时拼出多个中心语的过程。这种拼出方式被称为"短语拼出"，和分布式形态学主要以单个中心语为拼出对象的做法有所不同。请看下面具体的语言事实：

(23) a. karhu – lle　　　（芬兰语）　　（Baunaz & Lander, 2018：16）
　　　bear – ALL
　　　"onto the bear"
　　b. karhu – i – lle　　　　　　　　　（Caha, 2009：73）
　　　bear – PL – ALL
　　　"onto the bears"
(24) puell – $\bar{α}$s　　　　（拉丁语）　　（Rocquet, 2013：8）
　　　girl – ACC. FEM. PL.
　　　"girls. ACC"

大多数黏着语(agglutinating languages)都会用不同的词素去表征独立的功能语类。比如在(23)中，芬兰语用词素"– lle"表示"向格"[①]，用"– i"表示复数变化。而在(24)中，拉丁语词素"– $\bar{α}$s"则同时表示"宾格"(accusative)、"阴性"(feminine)和"复数"(plural)含义。这种差异在拼出操作方面表现为：芬兰语中的"向格"和复数特征由运算系统逐个拼出为词素"– lle"和"– i"，而拉丁语中的"宾格"特征和"复数"特征被运算系统整体拼出为词素"– $\bar{α}$s"。二者的拼出过程分别表示如图 2 – 17 和图 2 – 18(Baunaz & Lander, 2018：18)[②]：

[①] 芬兰语中表示方所的格位变化，较为常见的有"向格"(allative)、"入格"(illative)、"离格"(ablative)、"位置格"(adessive)、"出格"(elative)、"在内格"(inessive)，分别相当于由英语介词"onto""into""from/off""on""out of"和"in"等构成的方位短语。
[②] 为了方便说明，本书对原图进行了简化和改动。

（25）

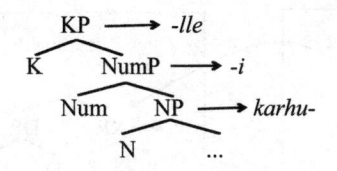

```
        KP ——→ -lle
       / \
      K  NumP ——→ -i
          / \
        Num  NP ——→ karhu-
              |
              N  ...
```

图 2-17　特征逐个拼出示意图

如图 2-17 所示，芬兰语中的"向格"特征和复数特征（在结构中实现为中心语 K 和 Num）分别在结构中的 NumP 层级和 KP 层级被运算系统拼出。而拉丁语中的"宾格特征"和复数特征则作为一种混成形态（portmanteau morphology）被运算系统整体拼出：

（26）

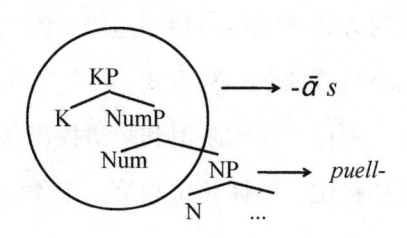

```
       ( KP )  ——→ -ās
       (/ \)
       (K NumP)
       (  / \)
       ( Num  NP ——→ puell-
              |
              N  ...
```

图 2-18　特征整体拼出示意图

圆圈内的"向格"特征和复数特征被整体拼出为"-$\bar{\alpha}s$"，而词根"puell-"之后通过提升移位的方式最终生成其表层形态序列"puell-$\bar{\alpha}s$"。这种特殊的拼出方式在研究自然语言中类并现象中意义重大。我们在下文将专辟章节进行讨论。

上文讨论的芬兰语和拉丁语的例子中涉及的是后附性词素（后缀）的推导情况，即"-lle""-i"和"-$\bar{\alpha}s$"后附于词根"karhu-"和"puell-"。对于前缀和前置词等前附性词素，纳米句法内部存在不同的观点。本书赞同 Pantcheva（2011）、Starke（2013）和 Taraldsen（2018）等基于结构成分（constituenthood）的处理方案，将前附成分置于"第二工作空间"（secondary workplace）进行独立运算。因此，一个由复杂成分构成的

37

前附性成分XP(前置介词或前缀)的运算过程如下图所示(见图2-19)：

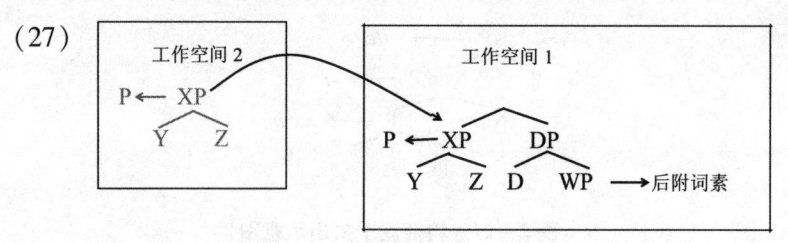

(27)

图2-19 前附性成分XP的运算过程图

如图2-19所示，运算系统中存在两个相互独立的工作空间。在工作空间1中，运算系统通过停留核查、循环移位和整体移位等操作生成句法结构[$_{DP}$D [WP]]，在工作空间2则负责前附性成分XP的推导与生成(用灰色表示)。当XP推导完成之后，其被运算系统推送至工作空间1中，以左向合并的方式继续参与句法运算。因此，第二工作空间的运算过程是纳米句法不可或缺的运算方式。

可以看出，合并、移位、匹配映射和短语拼出是纳米句法的操作要件，而停留核查、循环移位、整体移位和第二工作空间运算是纳米句法的基本运算方式。

2.3 纳米句法的理论优势及具体应用

2.3.1 纳米句法的理论优势

上一节深入探索了纳米句法的理论模型与操作要件，并全面揭示了纳米句法的运算特点和推导流程。可以看出，纳米句法在关注句法结构内部精密构造的同时，兼顾句法结构的动态推导与生成。除此之外，纳米句法在词素变体、语义生成和语音变化的解释方面比以往的理论更具解释力。可以说，纳米句法在结构描写方面继承了制图理论的精神，在句法运算方面修正并发展了分布式形态学的操作手段。本节首先讨论纳米句法与分布式形态学在理论模型及运算操作之间的差异，然后通过具体事例证明纳米句法的理论优势。

在句法运算方面，分布式形态学沿用传统最简方案的做法，在运算系统中设定一个"前句法"性的词库，并将词库中预先生成的特征束（prepackaged feature bundles）直接投射为句法结构。纳米句法则认为句法运算是生成特征结构的唯一方式，词库是"后句法"性的，结构推导从单个的原子特征开始。

在拼出操作方面，分布式形态学以终端节点为拼出对象，而纳米句法则提出了一种全新的拼出方式——"短语拼出"。纳米句法认为，拼读操作和自然语言中其他类型的运算方式（比如合并、移位和省略等）一样，可以以非终端性成分（短语）为操作对象。短语拼出在解释语言中的类并、混成词（portmanteau）及混成形态方面意义重大。

在语法构件方面，纳米句法中不存在独立的形态模块，句法运算部门 SMS 同时包含句法、形态和语义方面的运算操作。"词汇树"和"句法树"之间的匹配映射及拼出操作赋予句法结构具体的形态外形。分布式形态学中专属形态模块的形态操作和形态结构在纳米句法中不具独立的理论地位。

在词汇插入方面，纳米句法依靠"超集原则""别处原则"和"循环覆盖原则"进行层层筛选，分布式形态学则依靠"子集原则"和"别处原则"进行插入运算：

(28) 子集原则　如果其携带的语法特征是终端词素所携带特征的子集，那么词汇项目的音系形式（phonological exponent）被插入终端词素序列。

别处原则　当多个词汇项目符合插入条件时，携带最多匹配特征的词汇项目被插入。

尽管分布式形态学在类并现象和混成形态的研究方面成绩显著，但其在具体语言现象的解释过程中仍然遇到一些问题，受到来自语言事实及其理论本身的诸多挑战。Chung(2007)关于韩语否定的研究揭示了分布式形态学中"融合"(fusion)操作的内在悖论，从而揭示了纳米句法的理论优势。

Chung(2007)指出，韩语可以通过向动词添加否定前缀(*ani*-或*mos*-)的方式对句子进行否定，如(29)所示：

(29) a. ca – n – ta

　　　 sleep – PRES – DECL①

　　　 "is sleeping"

　　 b. mos/an(i)ca – n – ta

　　　 NEG sleep – PRES – DECL

　　　 "can't sleep/isn't sleeping"

可以看出，否定前缀(*ani*-或*mos*-)作为独立的中心语与句子中的动词"*ca*"(sleep)进行合并，形成以下结构(见图2-20)：

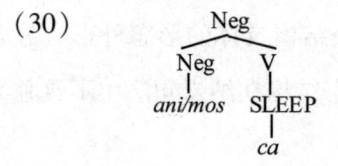

(30)
```
        Neg
       /   \
     Neg    V
      |     |
   ani/mos SLEEP
            |
            ca
```

图2-20　否定前缀结构图

但是韩语动词"*al*-"(know)的否定情况却表现出一定的差异性，请看下例：

(31) a. al – n – ta

　　　 Know – PRES – DECL

　　　 "knows"

---

① DECL即变格(declension)，指屈折语中的词汇在数、性、格方面的词尾变化。

b. *mos/an(i)al – n – ta

　　　NEG know – PERS – DECL

　　　"cannot/does not know"

　　c. molu – n – ta

　　　NEG know – PERS – DECL

　　　"cannot/does not know"

在(31)中，否定标记 NEG 和动词"*al*"用一个词素"*molu*"表示，而在(30)中，否定标记 NEG 和动词"*ca*"用两个独立的词素"*mos/an(i)*"和"*ca*"表示。也就是说，韩语词素"*molu*"同时表达否定和"知道"的语义。这种情况在分布式形态学中通过"融合"操作进行解释，即将否定特征和动词特征融合到一个终端节点之下：[+NEG，KNOW] ↔ *molu*。这一操作过程可以表示如下(见图 2 – 21)：

(32)　　　　Neg
　　　　　 ╱　╲
　　　　　Neg　V　→　[+NEG, KNOW]
　　　　　 |　　 |
　　　　 +NEG　KNOW

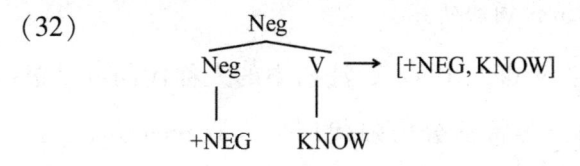

图 2 – 21　"融合操作"示意图

但是 Chung(2007)指出，这项操作造成了一种内在的悖论：一方面，"融合"操作必须先于词汇插入，因为词汇化的施用对象是经"融合"操作而生成的句法结构。而另一方面，进行"融合"操作的前提是词库中存在经中心语融合而形成的混成词。因此，Chung(2007)指出，将整体结构同时拼出是一种较为优化的解决方案。在词汇插入之前无须进行"融合"操作，(33)中的非终端节点可以整体拼出为"*molu*"(见图 2 – 22)：

41

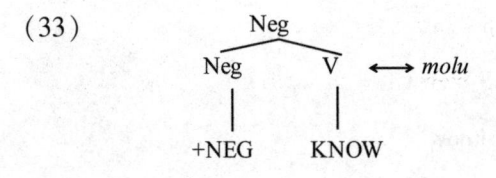

(33)
```
        Neg
       /   \
     Neg    V  ←→ molu
      |     |
    +NEG  KNOW
```

图 2-22　整体拼出示意图

图 2-22 所示的操作方式正是纳米句法所倡导的"短语拼出"。这种拼出方式规避了运算推导中的内在矛盾，在一定程度上简化了运算操作，提高了运算推导的效率，具有更强的理论解释力。在下一节，我们将通过法语代词、类并现象以及习语等方面的研究，全面展示纳米句法在具体语言研究中的实际应用。

2.3.2　纳米句法理论的具体应用：个案研究

2.3.2.1　关于法语代词的研究

根据 Cardinlette 和 Starke（1999），法语中的人称代词可以根据句法、语义、形态和韵律等特征分为强代词（strong pronoun）、弱代词（weak pronoun）和附着代词（clitic pronoun）。弱代词和附着代词被称为缺陷性代词（deficient pronoun）。强代词在语义上必须是指称性的，在句法上必须占据论元位置，可以进行并列和移位操作。缺陷性代词不具备这些特征，在韵律上可以和相邻的成分构成一个句法单位。此外，附着代词比弱代词的缺陷性程度更高，它不能占据 XP 位置。法语中单数人称代词的变化情况如下表所示：

(34)　　　　　　　　法语单数人称代词变化表

		强代词	弱代词	附着代词
第一人称		moi	je	me
第二人称		toi	tu	te
第三人称	阳性	lui	il	le
	阴性	elle	elle	la

Cardinlette 和 Starke（1999）以结构包容（structural containment）的方式研究了这三类人称代词之间的关系，将其表示如下（见图 2-23）：

(35)　　　　　C　>　Σ　>　I
　　　　　　　　　　　clitic
　　　　　　　　　　weak
　　　　　　　　　　strong

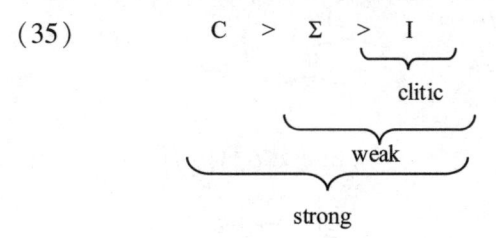

图 2-23　结构包容示意图

也就是说，在结构上，强代词包容弱代词，弱代词包容附着代词。法语强代词和弱代词的句法表现如下例所示（Rocquet, 2013: 23-24）：

(36) a. Pierre travaille. Marie, quant à elle, joue sur la plage.

　　　Pierre works Marie as to she$_{STRONG}$ plays on the beach

　　　"Pierre is working. As for Marie, she is playing on the beach."

　b. Elle joue sur la plage.

　　　she$_{WEAK}$ plays on the beach

　　　"she is playing on the beach."

　c. Il/ * Lui joue sur la plage.

　　　he$_{WEAK}$/he$_{STRONG}$ plays on the beach

　　　"he is playing on the beach."

(36) a 中的代词"elle"位于介词之后，是强代词，(36) b 中的代词与其后的动词"joue"发生韵律重组，是弱代词。二者在词形上发生了类并现象。在 Cardinlette 和 Starke（1999）的分析模式中，强代词在结构上包容弱代词，也就是说，在纳米句法的词库中存在一个"词汇树"，能够为两个不同结构的"句法树"进行词汇化操作，如(37)和(38)所示（见图 2-24）：

(37) 词汇树

$$\left\langle /\varepsilon l/ \longleftrightarrow \begin{array}{c} CP \\ C \quad \Sigma P \\ \Sigma \quad IP \\ I \quad \ldots \end{array} \right\rangle$$

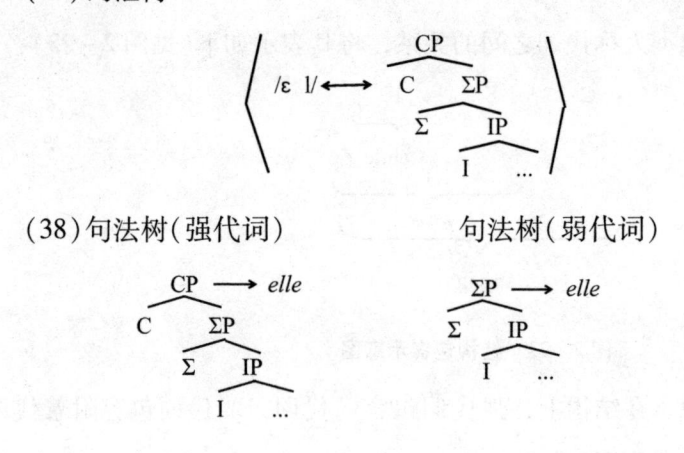

(38) 句法树（强代词）　　　　　句法树（弱代词）

$$\begin{array}{c} CP \longrightarrow elle \\ C \quad \Sigma P \\ \Sigma \quad IP \\ I \quad \ldots \end{array} \qquad \begin{array}{c} \Sigma P \longrightarrow elle \\ \Sigma \quad IP \\ I \quad \ldots \end{array}$$

图 2-24　词汇化操作示意图

根据超集原则，(37)中的"词汇树"可以拼出(38)中的"句法树"，从而为(36)a-b中的强弱代词的类并现象提供解释。而在(36)c中，弱代词不能占据句子主语的位置，并且代词的强弱在形态方面也表现出明显的差异。在纳米句法的理论框架下，这种代词的强弱差异同时在"词汇树"和"句法树"的结构方面有所体现（见图2-25）：

(39) 词汇树（强代词 *lui*）　　　　词汇树（弱代词 *il*）

$$\left\langle /lwi/ \longleftrightarrow \begin{array}{c} CP \\ C \quad \Sigma P \\ \Sigma \quad IP \\ I \quad \ldots \end{array} \right\rangle \qquad \left\langle /il/ \longleftrightarrow \begin{array}{c} \Sigma P \\ \Sigma \quad IP \\ I \quad \ldots \end{array} \right\rangle$$

(40) 句法树（强代词 *lui*）　　　　句法树（弱代词 *il*）

$$\begin{array}{c} CP \longrightarrow lui \\ C \quad \Sigma P \\ \Sigma \quad IP \\ I \quad \ldots \end{array} \qquad \begin{array}{c} \Sigma P \longrightarrow il \\ \Sigma \quad IP \\ I \quad \ldots \end{array}$$

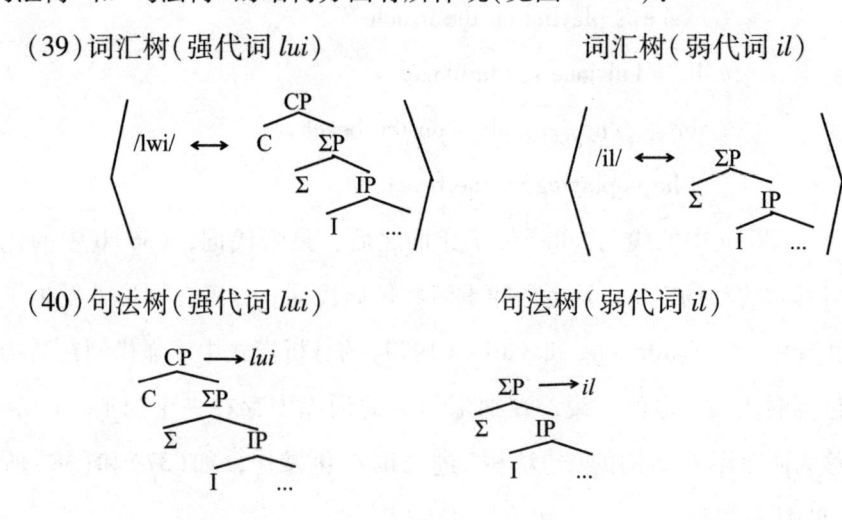

图 2-25　代词强弱差异示意图

由于法语第三人称单数阳性强代词"lui"在结构上包含弱代词"il"和

44

附着代词"le"(如(35)所示),其完整的推导过程如(41)-(42)所示(见图2-26):

(41) 词汇树(附着代词 *le*)　词汇树(弱代词 *il*)　词汇树(强代词 *lui*)

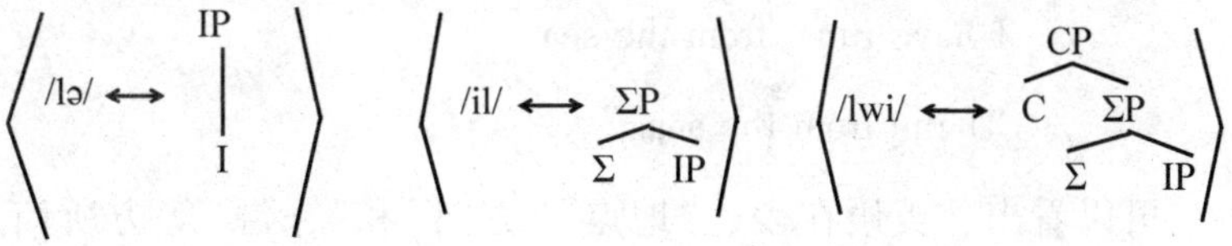

$$\langle /lə/ \leftrightarrow \begin{array}{c} IP \\ | \\ I \end{array} \rangle \quad \langle /il/ \leftrightarrow \begin{array}{c} \Sigma P \\ \Sigma \quad IP \end{array} \rangle \quad \langle /lwi/ \leftrightarrow \begin{array}{c} CP \\ C \quad \Sigma P \\ \Sigma \quad IP \end{array} \rangle$$

(42) 句法树(附着代词 *le*) → 句法树(弱代词 *il*) → 句法树(强代词 *lui*)

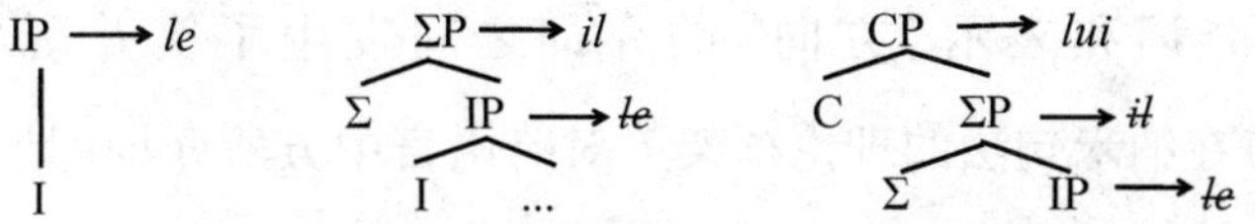

$$\begin{array}{c} IP \longrightarrow le \\ | \\ I \end{array} \quad \begin{array}{c} \Sigma P \longrightarrow il \\ \Sigma \quad IP \longrightarrow \cancel{le} \\ \quad I \quad \ldots \end{array} \quad \begin{array}{c} CP \longrightarrow lui \\ C \quad \Sigma P \longrightarrow \cancel{il} \\ \Sigma \quad IP \longrightarrow le \end{array}$$

图 2-26　法语代词推导过程图

(41)中的"词汇树"和(42)中的"句法树"相互匹配,赋予后者具体的形态外形。(42)中的推导过程既体现出拼出操作中的"循环覆盖原则"(见2.2.1节),又体现了这三种代词类型在结构方面的包容关系。因此,纳米句法为法语代词系统的研究提供了全新的理论基础和方法论视角。

2.3.2.2　关于类并(syncreticism)现象的研究

Caha(2009)将"类并"现象定义为"两个不同的句法-形态结构的合并(conflation)形式"。也就是说,这种现象是指两个或多个语法特征被拼出为一个独立的形式。比如英语和法语中方所介词的使用情况(Pantcheva,2011:238):

(43) a. I ran at the sea.　　　　　　　(处所)
　　 b. I ran to the sea.　　　　　　　(方向)
　　 c. I ran from the sea.　　　　　　(来源)

(44) a. J'ai couru à la mer.　　　　　(处所/方向)

I have run   at/to the sea

"I ran at the sea or I ran to the sea."

b. J'ai   couru de   la mer.   （来源）

I have run   from the sea

"I ran from the sea."

可以看出，英语在表达"地点""方向"和"来源"等方所信息的时候选用三个不同的介词，而在法语中，介词"à"同时表达"地点"和"方向"信息，"来源"语义则通过介词"de"表达。也就是说在法语中，表示"地点"的介词和表示"方向"的介词之间发生了类并现象。Pantcheva（2011）在纳米句法的理论框架下对跨语言中方所介词（地点、方向、来源、路线等）的类并模式进行了全面细致的研究。

除此之外，Caha（2009）也在纳米句法的理论框架下深入研究了自然语言中"主格－宾格"系统的类并现象。他构建出"普遍性的格临接原则"（Universal Case Contiguity）：

(45) a. 语言中格的类并现象仅会发生在普遍性的格序列中的临接区域。

b. 普遍性的格序列为：主格－宾格－属格－与格－工具格－伴随格   （Caha，2009：49）

Caha（2009）全面研究了俄语中的格类并现象，指出语言中的格类并只会发生在临近的格序列中，比如主格可以和宾格发生类并，宾格可以和属格发生类并，属格、与格和工具格三者可以发生类并。而主格不能和属格发生类并，属格不能和工具格发生类并。这种现象被称为＊ABA定理（＊ABA theorem）。Caha全面探讨了自然语言中格的形态包容，构建出格的层级（Case Hierarchy），并在纳米句法的理论模型下详细探索了其拼出过程的内部机制。有兴趣的读者可参阅Caha（2009），本书在此不再详述。

2.3.2.3 关于习语的研究

习语在传统形式句法学的理论框架中一直是一个较为棘手的问题。尽管分布式形态学也涉及习语的研究，认为语言结构的组合意义和习语语义之间不存在泾渭分明的界限，并主张习语由句法生成，并在界面上得到语义解释（McGinnis，2002），有关习语的结构推导和语义生成之间的关系始终没有令人满意的解释方案。

习语可以在不同的语言层面得以体现，可以将其分为"音系习语"（phonological idiom）和"概念习语"（conceptual idiom）（Baunaz & Lander，2018：34）。音系习语指的是词汇在音系方面不规则的形变，比如名词复数的不规则变化：child→children，mouse→mice 等，而概念习语是指句子层面的非组合性语义，比如"kick the bucket"意为"死亡""hold your horses"意为"耐心"等。

纳米句法理论为音系习语和概念习语的生成提供了全新的解释方案。由"mouse"到"mice"的生成过程可以通过下图得到解释（见图2-27）：

(46) 　　　→ mice
　　　NP→mouse NumP → s　　　⟨/mais/ ⟷ [[NP mouse][NumP PL]]⟩
　　　　　　　　　 PL

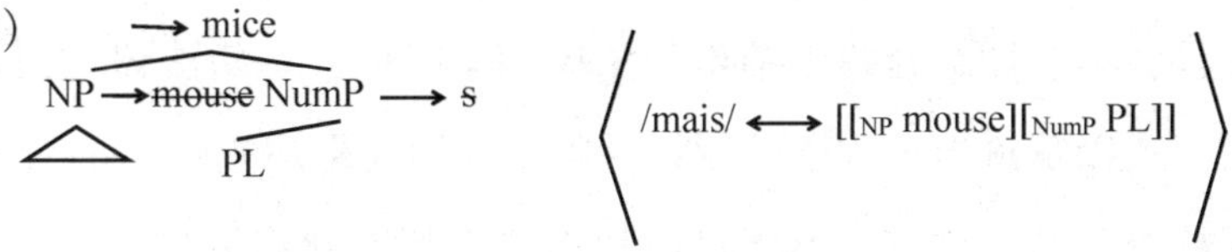

图2-27　"mouse"到"mice"的生成过程示意图

在推导运算的 NP 阶段，"mouse"按照常规的方式被生成并拼出，而随后"复数"特征引入，根据拼读的"循环覆盖"原则，运算系统将 NP 和复数特征整体拼出为"mice"。

概念习语的推导及语义生成方式与音系习语类似。以"hold your horses"为例，其结构及语义生成如下图所示（Baunaz & Lander，2018：35）（见图2-28）：

(47)

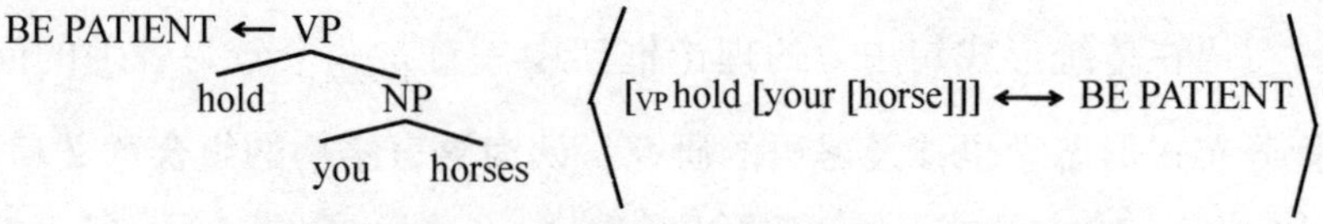

```
BE PATIENT ← VP
           ╱  ╲
        hold   NP      ⟨[vp hold [your [horse]]] ⟷ BE PATIENT⟩
              ╱ ╲
            you  horses
```

图 2-28 "hold your horses"结构及语义生成示意图

其中,"hold""your"和"horses"的概念被最高节点 VP 所取代。和音系习语类似,运算系统将概念习语整体映射为"BE PATIENT"。

2.4 本章小结

本章主要介绍纳米句法的理论模型和操作要件。2.1 节主要阐述了纳米句法的产生背景和基本理论假设。本节将纳米句法与制图理论和分布式形态学进行了对比,指出纳米句法在理论上的传承性与创新性,并详细介绍了其"后句法词库论""严格分工论""信息槽位论"和"特征次词素论"等基本理论假设。2.2 节主要介绍了纳米句法的理论模型及操作要件。本节详细介绍了纳米句法中"词汇树"和"句法树"之间的匹配映射方式以及拼出过程中的制约原则,并用大量篇幅阐述了纳米句法中停留核查、循环移位、整体移位和第二工作空间运算等基本运算方式。2.3 节主要阐述了纳米句法的理论优势和具体应用。本节以韩语中的否定现象为例,凸显了纳米句法在现象解释过程中的优势,并简要通过法语代词、融合现象和习语等的研究揭示了纳米句法的具体应用,彰显出纳米句法的理论解释力和蓬勃生命力。

第3章 汉语方所介词的类型及句法语义特征

本章首先梳理了国内外关于方所介词具有代表性的分析，然后对汉语方所介词进行了全面深入的描写，并根据内在语义特征对其进行了合理的分类。在将汉语方所介词进行科学分类的基础上，本章尝试探索不同类型的方所介词所具有的语义强制性，并结合跨语言事实构建出汉语方所介词的层级性结构。

3.1 汉语方所介词的内部分类

3.1.1 前人的分类

马贝加(2002)根据语义类型将汉语方所介词分为"始发处""所在处""终到处""临近处""方向""经由"和"沿途"等七类，并详细描写了各类方所介词的历时变化及具体用法。马贝加关于汉语方所介词的分类方式如表 3 - 1 所示：

(1)

表3-1 汉语方所介词分类表

语义类型	方所介词
始发处	于(於)、自、从、从自、乎、以、由、向、就、打、打从、在、去
所在处	于、乎、以、自、从、在、即、就、著、向、去
终到处	于、乎、及、至、到、著、就、在、向(况)、捉(投)、抵
临近处	临
方向	自、从、向、就、著、望(蓦)、往、当、把、朝、照、拦、劈
经由	自、从、由、经、经由、向(况)、打、打从、著、在
沿途	遵、循、缘、沿、顺、随

马贝加(2002)的分类模式清晰地反映出汉语方所介词的整体风貌，并以近代汉语介词为纽带，兼顾古今汉语方所介词的历时发展与变化，描写全面，语料充分，达到了语言研究的描写充分性。和马贝加着眼于汉语整个介词系统相比，史冬青(2008，2009)专门针对魏晋至南北朝时期的汉语方所介词系统进行了研究与分类。其分类的标准也是语义类型，具体分类模式如表3-2所示：

(2)

表3-2 魏晋至南北朝时期汉语方所介词系统

语义类型	方所介词
动作行为的所从	于、自、从、由、乎、以
动作行为的所在	于、在、自、从、乎、以
动作行为的所到	于、乎、在、及、至
方向	当
沿途	遵、循、随

相较于马贝加(2002)的分类，史冬青(2008，2009)的分类方式较为简约。从(1)-(2)可以看出，同一个方所介词可以具有多种语义特征，比如"于"可以同时表示"始发处""所在处"和"终到处"等语义，而"自"可以同时表达"方向"和"经由"等语义。

西方语言学界更倾向于将方所介词大体分为静态的PLACE(方位)

和动态的 PATH(路径)两类,并根据内在语义特征将 PATH 进行细化分类。比较具有代表性的是 Jackendoff(1983)的分类。他首先将 PATH 分为"有界的"(bounded)、"途径"(route)和"方向"(direction)三类,并将"有界的"和"方向"分别进一步细化为"目标路径"(goal path)、"来源路径"(source path)和"目标方向"(goal direction)、"来源方向"(source direction),如下图所示(见图 3-1):

(3)
```
                          Path
         ┌─────────────────┼─────────────────┐
      bounded            routes           direction
      ┌───┴───┐                        ┌──────┴──────┐
  goal path source path            goal direction source direction
    past, along
     to     from                     towards    away from
```

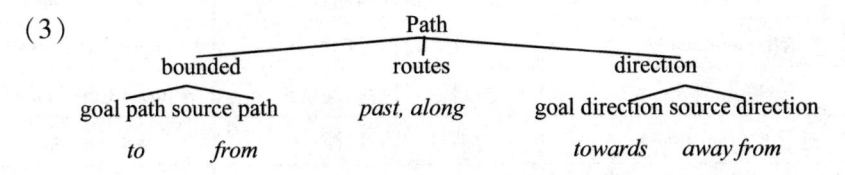

图 3-1 Jackendoff(1983)的方所介词分类模式

Kracht(2002,2007)则通过"图形-方位构型"(figure-locative configuration)与事件(event)之间的关系对空间模型进行了全面的分类,带有强烈的认知倾向。其所构建的"空间模式"(Spatial Mode)涉及英语方所介词的分类,如表 3-3 所示:

(4)

表 3-3 汉语方所介词分类表(Kracht,2002,2007)

空间模式	图形、构型及事件之间的关系	具体示例
共始型(coinitial)	在事件过程中图形离开方位构型	out of the house
共终型(cofinal)	在事件过程中图形进入方位构型	into the house
临近型(approximative)	在事件过程中图形靠近方位构型	towards the tunnel
后退型(recessive)	在事件过程中图形远离方位构型	away from the tunnel
过渡型(transitory)	在事件过程中图形穿过方位构型	through the tunnel
静止型(static)	在事件过程中图形位于方位构型中	in the house

Pantcheva(2011)基于 Kracht(2002,2007)关于空间模型的研究,对方所介词中的 PATH 类型进行了更为细致的分类,将其细化为八种类型,如表 3-4 所示(Pantcheva,2011:41):

51

(5)

表3-4 PATH 语义类型分类表(Pantcheva, 2011)

PATH 类型	语义特征	具体示例
共始型	过渡性(transitional),来源指向性	from the house
外出型(egressive)	有界性(delimited),来源指向性	starting from the house
后退型	非过渡性,来源指向性	away from the house
共终型	过渡性,目标指向性	to the house
终结型(terminative)	有界性,目标指向性	up to the house
临近型	非过渡性,目标指向性	toward the house
迁移型(transitive)	过渡性,路径性	past the house
延续型(prolative)	非过渡性,路径性	along the house

可以看出,Pantcheva(2011)主要根据语义特征对 PATH 类型的英语介词进行了细致的划分,在类别名称方面大致沿用了 Kracht(2002,2007)的分类术语。而 Kracht(2002,2007)的分类模型中还包含静态性(static)的方位介词"in"。除此之外,Pantcheva(2011)还注意到了动词对方所介词的语义影响和介词叠加的情况。比如"starting from the house"和"from the house"相比,前者中的方所介词受到动词的影响,具有"有界性特征",而后者具有"过渡性"特征。叠加式方所介词"up to"和单个介词"to"相比,前者受到"up"语义的影响,侧重"有界性",后者侧重"过渡性"。

从以上学者对方所介词的分类情况可以看出,语义类型即语义特征是进行介词分类的一条重要标准。与西方学者较为注重对方所介词中的 PATH 类型进行语义分解的做法相比,国内学者着眼于汉语方所介词的整体风貌,以基本语义特征作为方所介词的分类标准。此外,和英语方所介词彼此泾渭分明的语义表达相比,汉语中的方所介词往往能够表达多种语义类型,比如在马贝加(2002)的分系统中,最为常见的方所介词"在"可以同时表达"始发处""所在处""终到处""经由"等语义,表现

出明显的语义兼类特征,以下为马贝加(2002)中的用例:

(7) a. 因为我在家中来,中途不见了,庵主必到我家里要人。
(《拍案惊奇》卷34,629)　　　　　　　　　(始发处)

b. 古者,天子守在四夷,诸侯守在四邻。(《左转·昭公二十三年》)　　　　　　　　　(所在处)

c. 至安德令刘长仁家,有鸣鹊来在阁屋上,其声甚急。
(《三国志·魏书·方伎传》,816)　(终到处)

d. 幸得宿太尉营解,从轻发落,刺配沙门岛,在登云山经过,被他们劫了上去。(《水浒传后传》18回,161)　(经由)

在上面各例中,不同类型的方所概念都可以通过方所介词"在"进行表达。法语方所介词也允许一定程度的兼类现象,比如下例:

(8) J'ai couru à la mer.　　　　　　　　　(所在处/方向)
　　I have run at/to the sea
　　"I ran at the sea." or "I ran to the sea."
(Pantcheva,2011:238)

法语中的方所介词"à"可以同时表达"所在处"和"方向"等方所语义。而在英语中不同的方所语义表达需要选用不同的方所介词,比如在表达"始发处""所在处""方向"和"经由"等语义的时候需要分别选用"from""at""to"和"past"等介词,如(8)所示:

(9) a. He came from the sea.　　　　　　　　(始发处)

b. He stayed at home.　　　　　　　　　　(所在处)

c. He ran to the sea.　　　　　　　　　　(方向)

d. He went past the river.　　　　　　　　(经由)

上述语言现象告诉我们,在对汉语方所介词进行分类的时候,需要在凸显方所介词之间语义类型的差异的同时,能够解释汉语方所介词"语义兼类"这一特征。这就要求我们的分类标准和理论框架能够清晰地刻画汉语方所介词之间的内在联系和区别。在下一节,我们将根据"语义特征"对汉语方所介词进行分类。

3.1.2 基于语义特征的汉语方所介词分类

3.1.2.1 汉语方所介词的语义类型

汉语方所概念的表达涉及以下几种情况,如(9)所示(见图 3-2):

(10)

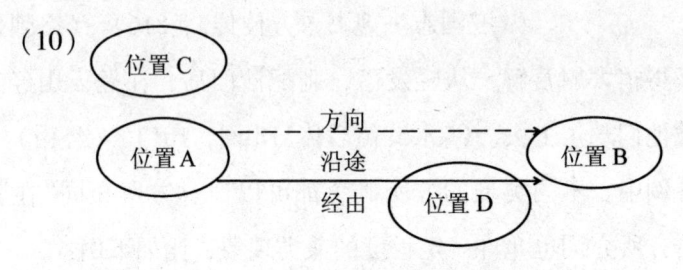

图 3-2 汉语方所概念示意图

上图可以显示出以下几种方所类型:由"位置 A""位置 B""位置 C"和"位置 D"所标记是一种静态的处所,用"Location"表示,"位置 C"和"位置 A"接近,表示的是一种临近的方所关系,用"Vicinity"表示。就"位置 A"和"位置 B"的关系而言,"位置 A"表示处所的来源,用"Source"表示,"位置 B"表示处所的终点,用"Goal"表示。虚线箭头表示的是"位置 B"相对于"位置 A"的方向,属于一种非接触性的方位关系,用"Direction"表示。而实线箭头表示的是由"位置 A"到"位置 B"的实际过程,表示"沿途"语义,用"Route"表示。实线箭头穿过"位置 D"则表示经过某一处所,表达"经由"语义,用"Passage"表示。在这七种方位语义中,"Location"和"Vicinity"表示的是一种静态的位置或方位关系,而"Source""Goal""Direction""Route"和"Passage"则表示动态的方所关系。我们可以把静态方所语义称为"方位"(PLACE),而把动态的方所语义称为"路径"(PATH)。因此,我们可以根据这些方所语义类型,将汉语方所介词进行如下分类(见图 3-3):

(11)

$$方所介词 \begin{cases} PLACE \begin{cases} Location \\ Vicinity \end{cases} \\ PATH \begin{cases} Source \\ Goal \\ Direction \\ Route \\ Passage \end{cases} \end{cases}$$

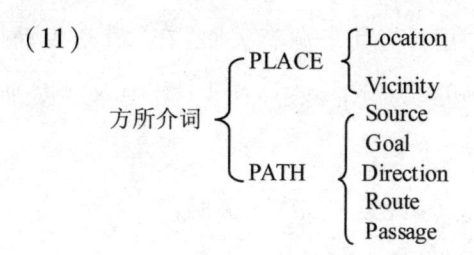

图 3-3 方所介词分类

3.1.2.2 汉语方所介词的语义解释及分类

A. Location 的语义解释

西方语言学界将 PLACE 视为方位短语（locative phrase），通过"区域"（region）这一概念进行解释（Wunderlich，1991；Nam，1995；Kracht，2002；Svenonius，2008）。"区域"被定义为空间中点的连续性集合（contiguous sets of points）。比如"背景"（figure）可以被定义为其所占据的点的集合，即"本征空间"（eigenspace）。Zwarts（1997）、Zwarts 和 Winter（2000）则使用"矢量空间"（vector space）解释诸如"ten meters above the roof"等被数量词修饰的方所介词短语。和英语方所介词相比，汉语中表示"Location"的方所介词表达的是一种大致的方所范围，具体的方所位置需要通过方位词进行表达，而且对其后的名词短语有语义方面的限制。拿汉语中典型的表示处所的介词"在"来说，其要求携带地点宾语，并且需要通过方位词表达具体的方位维度，而英语方所介词则不存在这些方面的限制，比如：

(12) a. 在桌子上／*在桌子　　b. on the desk

　　b. 在桌上下　　　　　　b. under the desk

　　c. 在桌子前　　　　　　c. before the desk

　　d. 在桌子后　　　　　　d. behind the desk

　　e. 在学校≈在学校里，在北京≈在北京市内

因此，和英语中表达处所义的介词相比，汉语方所介词"在"表达

的是一种大概的处所范围,这可能与其来源有关。"在"最初为动词,表达"存在"之意。其所出现的句式为"N_1 + 在 + N_2",其中 N_2 为处所名词(史冬青,2009:97)。比如:

(13)关关雎鸠,在河之洲。(《诗经·周南·关雎》)

(14)邳郑之子邳豹在秦,请伐晋。(《左传·僖公十三年》)

Zwarts(2008)用符号"+""-"和数字"0""1"定义并解释了英语中的方所介词,其中"0"表示起点,"1"表示终点,正号部分代表空间中的初始位置,负号代表空间中的结束位置,比如表示目标的介词"to"被定义如下:

(15) Goal:　　　－－－－＋＋＋＋＋＋＋＋
　　　　　　　　0　　　　　　　1　　(Zwarts,2008:81)

考虑到表示处所语义的"在"表达的是一种大概的方所范围,我们可以将其描写为(15):

(16) Location:　　(＋＋＋＋＋＋＋＋＋＋＋＋)
　　　　　　　　　0　　　　　　　　　1

(15)中的括号表示划定的方所范围,灰色的正号表示在这一既定的方所范围内均可出现。这种描写方式符合汉语 Location 类方所介词的语义特征,即表达一种大致的方所范围。除了介词"在"之外,属于这一类的方所介词还有"于""乎",比如:

(16)晋侯及郑伯盟于衡雍。(《左传·僖公二十八年》)

(17)期我乎桑中,要我乎上宫,送我乎淇之上矣。(《诗经·庸仔风·桑中》)

另外,正如马贝加(2002)指出的,一些表达 Location 语义的方所介词如"以""自"等在近代汉语中已不多见,介词"从""即"等表达处所含义的用法在近代汉语有所保留。另外,在古文及近代笔记小说中,方所介词"就""著""向""去"等也表示处所含义,以下例句引自马贝加

(2002)：

(18) 绍遂以渤海起兵，将以诛卓。(《三国志·魏书·袁绍传》)

(19) 公自扬门见之，下而巡之。(《左传·昭公二十一年》)

(20) 从室视庭，咫尺已具。(《韩非子·扬权》)

(21) 既至一穴，虎子闻行声，谓其母至，皆走出，其人即其所杀之。(《搜神记·蒋山祠》)

(22) 韩后与范同载，就车中裂二丈与范。(《世说新语·德行》)

(23) 所请群官，悉闭著益州诸曹屋中。(《三国志魏书·钟会传》)

(24) 江陵高伟，随吾入齐凡数年，向幽州淀中捕鱼。(《颜氏家训·归心》)

(25) 莫祝灵龟椿鹤，只消得，把笔轻轻去，十字上，添一撇。(《辛弃疾：品令》)

2. Vicinity 的语义解释

汉语中用介词"临"来表示位置上的临近和靠近。常用于古文和笔记小说中，比如下例：

(26) 临河而羡鱼，不如归家织网。(《淮南子·说林训》)

(27) 素有遗属，属诸知识，在山投山、临水投水。处泽露形，在人亲土。(《晋书》)

从语义上说，"Vicinity"表示位置上的接近(不一定接壤)，其表示的也是一种静态的处所位置。在英语中，"临近"除了可以用介词"near"表达之外，还可以用"in the vicinity of"来表达，介词"in"表达的是"Location"的语义。我们可以将"Vicinity"的语义特征用符号表示为：

(28) Vicinity：(＋＋＋＋＋)＋＋(＋＋＋＋＋)

$$0 \qquad\qquad\qquad\qquad 1$$

3. Source 的语义解释

"Source"表示始发性位置，Fong (1997) 和 Pantcheva (2011) 认为

"来源"和"终点"等方所语义涉及一个区域到另一个区域的过渡(transition)。Zwarts(2008)将"Source"分解为两个阶段,用符号表示如下:

(29) Source: ＋＋＋＋＋－－－－－

      0   1 Zwarts(2008)

因此,"source"的语义中包含初始性的位置语义和不同区域间的过渡性语义。按照马贝加(2002)分类,方所介词"自""从""由""从自""打""打从""于""乎""以""向""就""在""去"等属于这一类。其中以"自""从""打""由"等最为常见,其余的用法常见于古文和笔体小说,现代汉语已不常用。需要指出的是,表示"Location"介词"在""乎""于"之所以可以表示"Source",可能是因为"Source"的语义中包含了初始性的位置语义,二者在语义特征上有交叉。介词"在""乎""于"表达"Source"语义的例句如下(马贝加,2002):

(30)因为我<u>在</u>家中来,中途不见了,庵主必到我家里要人。(《拍案惊奇》)

(31)出<u>于</u>其类,拔<u>乎</u>其萃。(《孟子公·孙丑上》)

(32)千里之行,始<u>于</u>足下。(《老子》)

4. Goal 的语义解释

表示"终点"的"Goal"和表示"来源"的"Source"的语音解释相对立,其语义中包含终到性的位置语义和不同区域间的过渡性语义。其语义解释可以用符号表示如下:

(33) Goal: －－－－－＋＋＋＋＋

      0   1 Zwarts(2008)

汉语中典型的表示"终点"语义的方所介词有"至""到""及"等,马贝加(2002)的分类系统中还包括现代汉语中不常用的"于""乎""在""著""就""向(况)""捉(投)""抵"等。需要指出的是,表示典型"Location"语义的介词"在""乎""于"等在这里能够表达"Goal",可能同样是因为"Goal"的语义中包含了终到性的位置语义。介词"在""乎""于"表达"Source"语义的例句如下(马贝加,2002):

(34)还在交州,奉宣朝恩,流民归附,海隅肃清。(《三国志·吴书·陆胤传》)

(35)期我乎桑中,要我乎上宫,送我乎淇上矣。(《诗经·鄘风·桑中》)

(36)之子于归,远送于野。(《诗经·邶风·燕燕》)

5. Direction 的语义解释

现代汉语中比较常见的表示方向"Direction"的介词是"朝""向""对""往",比如:

(37)卡罗丽娜在钱大维医生的护理下,坐在一辆特殊的操纵车上,朝大海边走去。(《悲剧之花》刘沪生、黄忠)

(38)他把货包起来,情不自禁地拿起了镢头刨土,推起车子运土,拿起杠子撬石头,站进了向大山进行斗争的行列!(《红色的货郎》顾雷)

(39)孙铭九拿着枪对着这个家伙的脑袋大声喝问:"委员长在哪里?"(《西安事变史实》李云峰)

(40)他趁着人们忙乱的时候,溜出村,撒腿往南地跑。(《金光大道》浩然)

就语义内容而言,表示"Direction"的方所介词标记的是一种非过渡性的路径(non-transitional path),其语义解释表示如下(Pantcheva,2011):

(41) Direction: - - - - - - - - -
                0   1

渐进性的虚线表示非过渡性的方向特征。除了"朝""向""对"之外,表示"Direction"语义的方所介词还有"自""从""就""著""望(蓦)"

"当""把""照""拦""劈"等(马贝加,2002),这些介词常出现在古文或笔记小说中,现代汉语中并不常用。值得一提的是,表示典型"来源"语义的介词"自""从"和表示典型"终点"语义的介词"就""著"由于含有"不同区域之间的过渡"这一语义,偶尔也会衍生出表达"方向"的语义功能。以下例句引自马贝加(2002):

(42)道士<u>自</u>西北而去。因而疾愈。(《稽神录·郭仁表》)

(43)(卓)又趋陈留王,曰:"我董卓也,<u>从</u>我抱来。"乃于贡抱中取王。(《三国志·魏书·董卓传》)

(44)<u>就</u>日移轻榻,遮风展小屏。(《何处春先到》白居易)

(45)山头落日<u>著</u>窗明,花里来禽起笑声。(《戏元弼》陈师道)

6. Route 的语义解释

"Route"表示"沿途"的含义,Pantcheva(2001)将这类方所语义称为"延续型路径"(prolative path),Zwarts(2008)将其称为"恒量介词"(constant preposition),认为其具有"无终体"(atelic)特征,并将其语义特征表示如下:

(46)Route:+ + + + + + + + + + + + +

　　　　　　0　　　　　　　1　　(Zwarts,2008)

现代汉语中最为常见的表示"沿途"语义的方所介词有"沿""顺",比如:

(47)我国教育必须坚持社会主义方向,<u>沿</u>着社会主义轨道发展。(《现代教育哲学新论》曾成平)

(48)她<u>顺</u>着逶迤的羊肠小道,慢慢地向月儿走去。(《不曾沉没的小舟》钱国丹)

古汉语中较为常见的表示"沿途"语义的方所介词有"缘""遵""循""随"等。比如以下例句(马贝加,2002):

(49)中兵参军段宏单骑追寻,<u>缘</u>道叫唤。(《宋书·武三王列传》)

(50) 忽吾行此流沙兮，遵赤水而容与。(《楚辞·离骚》)

(51) 帝遂以舟师自谯循涡入淮。(《三国志·魏书·文帝纪》)

(52) 于是，乃命使西征，随流而攘，风之所被，罔不披靡。(《汉书·司马相如传》)

7. Passage 的语义解释

"Passage"表示"经由""经过""途经"等含义，现代汉语中比较具有代表性的有"经""经由"等，比如：

(53) 1919 年 3-4 月，毛泽东经上海回到湖南。(《中国社会主义发展史纲》王继平)

(54) 由这里到铁门关，过孔雀河，穿行英格尔山谷，经由戈壁滩到大碱滩约一百二十公里，拉着骆驼得走四天。(《雄关组途》何敏)

Zwarts (2008: 82) 认为英语中表示"经由"意义的方所介词有"past" "via" "through" "across" 等，并将其语义特征描写如下：

(55) Passage：- - - - + + + + + - - - -
　　　　　　　0　　　　　　　1

除此之外，在古汉语和笔体小说中，方所介词"自""从""由""向(况)""打""打从""著""在"等也有表达"经由"的含义。同样需要指出的是，由于"经由"语义含有"途经某一位置"的含义，含有典型"位置"含义的"在""终点"含义的"著""来源"含义的"自""从"都有表达"经由"的含义，尽管这些功能在现代汉语中退化或者消失了。以下例句同样来自马贝加 (2002)：

(56) 幸得宿太尉营解，从轻发落，刺配沙门岛，在登云山经过，被他们劫了上去。(《水浒传后传》)

(57) 饱吃更索钱，低头著门出。(《道人头兀雷》王梵志)

(58) 众车入自纯门。(《左传·庄公二十八年》)

(59) 于是沛公乃夜引兵从他道还。(《史记·高祖本纪》)

3.2 汉语方所介词的语义特征及语义强制性

和英语、法语、德语等西方语言相比,汉语方所介词对其后的名词性成分施加了较强的语义限制,具体表现在汉语方位词的使用方面。请看下例:

(60) a. in Beijing　　　　　　　(英语)
　　 b. in the drawer
　　 c. on the table
　　 d. under the desk
　　 e. along the road

(61) a. à pékin　　　　　　　　(法语)
　　 b. dans le tiroir
　　 c. sur la table
　　 d. sous la table
　　 e. suivez cette route

(62) a. in Peking　　　　　　　(德语)
　　 b. in der schublade
　　 c. auf dem tisch
　　 d. unter dem tisch
　　 e. enlang der straβe

从(60)-(62)中的例子可以看出,英语、法语和德语中的方所介词对其后的名词短语语义限制较弱,具体表现在:这些语言中的方所介词所携带的名词可以是处所词(如北京、学校等),也可是普通名词(如桌子、椅子、抽屉、大路等),这与汉语形成明显的差异,以汉语中表

示"Location"的介词"在"为例:

(63) a. 在北京 *在北京里

b. 在学校 在学校里

c. *在桌子 在桌子上

d. *在抽屉 在抽屉里

e. *在大路 在大路旁

由上例可以看出,当名词是典型的地理名词(如北京,上海等)时,"在"后面不允许出现方位词;当名词是具有处所功能的处所名词(如学校等)时,"在"后面方位词不强制出现;而当名词是一般事物名词(如桌子,抽屉,大路等)时,"在"后面必须出现方位词。而实际中的情况可能更为复杂:

(64) a. *在小河 在河边 在河沿

b. *在桌子 在桌角 在桌子(的)上面

c. *在黄灯 在黄灯下 在黄灯(的)下面 在黄灯之下

d. *在黄河 在黄河南 在黄河(的)南面 在黄河以南

上例表明,除了方位词,准方位词"沿""角"和由方位词和后缀"面"形成的名词"后面""南面"也可以使表达成立。另外,通过"以""之"和方位词组合的方式也可以使表达成立。我们可以做出以下假设:表示"Location"语义的方所介词"在"携带强性方位特征[+loc],要求其后的名词短语也携带[+loc]特征。典型的地理名词和处所名词本身携带[+loc]特征,能够满足"在"的语义要求。而方位词、准方位词和由方位词和后缀"面""边"等构成的名词性成分含有内在的[+loc]特征,普通名词与其结合也能获得[+loc]特征,从而满足"在"的语义要求。需要指出的是,由于在古汉语中处所名词尚未从普通名词中分化出来,古汉语中表达"Location"语义的介词"在"和"于"不具有这方面的语义强制性,比如:

(65)a. 狐突之子毛及偃从重耳在秦，弗召。(《左传·僖公二十三年》)

b. 主人下马客在船，举酒欲饮无管弦。(《琵琶行》白居易)

c. 兵船当在船上操，岂有取兵下陆地而操水战之理耶？(《纪效新书》戚继光)

(66)a. 秋，筑台于秦。(《左传·庄公三十一年》)

b. 而后酒阑月落，乃得拥妓而宿于船。(《淞隐漫录》王韬)

c. 船渐近岸，见云长青巾绿袍，坐于船上。(《三国演义》罗贯中)

如上例所示，古汉语中的方所介词"在"和"于"可以携带单音节的地理名词、普通名词和"普通名词+方位词"的形式，这和现代汉语有较大的差异。

表达"临近"含义"Vicinity"的方所介词"临"和"在"相比，其语义限制性较弱，具体表现在其并不强制其后的名词为典型的处所类名词，也不要求方位词及其复合性成分出现，比如：

(67)a. 后帝使于黎阳临河筑城戍，曰："急时且守此作龟兹国子"。(《北齐书》李百药)

b. 这12道门，只有临大街中间一层的门是开着的，其余的都用石头砌死了。(《夜泊无名岛》孙幻忱)

因此，表达"临近""靠近"语义的介词"临"本身不具有[+loc]特征，而携带"临近"特征[+vic]。因此，其后的名词可以是一般的事物名词。

下面我们依次讨论路径类方所介词的语义强制性特点。首先看表达"来源"语义的介词，以较为常见的"从""自""打"为例，这些介词在现代汉语中要求其后的名词带有[+loc]特征，比如：

(68)a. 从上海 *从桌子 从桌子上 从桌角 从桌子后面 从南向北

第3章 汉语方所介词的类型及句法语义特征

  b. 来自山东 *来自大山 来自山上 来自山头 来自山里面 自东向西

  c. 打河南来 *打大山来 打山里来 打山顶来 打山里面来

  可以看出,表示来源语义的方所介词后面可以是地理名词,"名词+方位词"形式、"名词+准方位词"形式,或者是"名词+方位复合词"形式,"从"和"自"还可以直接携带方位词。而一般的事物名词不能出现在此类介词结构中。因此我们可以推断,"来源"类方所介词携带[+loc]特征,要求其后的名词同样带有[+loc]特征。除此之外,来源类方所介词还携带[+sou]特征,表示源自某个位置。

  表达"终点"(Goal)语义的方所介词在语义强制性方面和表达"来源"的介词表现一致,以现代汉语中较为常见的"到"和"至"为例:

(69) 到上海 *到大山 到山上 到山顶 从上到下

  在现代汉语中,介词"至"没有"到"的使用频率高,到通过语料可以发现,"至"后面出现的名词均具有内在性的[+loc]特征:

(70) a. 比利时队16号德沃尔夫从左路运球突破,甩脱乌拉圭队后卫的盯守后,将球传<u>至中路</u>,……。(《天津日报》1009-6-19)

  b. ……,队长11号瑟勒芒斯单人独骑带球长驱直入,闯<u>至禁区</u>后一脚劲射,又给本队添上一分。(《天津日报》1009-6-19)

  c. 周围群众见之,纷纷上前指责并捉拿凶手,四人夺路逃<u>至朱驹平家</u>。(《解放日报》1982-10-2)

  d. 徐拒检逃窜,驶<u>至利川码头街口</u>时,将行人撞伤。(《解放日报》1987-3-8)

  由上例可以看出,介词"至"之后的名词短语"中路""禁区""朱驹平家"和"利川码头街口"均为处所名词,含有内在性的[+loc]特征。

因此，我们可以说，表示"终点"的方所介词含有表达方位的[+loc]特征和表达终点的[+goal]特征。

表达"方向"（Direction）语义的介词因为携带典型的方向性特征[+dir]，而不是静态的[+loc]特征，其语义强制性较弱。以现代汉语中最为常见的"向""对""朝""往"为例，其后所出现的名词类型较为多样：

(71) a. 这样，女孩就有机会跟随鹿群<u>向大山</u>进发。（《尼尔斯骑鹅旅行记》翻译作品）

b. 当这朵朵"白云"飘<u>向大山深处</u>，山民们沸腾了！（《人民日报》1994年第2季度）

c. 他们在暗夜匆匆<u>向大山方向</u>进发。（《金龟》龙凤伟）

(72) a. 爱好文艺的水兵<u>对着太阳</u>即兴赋起诗来。（《解放军报》1985-10-27）

b. 当秋风乍起时，杨臣勋再也待不住了，他常常<u>对着远方</u>，独自陷入沉思。（《文汇报》1981-2-5）

c. 爷爷把"三八"枪往前一顺，<u>对着喊话的方向</u>，啪啦就是一枪。（《红高粱家族》莫言）

(73) a. 两位老人走出屋门，<u>朝着村中的一条大道</u>向王生宝家走去。（《说媒》郑楼生）

b. 她<u>朝着左前方</u>又迈了几步。（《粉红色的梦》于久惠）

c. 产业结构的调整，也在<u>朝着合理的方向</u>进行。（《天津日报》1987-3-16）

(74) a. 待赶到孩子家的住处，当地政府说是已经去了山里大伯的家，回头再<u>往大山</u>奔。（《作家文摘》1996）

b. <u>往南</u>一瞭，见侯二远远地蹲在山岗上。（《变天记》张雷）

c. 老陈低着头踩着那些脚印，<u>往一个方向</u>走去。（《陈守存冗

长的一天》北村）

由(71)-(74)中的例句可以看出，现代汉语中表达"方向"意义的介词主要携带[+dir]特征，其后的名词可以是一般事物名词、处所名词、方位词和含有内在"方向"语义的名词(如远方、方向等)。其他表示"方向"介词如"当""著"等主要出现在古汉语及笔体小说中，其语义强制性更弱，允许不同类型的名词出现，以"当"为例：

(75) a. 遇高唐之孤叔无孙，<u>当其马</u>前，曰……（《吕氏春秋 离俗》）

b. 唧唧复唧唧，木兰<u>当户</u>织。(《木兰辞》)

下面继续看表示"沿途"含义的方所介词的语义强制性。现代汉语中经常使用"沿着"和"顺着"表示"沿途"含义。经过观察，此类介词的语义强制性较弱，其后可以出现各种名词类型：

(76) a. 我<u>沿着长廊</u>拾级而上，犹如漫步在神话里的翡翠王国。（《河北日报》1991-10-26）

b. 汉子<u>沿着河边</u>向公社走去。(《经济日报》1992-11-20)

(77) a. 想着，芦冬生便<u>顺着山间小路</u>儿，摇摇晃晃地来到了那间独屋前。(《红海忠魂》刘秉荣)

b. 此刻，其余的骑兵们已经<u>顺着山梁</u>飞跑远去了。(《寨上烽烟》林予)

在上例中，a中介词后面的名词为一般事物名词，b中介词后面的名词含有准方位成分"边"和"梁"。其他表示"沿途"的方所介词如"缘""遵""循""随"等的句法表现与之相似，前文已论及，在此不再赘述。因此，我们可以假设汉语中表达"沿途"语义的介词携带[+route]特征，不携带[+loc]特征。

最后我们来看表达"经由""经过""途经"(Passage)等含义的介词的语义强制性。现代汉语中通常用"经""从""经由"等介词表达。由于这类介词含有"从某一个地点经过"的含义，一般要求其后的名词含有内在的"地点"含义，即携带[+loc]特征。请看以下例句：

(78) a. 直到1928年他才离开家乡，<u>经南京</u>前往上海。(《李克农传》郭一平)

　　 b. 我说："检查倒不要紧，不过我想搭轮<u>经上海</u>、汉口回湘，可以见见世面。"(《彭德怀自述》《彭德怀自述》编辑组)

(79) a. 接着他们拐弯往上走去，高声谈论着，<u>从门前</u>经过，上四楼去了。(《罪与罚》翻译作品)

　　 b. 但他们却全没有瞧见阿飞，很快就<u>从门口</u>走过。(《小李飞刀》古龙)

(80) a. 从1916到1917年，仅<u>经由</u>哈尔滨抵达俄罗斯的中国劳工已经超过了5万人。

　　 (《俄罗斯的中国移民：历史与现状》龙长海)

　　 b. 不久赵佗断绝了<u>经由五岭</u>通往岭北的秦开新道，堵住了中原农民起义战火向岭南蔓延的趋势，南越成了事实上的独立王国。(《中国盗墓史》倪方六)

由(78)-(80)中的语料可以看出，现代汉语中表达"经由""经过""途经"等含义的介词后面一般出现地理名词、"普通名词+方位词"形式和处所词，这说明现代汉语中表达"Passage"语义的方所介词既携带[+pass]特征，又携带[+loc]特征。

现将汉语方所介词的分类、语义描写、携带特征和语义强制性等情况总结如下：

(81)

表3–5 汉语介词分类及语义特征情况表

介词类型		主要介词	语义描写	携带特征	语义强制性
PLACE	Location	在，（于，乎，以，自，从，即，就，著，向，去）	(＋＋＋＋＋＋＋＋＋) 0　　　　　　　1	[＋loc]	强
	Vicinity	临	(＋＋＋)＋＋(＋＋＋) 0　　　　　　　1	[＋vic]	弱
PATH	Source	从，自，打，由，[于(於)，从自，乎，以，向，就，打从，在，去]	＋＋＋＋＋＋－－－－－－ 0　　　　　　　1	[＋sou]， [＋loc]	强
	Goal	至，到，及，[于，乎，著，就，在，向（况），捉(投)，抵]	－ － － － － － ＋＋＋＋＋＋ 0　　　　　　　1	[＋goal]， [＋loc]	强
	Direction	朝，向，对，往，[自，从，就，著，望（莫），当，把，照，拦，劈]	－ － － － － － － － － － － － 0　　　　　　　1	[＋dir]	弱
	Route	沿，顺，[缘，遵，循，随]	＋＋＋＋＋＋＋＋＋＋＋＋ 0　　　　　　　1	[＋route]	弱
	Passage	经，从，经由，[由，打，打从，自，向（况），著，在]	－ － － － －＋＋＋＋－ － － － 0　　　　　　　1	[＋pass]， [＋loc]	强

*位于[ ]内的主要介词常出现在古汉语或笔记小说中，有的用法较为罕见，有的用法已经丧失。

3.3 方所结构的普遍性层级序列与汉语方所介词的结构表征

3.3.1 方所结构的普遍性层级序列

就方所结构的内部序列而言，Jackendoff(1983)认为方所概念包含"路径"(PATH)和"位置"(PLACE)两个成分，并将其内部结构表示如下：

(82) [$_{Path}$ PATH – FUNCTION [$_{Place}$ PLACE – FUNCTION [$_{Thing}$ y]]]

其中，PATH – FUNCTION 可以实现为英语中的"to""from"和"via"等介词，而 PLACE – FUNCTION 可以实现为"in""on"和"under"等介词，THING 指的是参照物(reference object)，或者称为背景(ground)。在结构上，Path 结构以 Place 结构为补语，Place 结构以背景名词为补语。英语中的"via""from"和"to"等介词短语可以表示如下：

(83) a. [$_{Path}$ VIA [$_{Place}$ AT [$_{Thing}$ the river]]]
　　b. [$_{Path}$ FROM [$_{Place}$ AT [$_{Thing}$ the lamp]]]
　　c. [$_{Path}$ TO [$_{Place}$ IN [$_{Thing}$ the lake]]]

可以看出，在 Jackendoff(1983)的分析模型中，方所介词短语被分析为一种双层套嵌型结构，路径型方所介词位于处所型介词之上。用树形图可以表示如下(见图 3 – 4)：

(84)
```
        PathP
       /    \
     Path  PlaceP
           /    \
         Place   ...
```

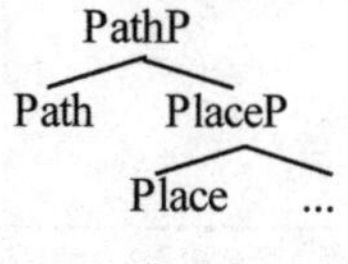

图 3 – 4　方所介词双层套嵌结构图

除了 Jackendoff(1983)、Svenonius(2006, 2010, 2012)、van Riemsdijk and Huybregts（2002）和 Pantcheva（2011）等学者也持有相同的看法。Pantcheva（2011）援引马其顿语中的相关语料证明了 Path 和 Place 的相对位置关系：

（85）a. Kaj   parkot   sum.

　　　　at   park.DEF   be.1SG

　　　"I am at the park."

　　b. Odam   na – kaj parkot

　　　go.1SG   to – at park

　　　"I am going to the park."　　　　　　（Pantcheva，2011：36）

（85）表明，马其顿语中表示"终点"语义的介词"na – kaj"（to）是通过在表达"方位"语义的介词"kaj"（at）前面加上一个表达"终点"语义的介词"na"（to）来实现的。介词短语"na – kaj parkot"的结构如下图所示（见图 3 – 5）：

（86）

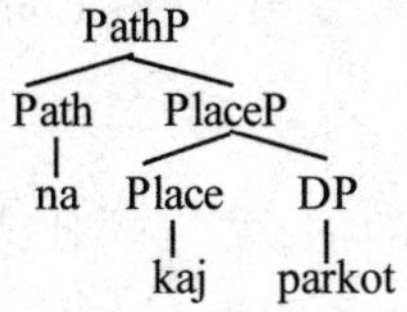

```
            PathP
           /    \
        Path    PlaceP
         |     /      \
         na  Place    DP
              |        |
             kaj     parkot
```

图 3 – 5　介词短语"na – kaj parkot"结构图

在用"格词缀"（case affixes）表达方位概念的语言中，表示处所的词缀和表示路径的词缀与词干呈现出相同的位置关系，比如达吉斯坦语族（Daghestanian）中的 Tsez 语：

（87）a. besuro – xo

　　　　fish – at

　　　　"at the fish"

　　b. besuro – xo – r

　　　fish – at – to

　　　"to the fish"　　　　　　　　（Comrie & Polinsky，1998：104）

71

从上例可以看出，Tsez 语中表达"处所"语义的词缀"-xo"比表达"方向"语义的词缀"-r"更为接近词干"besuro"，说明表达 Path 语义的方所成分距离词干较远，位于较高的结构位置，用树形图表示如下（见图3-6）：

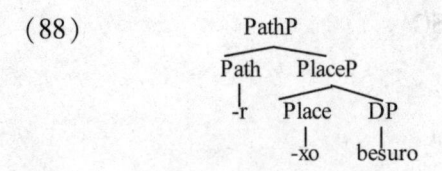

(88)
```
        PathP
       /    \
     Path   PlaceP
      -r   /    \
         Place   DP
          -xo   besuro
```

图3-6 Tsez 语方所介词结构图

同时，该语言中表达"来源"语义的词缀和表达"处所"语义的词缀呈现出与之相关的结构模式，再看一例：

(89) besuro – x – āy

　　 fish – at – from

　　 "from the fish"　　　　　　　　　（Comrie & Polinsky, 1998: 104）

可以看出，表达"处所"语义的词缀"-x"比表达"来源"语义的词缀"-āy"更为接近词干，其结构形式与(88)一致，如下图所示（见图3-7）：

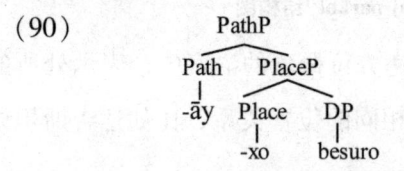

(90)
```
        PathP
       /    \
     Path   PlaceP
     -āy   /    \
         Place   DP
          -xo   besuro
```

图3-7 Tsez 语方所介词结构图

在图3-7中，PathP 位于 PlaceP 之上，呈现出双层套嵌的结构模式，"处所"性词缀"-xo"中的元音"o"在形成词汇的过程中脱落（Comrie & Polinsky, 1998）。此外，Pantcheva（2011: 39）通过跨语言对比，明确了表达"来源""终点"等语义的词缀与表达"处所"语义的词缀之间的形态包含（morphological containment）关系：

(91)

表3-6　方所词缀形态包含关系表

语言类别	处所词缀	终点词缀	来源词缀	语料来源
加罗语(Garo)	-o	-o-na	-o-ni	Burling (2003)
爱沙尼亚语(Estonian)	-l	-l-le[a]	-l-t	Viitso (1998)
列兹金语(Lezgian)	$-q^h$	$-q^h-di$	$-q^h-aj$	Haspelmath (1993)
莫拉普语(Mwotlap)	l(V)	a l(V)	$M^w\varepsilon$ l(V)	Crowley (2002)
古吉拉特语(Arawakan)	-o	-o-net	$-o-t^y$	Duff-Tripp (1997)

由表3-6可以看出，表达"终点"和"来源"语义的词缀或词素在形态上包含表达"处所"语义的词缀或词素。以加罗语为例，表达"处所"语义的后缀为"-o"，而表达"终点"和"来源"语义的后缀分别为"-o-na"和"-o-ni"，后者在形态上包含前者。根据Chomsky(2001)的"一致性假设"(Uniformity Principle)，我们假定自然语言中的方所表达均遵循PathP直接支配PlaceP这一结构模型。"一致性假设"的定义如下：

(92) 在无明显相反证据的情况下，假设自然语言在结构上具有一致性特征，其差异性局限于容易觉察的语言特征。

(Chomsky, 2001：2)

因此，我们可以做出如下假设：自然语言中的方所表达均包含Path和Place两个范畴，在结构上，Path投射直接支配Place投射，位于较高的句法位置。对于某些语言中的"严格方向性介词"(strictly directional preposition)来说，其句法结构仍然包含Path和Place两个中心语，请看(93)-(94)(见图3-8)：

由(93)可知，荷兰语中不存在诸如加罗语等语言中"路径+处所"式的形态包含现象，介词"naar"被称为"严格方向性介词"。但是其句法结构中仍然包含Path和Place两个中心语成分，二者之间产生了类并现象，整体拼出为"naar"。

(93) naar het bos　　　　　　　（荷兰语）
　　 to the woods

(94)　　　PathP
　　　 ╱　　╲
　　 Path　 PlaceP　　　　　　（Pantcheva, 2011：43）
　　　　　╱　　╲
　　　 Place　 DP
　　 naar

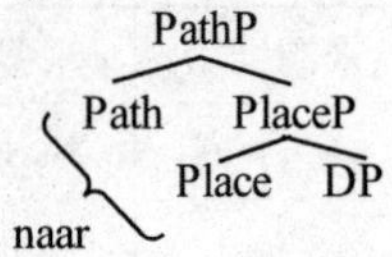

图 3-8　荷兰语方所介词结构图

(91)和(94)证明了自然语言中 Path 和 Place 的关系，但 Path 被分解为"source""goal""route"等不同的语义特征，Pantcheva (2011)基于语言事实，明晰了它们之间的结构关系。请看迪姆语(Dime)①和保加利亚语(Bulgarian)中"Source"和"goal"之间的结构关系的例子(Pantcheva, 2011：48)：

(95) a. šiftay　taddeseka - bow　tiŋ - i - n.　　　（迪姆语）
　　　　 Shiftaye Taddese. COM - DIR go - PERF - 3
　　　　 "Shiftaye went towards Taddese."

　　 b. šiftay　taddeseka - bow - de　ʔád - i - n.
　　　　 Shiftaye Taddese. COM - DIR - ABL come - PERF - 3
　　　　 "Shiftaye came from the place where Taddese is found."

　　　　　　　　　　　　　　　　　（Seyoum, 2008：58）

(95) a. kəm kəshta - ta　　　　　　（保加利亚语）
　　　　 towardshouse - DEF
　　　　 "towards the house, in the direction of the house"

　　 b. ot - kəm　kəshta - ta
　　　　 from - towards house - DEF
　　　　 "from the direction of the house"　（Pantcheva, 2011：48）

---

① 一种埃塞俄比亚方言，和库希特语族(Cushitic)关系密切。

从上例可以看出，迪姆语中表达"来源"语义的词缀"-bow-de"在形态上包含表达"终点"语义的词缀"-bow"，而在保加利亚语中，表达"来源"语义的介词"ot-kəm"在形态上包含表达"终点"语义的介词"kəm"。此外，Pantcheva（2011：49）还在其他语言中找到了同样的证据：

表3-7 "来源"词缀与"终点"词缀形态关系表

语言类别	处所词缀	终点词缀	来源词缀	语料来源
查马尔语（Chamalal）	-i	-u	-u-r	Magomedbekova (1967)
英古什语（Ingush）	-ğ	-ga	-ga-ra	Nichols (1994)
京古鲁语（Jingulu）	-mpili	-ŋka	-ŋka-mi	Blake (1977)
曼西语（Mansi）	-t	-n	-n-əl	Keresztes (1998)
盖丘亚语（Quechua）	-pi	-man	-man-da	Jake (1885), Cole (1985)
乌处马塔奎语（Uchumataqu）	-tá	-ki	-ki-stani	Vellard (1967)

由上表可知，表达"来源"语义的词缀均在形态上包含表达"终点"语义的词缀。因此我们可以假设中心语 Source 在结构上直接支配 Goal，如下图所示（见图3-9）：

(96)

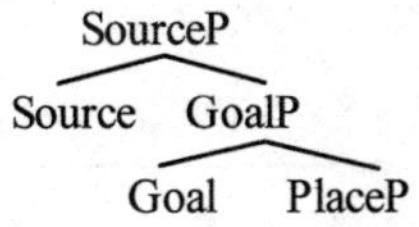

```
        SourceP
       /      \
   Source    GoalP
            /     \
          Goal   PlaceP
```

图3-9 Source - Goal 结构关系图

除此之外，Pantcheva（2011）还深入论证了表达"route"语义的语素与表达"source"和"goal"语义语素之间的结构关系。请看下面斯洛伐克语（Slovak）中的例子：

(97) a. Na Forum Romanum vstupujeme po-pod oblúk-Ø Tita.
　　　 On Forum Romanum. ACC enter.1PL po-under arch
　　　　of. Tito

"We entered the Forum by going under Tito's arch."

b. Slamu   dal   pod   stôl – Ø.

　　hay   put. 3SG under table – ACC

"He put the hay under the table."（Pantcheva，2011：53）

　　Pantcheva（2011：53）认为，上例 b 中的介词"pod"表达"终点"（goal）语义，而 a 中的介词"po - pod"表达"经由"（route）①的语义。可以看出，表达"经由"语义的介词"po - pod"在形态上包含单纯表达"终点"语义的介词"pod"。因此可以假设，表达"route"语义的介词在结构上高于表达"goal"语义的介词。此外，Pantcheva（2011：53）还通过达吉斯坦语（Daghestanian）中的阿卡弗（Akhvakh）方言和阿尔瓦语（Avar）中的方位格变化来证明"route"和"source"之间的结构关系②：

(98)

表3–8　阿卡弗语中"经由"词缀与"来源"词缀形态关系表

介词类型	终点词缀	来源词缀	经由词缀
on	-g-a	-g-u	-g-u-ne
at, near	-lir-a	-xar-u	-xar-u-ne
at	-q-a	-q-u	-q-u-ne
in	-l'-a	-l'-u	-l'-u-ne
under	-tˀ-a	-tˀ-u	-tˀ-u-ne

（Magomedbekova，1967）

(100)

表3–9　阿尔瓦语中"经由"词缀与"来源"词缀形态关系表

介词类型	终点词缀	来源词缀	经由词缀
on（top of）	-d-e	-da-ssa	-da-ssa-n

---

① Pantcheva (2011)将"沿途"和"经由"统一分析为"route"，在我们的分析中，表达"沿途"语义的"route"和表达"经由"语义的"passage"是两个不同的范畴。

② 本书对原书表格信息进行了适当的删减。

<<< 第3章 汉语方所介词的类型及句法语义特征

续表

介词类型	终点词缀	来源词缀	经由词缀
at	-q-e	-q-a	-q-a-n
under	-ƛ-e	-ƛ-a	-ƛ-a-n
in, among	-ƛ-e	-ƛ-a	-ƛ-a-n
in a hollow object	-Ø-e	-Ø-ssa	-Ø-ssa-n

(Blake, 1994)

由(99)和(100)所示,在阿卡弗语和阿尔瓦语中,表达"经由"语义的词缀在形态上包含表达"来源"语义的词缀,比如"-g-u-ne"在形态上包含"-g-u""-da-ssa-n"形态上包含"-da-ssa"。因此可以确定,表达"经由"语义的词缀在句法结构上直接支配表达"来源"语义的词缀。由于 SourceP 在结构上直接支配 GoalP,Pantcheva (2011:55)提出了自然语言方所表达的普遍结构序列①(见图3-10):

(101)
```
        RouteP
       /      \
   Route    SourceP
           /       \
       Source     GoalP
                 /     \
              Goal    PlaceP
                     /      \
                  Place   AxPart
                             |
                             DP
```

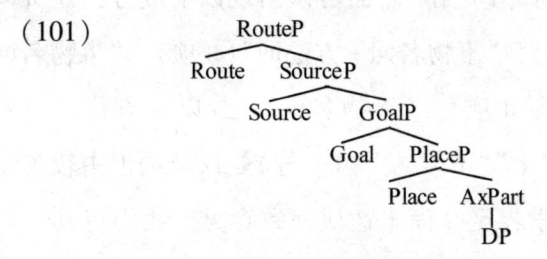

图3-10 自然语言方所表达普遍结构序列图

可以看出,自然语言中方所结构的表层结构序列为 RouteP > SourceP > GoalP > PlaceP > AxPart > DP,其中 AxPart 为"轴向部分"(Axial Part)。Jackendoff(1996:14)认为物体的"轴向部分"即物体的"上""下""前""后""侧面""末端"等部位。上-下轴线(up-down axis)决定

---

① Pantcheva (2011)在此结构的基础上,通过设定 ScaleP 投射和 BoundP 投射的方式,区分了 transitional path 和 non-transitional path (比如 towards 和 to 的区别),以及 delimited path 和 non-delimited path (比如 up to 和 to 的区别),在此不再赘述,有兴趣的读者可以参阅 Pantcheva (2011:55-62)。

物体的上部和下部,前-后轴线(front-back axis)决定物体的前部和后部。这一部分我们在以后的章节进行讨论。

3.3.2 汉语方所介词结构的句法表征

汉语方所介词结构的形式较为多样,以介词"在"为例,可以组成以下方所介词短语:

(102) a. 在学校　　在学校里
  b. 在桌子上　*在桌子
  c. 在桌子上面
  d. 在桌子的上面
  e. 在桌子之上
  f. 在黄河以南

可以看出,汉语方所介词"在"后面可以出现以下成分:处所词和"处所词+方位词"(a项),"事物名词+方位词"(b项),"事物名词+(的)+派生方位词"(c、d项),"事物名词+之/以+方位词"(e、f项)。单音节方位词(如"上""下""左""右"等)是汉语词汇中较为特殊的一类,其词类归属在学界至今尚未达成一致意见。我们将其分析为"轴向成分"(具体分析见第四章),在句法结构中拥有其自身独立的投射 AxPartP。和方位词素丰富的语言(比如上文提到的阿卡弗语和阿尔瓦语等语言)相比,英语和汉语缺乏方位语素,主要通过方所介词来表达方位概念,并且介词叠加的程度比较低,比如英语中的"from behind",汉语中的"在于"等。Svenonius(2006:59)对英语方所介词结构做出了如下分析(见图3-11):

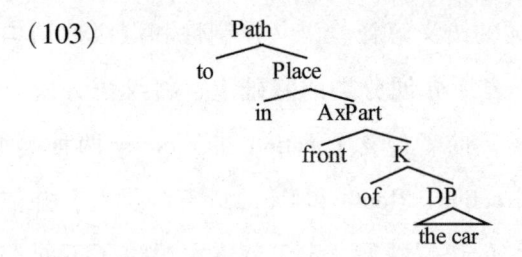

(103)
```
        Path
       /    \
      to    Place
            /    \
           in   AxPart
                /    \
             front    K
                     / \
                    of  DP
                        |
                      the car
```

图 3-11　Svenonius (2006) 的分析模式图

该结构层级符合 Pantcheva (2011) 提出的方所结构模型，由于英语缺乏丰富的方所词素，Path 仅仅表现为"Goal"（即表达"终点"语义的介词"to"），Place 表现为介词处所介词"in"。"front"为"轴向部分"，"of"为属格标记。由于汉语同样缺乏方所词素，并依靠方所介词表达方位概念，我们可以提出汉语方所介词的结构形式（见图 3-12），以"在桌子之上"为例：

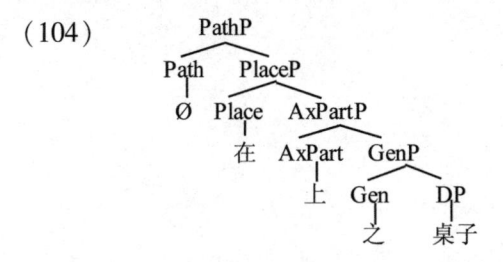

(104)
```
        PathP
       /    \
     Path   PlaceP
      Ø    /     \
         Place  AxPartP
          在    /     \
            AxPart   GenP
              上    /   \
                  Gen   DP
                   之   桌子
```

图 3-12　汉语方所介词结构模式图

在上图中，中心语 Path 为空，中心语 Place 实现为处所介词"在"，方位词"上"实现为"轴向部分"，属格投射实现为"之"，其表层序列"在桌子之上"通过句法推导逐步生成（见第五章）。通过这种方式，我们就把汉语方所介词结构融入自然语言表达的普遍结构序列之中。

3.4　本章小结

本章在前人研究的基础上，对汉语方所介词进行了科学的分类，并依次探索了汉语方所介词的语义解释、语义强制性和层级性结构序列。3.1 节在梳理前人关于方所介词分类的基础上，将汉语方所介词分为 Place 和 Path 两个大类，前者包含 Location 和 Vicinity 两种类型，后者包含 Source、Goal、Direction、Route 和 Passage 五种类型，并依次对这些介词类型进行了详细的语义描写。3.2 节依次讨论了不同类型介词所携带的语义特征以及在语义方面的强制性，凸显出处所特征[+loc]在方所介词语义强制性中的作用。3.3 节首先梳理了 Pantcheva（2011）关于自然语言中方所介词表达的普遍性结构序列的论证，随后基于汉语方所介词的句法表现，初步构建出汉语方所介词结构的层级性句法表征。

第4章 汉语方位成分的句法性质及语义功能

本章旨在探索汉语方位成分的句法属性及语义功能,首先探讨汉语方位成分的内部分化及具体类型,随后探讨不同类型的方位成分的句法语义特征,最后重点探索汉语方位词的句法属性及语义功能。

4.1 汉语方位成分的内部分化及具体类型

4.1.1 几种具有代表性的分类模型

A. 方经民(2004)的分类系统

方经民(2004)基于方位成分在形式、语义和功能方面的差异,将现代汉语中的方位成分分为以下几种类型:

(1) a. 单音节方位词:东,南,西,北,前,后,左,右,上,下,里,中,内,外,间,旁,边

  b. 之/以 + 方位词:之 +(前,后,上,下,内,中,外,间),以 +(东,南,西,北,前,后,上,下,内,外)

  c. 方位词 + 后缀:(东,南,西,北,前,后,左,右,上,

下，里，外）+ 边/面，（东，南，西，北，前，后，上，下，里，外）+ 头

d. 双音节方位成分：面前，跟前，头里，背后，底下，中间，当中，内中，旁边

e. 方位词并立：前后，左右，上下

可以看出，在方经民（2004）的分类系统中，方位词扮演着至关重要的角色，方位成分的具体类型来源于方位词的句法表现，具体说来，单音节方位词（如"上""下""左""右"等）自成一类，"之或以"与单音节方位词结合，构成第二类，比如"之前""之后"等。方位词和后缀"边""面""头"等结合，构成方位成分 的第三类，比如"前面""后边""里头"等。其方位成分中的第四类是由单音节方位词或表示身体部位的单音节词（"头""背"等）构成的隐性双音节方位成分，比如"背后""头里"等。其分类系统中的最后一类是由单音节方位词并立而形成的双音节方位成分，比如"前后""左右"等。通过详细考察这些方位成分类型在形式、功能和语义方面的分化，方经民（2004）进一步归纳出现代汉语的方位词汇成分类型：

(2) a. 自由不定位型：派生性方位成分（通过添加后缀"面""头""边"构成），以方位词为词根的复合性方位成分；表示时间的"以前""后""以上""以下"；

b. 半自由定位型：东，南，西，北，左，右；表示方向的上，下，前，后，里；

c. 半黏着前加型：表示时间的上，下，前，后；

d. 黏着后置型：里/内，外，上，下，前，后，中，间，旁，边；和"之"或"以"构成的派生性方位成分；前后，上下，左右。

方经民（2004）指出，a 类是方位名词，属于名词的词类，b 类为方

向词，c 类为方位区别词，而 d 类为带有后置性质的方位词，也就是一般意义上的单音节方位词。现代汉语中不同类型的方位成分语法化程度各不相同，呈现出明显的不平衡性，方经民（2004：13）进一步勾勒出现代汉语方位成分语法化程度的连续统：

(3) 方位名词　　　　方向词　　　　方位区别词　　　　方位词

实　（自由不定位）　（半自由定位）　（半黏着前加）　　（黏着后置）　虚

方经民（2004）主要着眼于现代汉语中不同方位成分在形式、语义和功能方面的差异，并详细探索了不同方位成分类型的语法化程度，构建出现代汉语方位成分的梯度性分类模型。方经民（2004）的分类模型为学界广为接受。

2. 邱斌（2008）的分类系统

邱斌（2008）将汉语的方位成分分为方位类词和方位短语，指出汉语方位研究应该将方位类词作为核心。其关于汉语方位成分的分类情况如表 4-1 所示：

(4)

表 4-1　汉语方位成分分类表

方位成分	方位类词	方位名词	前面，外面，西边，外边，里边，右边等
		方位后置词	以北，以南，以东，以西，之内，之外等
		方向词	左，右，东，西，南，北，里，外，上，下，前，后等
		方位区别词	用于前加的表示时间的上，下，前，后等
		准方位类词	后附性的稍，顶，脚，腰，首，尾，背，底等
	方位短语	方位词汇成分	这儿，那儿，这里，那里等
		以方位类词为核心的短语	手掌心，中南海大院西北角，手掌心里，村子的西北角上，黄河边，宝塔顶上，桌子底下等

由（4）可以看出，在邱斌（2008）的分类模型中，方位名词、方位后置词、方向词和方位区别词大致相当于方经民（2004）分类系统中的"方

位词+后缀""之/以+方位词"、表示方向的单音节方位词和半黏着前加型单音节方位词。准方位词和方位词汇成分则分别相当于储泽祥(2003)分类模型中的准方位标和指代性方所标。邱斌(2008)分类系统中的方位短语则由名词和方位类词共同构成。和方经民(2004)一样,邱斌(2008)关于汉语方位成分的分类仍以汉语方位词为核心。

C. 储泽祥(2003)的分类系统

储泽祥(2003)针对现代汉语的方所系统进行了全面深入的研究。储泽祥从方位成分的内在意义出发,将现代汉语中的方位成分分为方所标、隐标方所、纯标方所和黏标方所四大类型,每种类型相应地被细化为若干次类,并对每种次类的方所成分进行了深入细致的描写。现将储泽祥(2003)的方所成分的分类系统进行简要的介绍。

储泽祥(2003)分类系统中的方所标包含方位标、命名标和准方位标三个次类,其中命名标又包含专名标、类名标和类专标三个小类,具体情况如表4-2所示:

(5)

表4-2 汉语方所标系统分类表

方所标	方位标		单音节方位词,由"之/以+方位词"构成的双音节派生性方位词
	命名标	专名标	施工物名,路街名,行政性区划名,自然地名
		类名标	单位机构名,商住性施工物名,地点名
		类专标	旅居性施工物名,认同性区划名,路线名、自然地名
	准方位标		可受"一"修饰的"旁""边""侧""面"等,由人或物体的某一部分引申而成的"心""顶""脚""跟"等

其中,方位标包含15个单音节方位词和28个双音型派生方位词。和方经民(2004)相比,储泽祥(2003)分类系统中的单音节方位词不包括"旁"和"边",而包含了较多的双音节派生性方位词如"之东""之西""之左""之右"等。在命名标中,专名标包含"寺""塔""祠""阁"等单

音节施工物名,"街""巷""路""弄"等路街名,"省""市""区""县"等行政区划名和"洋""洲""江""岛"等自然地名。类名标包含"部""厅""局""司"等单位机构名,"房""店""库""铺"等商住性施工名和"郊""穴""棚""田"等地点名。类专标包含"殿""城""楼""亭"等旅居性施工名,"国""寨""点""段"等认同性区划名,"道""线"等路线名和"海""湖""湾""山"等自然地名。准方位标包含可受"一"修饰的"旁""边""侧""面"等,由人或物体的某一部分引申而成的"心""顶""脚""跟"等。

隐方所标包含指代性方所、数量性方所、专职性方所和实物性方所,具体情况如表4-3所示:

(6)

表4-3 汉语隐方所标系统分类表

隐方所标	指代性方所	这/这儿,那/那儿,哪/哪儿,彼,此等
	数量性方所	(第)一页,(第)二栋,(第)三层,第一级,第二间,第三列等
	专职性方所	开封,北京,南京,陕,甘,湘,外围,一带,角落等
	实物性方所	能被"这""那"指代,并能被"哪"提问的普通体词

指代性方所主要由具有方位意义的指示代词组成,成员有限。数量性方所包含必须加"第"和可以加"第"两类,成员较多。专职性方所主要包括省略命名标的地理名称和一些固定的方位表达,成员数量庞大。事物性方所指的是在特定格式中,通过普通体词来表达的方位意义,比如在"枯干的嘴唇布满了白色的燎泡"中,体词"嘴唇"表达方位语义(储泽祥,2003:33)。

纯方所标主要包含方位标独用和命名标独用两种类型,每种类型又进一步细化为若干次类,具体情况如表4-4所示:

(7)

表4-4 汉语纯方所标系统分类表

纯方所标	方位标独用	单标独用	包括方位标独用和准方位标独用
		复标独用	包括同质复标和混合复标
	命名标独用	单标独用	包括专名标独用和类名标独用
		复标独用	包括同质复标混合复标
		叠标独用	包括重叠式(HH)和叠结式($H_1H_1H_2H_2$)

在方位标独用类别中，单标独用指的是单音节方位词或准方位词独立表示方所的情况，比如"在外""往里""向西""从脚到顶""从头到脚"等，复标独用指的是方位词并立或方位词和准方位词并立的情况，比如"上下""左右""左上""后右"等。在命名标独用类别中，单标独用包括"在公园""入寺""进宅"等专名标独用和"在校""入室""进屋"等类名标独用。复标独用包括"寺庙""宅园""乡镇"等同质复标的独用和"城市""线路""山沟"等混合复标的独用。叠标独用包括"寺寺""街街""省省"等 HH 型叠标独用和"山山岭岭""村村寨寨""沟沟乡乡"等 $H_1H_1H_2H_2$ 型叠标独用。

黏方所标主要分为典型标黏附式、准标黏附式、混合标黏附式和命名标黏附式四类，每种类型同样被细化为若干次类，具体情况如表4-5所示：

(8)

表4-5 汉语黏方所标系统分类表

黏方所标	典型标黏附式	D 型	上，下，左，右，以上，以内，之上，之下等
		D_1D_2 型	上下，前后，左右，内外，东西，南北等
		$D_1D_2D_3D_4$ 型	里里外外，左右前后等
	准标黏附式	Z 型	旁，边，面，处，首，尾，心，之地，之处等
		Z_1Z_2 型	旁边，地方等

续表

黏方所标	混合标黏附式	DZ 型	上面，左边，后方，左角，里头，东侧，中心等
		ZD 型	顶上，脚下，底下，边上，面前等
	命名标黏附式	单标黏附式	龙王庙，观音堂，十里铺，八一路，白象街等
		附标黏附式	院校，学院，门市，祠堂，市区，县城等

其中，"D"表示典型方位标即单音节方位词，"Z"表示准标即上文提到的"准方位词"。储泽祥(2003)的分类系统极为精密细致，所用实例极为广泛翔实，远非上述简表所能概括。和方经民(2004)和邱斌(2008)以单音节方位词为核心的分类系统相比，储泽祥(2003)专注于对汉语方位成分的全盘考虑和细致分类。可以说，储泽祥(2003)对现代汉语方位成分的分类已经在很大程度上达到了语言研究的描写充分性，为学界关于方位成分的研究提供了坚实的理论基础。

4.1.2 方位成分的内部分化及具体分类

本书根据方所意义的表达手段，将汉语方位成分分为方所名词、方位词和方所派生词三个类别，每个类别又可细分为若干次类。

1. 方所名词

方所名词指的是本身具有内在方所语义的名词，其不需要借助方位词及其他方位表达手段来表达方所语义。方所名词可以进一步分化为地理名词、处所名词和方所代词三个次类。

① 地理名词

地理名词指的是表达纯粹地理概念的名词，这些地理名词往往不带"省""市""区""乡"等行政区域单位，并且一般不能和方位词共现。比如下例：

(9) 北京　上海　天津　深圳　郑州　河南　广西　安徽　河北

　　 湖南　新郑　巩义　封丘　纽约　伦敦　英国　美国　法国

上述各例均为表达纯粹地理概念的名词，本身含有内在的方所语义，可以和"在"构成方所介词短语，并在形式上排斥方位词的出现，请看(10)-(11)：

(10) 在北京　在上海　在天津　在深圳　在郑州　在河南
　　　在广西　在安徽　在河北　在湖南　在新郑　在巩义
　　　在封丘　在纽约　在伦敦　在英国　在美国　在法国

(11) *北京内　*上海内　*天津内　*深圳内　*郑州内　*河南内　*广西内　*安徽内
　　　*河北内　*湖南内　*新郑内　*巩义内　*封丘内　*纽约内　*伦敦内　*英国内　*美国内　*法国内

② 处所名词

处所名词是机关、单位、建筑、路街名、商住性处所、自然地名以及添加行政区域单位的地理名词，这类方所名词的数量极为庞大，本身携带方所语义，无须借助其他方式表达方所语义，能和"在"构成方所介词短语，并能和方位词共现，比如(12)-(14)：

(12) 学校　医院　商务厅　邮政局　工商银行　劳动大厦
　　　文化路　莲花街　白马寺　观音庙　太行上　紫禁城
　　　海岛　河南省　郑州市　金水区　长垣县

(13) 在学校　在医院　在商务厅　在邮政局　在工商银行
　　　在劳动大厦　在文化路　在莲花街　在白马寺　在观音庙
　　　在太行在　在紫禁城　在海岛　在河南省　在郑州市
　　　在金水区　在长垣县

(14) 学校里　医院里　商务厅里　邮政局里　工商银行里
　　　劳动大厦里　文化路上　莲花街上　白马寺内　观音庙里
　　　太行山上　紫禁城内　海岛上　河南省内　郑州市里
　　　金水区里　长垣县里

③ 方所代词

汉语方所指示代词是一个相对封闭的词类，该类词本身即含有方所语义，并可以和"在"构成方所介词短语，如(15)-(16)所示：

(15)这(儿)　那(儿)　哪(儿)　彼　此

(16)在这(儿)　在那(儿)　在哪(儿)　在彼　在此

2. 方位词

方位词包含单音节方位词，准方位词、之/以+单音节方位词、方位词并立四个词类。

① 单音节方位词

本书赞同储泽祥(2003)的观点，单音节方位词包含以下15个：

(17)上　下　前　后　左　右　东　南　西　北　里　外　内　中　间

方经民(2004)分类系统中的"旁"和"边"没有被归为方位词，是因为它们可以被"一"修饰，形成"一旁"和"一边"，而典型的单音节方位词不能被"一"修饰：

(18)*一上　*一下　*一前　*一后　*一左　*一右　*一东

　　　*一南　*一西　*一北　*一里　*一外　*一内　*一中　*一间

② 准方位词

准方位词又可细化为两个小类，一类由属于身体或物体一部分的名词引申而成，一类本身并不属于身体或物体的一部分：

(19)a. 头 首 尾 脚 腰 跟(根) 脊 背 心 口

　　　梢 尖 顶 端 沿 边 面 底 角 隅 麓

　　b. 旁 侧 际 域 地 处 方 部

上述a项各例属于身体或物体的一部分，b项本身不属于身体或物体的一部分。准方位词和事物名词结合所形成的名词具有表达方所语义的功能，可以和"在"形成方所介词短语，也可以和方位词共现，比如(20)：

(20) 在船头 在塔顶 在山脚 在湖心 在窗口 在河沿 在桌角

(21) 在船头上 在塔顶上 在山脚下 在湖心中 在窗口上 在河沿上 在桌角上

③ 之/以 + 单音节方位词

"之"和"以"与单音节方位词的搭配情况如(22) - (23)所示：

(22) 之上 之下 之前 之后 之间 之中 之内 之外 之东 之西 之南 之北 之里 之左 之右

(23) 以东 以西 以南 以北 以上 以下 以前 以后 以里 以内 以外

汉语中一般不存在"以中""以间""以左""以右"等说法，而"之"可以和所有单音节方位词结合。"之左""之右""之里""之东""之西""之南""之北"等虽然在现代口语中较为少见，但在文学作品中却不乏用例：

(24) a. 壁龛之左，(中门的右面)，是一只长方的红木漆桌。(《雷雨》曹禺)

b. 天宝二年(743)，将西京东京及各州玄元庙分别改为太清宫、太微宫和紫微宫，并在太清宫立玄宗像，侍立于老子塑像之右。(《中国道教》卿希泰)

c. 牌楼之里是一座十分庞大华丽的建筑。(《国子监》汪曾祺)

d. 锡林河在海参崴之东，雅兰河以西，南流入日本海。(《努尔哈赤》李文澄)

e. 武当山地处秦岭之南，长江以北，汉水之西。(新华社2001年6月份新闻报道)

f. 秋冬之交，记者走访了位于长江之南、太湖之西的江苏省金坛市。(《人民日报》1995年11月)

g. 紫霄宫，……在大顶之北，展旗峰之东，威烈庙之西，太子岩之南。(《中国道教》卿希泰)

④ 方位词并立

方位词并立可以进一步细化为六种类型："方位词+方位词"型并立，"准方位词+准方位词"型并立，"方位词+准方位词"型并立，"准方位词+方位词"型并立，"准方位词+准方位词+方位词"型并立、"方位词+方位词+准方位词"型并立，具体情况如(25)所示：

(25) a. 前后 上下 左右 内外 里外 东西 南北 东南 东北 西南 西北 左上 左下 左前 左后 右上 右下 右前 右后 中上 中下 中后 中南 中北 中西 中东 中间

b. 首尾 顶端 边沿 侧面 旁边 侧边 旁侧 侧方 边际 底边 角边 脚边

c. 上面 下面 前面 后面 左面 右面 东面 西面 南面 北面 里面 外面 上侧 下侧 前侧 后侧 左侧 右侧 东侧 西侧 南侧 北侧 里侧 外侧 上边 下边 前边 后边 左边 右边 东边 西边 南边 北边 里边 外边 前头 后头 上头 下头 东头 西头 南头 北头 里头 外头 上方 下方 前方 后方 南方 北方 东方 西方 中心 前部 后部 中部 上部 下部 东部 西部 南部 北部

d. 顶上 边上 沿上 底下 脚下 面前 头里

e. 边沿上 顶端上 口边上 沿边上 角边上 侧边上

f. 左上角 右上角 左下角 右下角 东南角 西北角 东北角 西南角 左上侧 右上侧 左下侧 右下侧 东北侧 东南侧 西北侧 西南侧 左上部 左下部 右上部 右下部 东北部 东南部 西北部 西南部 中后部 中南部 中北部 中西部 中东部

91

3. 方所派生词

方所派生词是由名词和方位词构成的复合型方所结构,可以大致分为以下两种类型:

① 普通事物名词+方位词的各种形式

普通事物名词可以和方位词的各种不同形式共同构成方所表达,结构中可以出现"的",也可以不出现"的":

(26) a. 桌上　桌角　桌角上　桌子上面　屋子里外　桌子边沿
　　　　黄灯之下　长城以北　河边沿上　桌子左上角

　　　b. 桌子的上面　桌子的角上　场地的中间　桌子的边沿
　　　　桌子的边沿上　桌子的左上角

在(26)中,a项中的结构不带"的"字,普通事物名词分别与方位词、准方位词、"准方位词+方位词"成分、"方位词+准方位词"成分、方位词并立成分、准方位词并立成分、"之/以+方位词"成分、"准方位词+准方位词+方位词"成分和"方位词+方位词+准方位词"成分构成复合型方所名词结构。b项中的结构含有"的"字,普通事物名词分别与"方位词+准方位词"成分、"准方位词+方位词"成分、方位词并立成分、准方位词并立成分、"准方位词+准方位词+方位词"成分和"方位词+方位词+准方位词"成分构成复合型方所名词结构。

② 方位名词+方位词的各种形式

方位名词也可以和方位词的各种形式结合,形成复合型方所表达,具体情况如(27)所示:

(27) a. 河南南部　英国中部　美国中西部

　　　b. 学校里　学校旁　学校边上　学校里面　学校内外
　　　　学校东北角　学校侧边上　学校的里面　学校的东北角

　　　c. 这边　那边　哪边　这里　那里　哪里　这头　那头　哪头

由(27)可以看出,地理名词可以和"方位词+准方位词"成分构成复合方所名词(a项)。处所词既可以和方位词和准方位词连用,也可以和"准方位词+方位词"成分、"方位词+准方位词"成分、方位词并立成分、"方位词+方位词+准方位词"成分、"准方位词+准方位词+方位词成分""的+方位词+准方位词成分"和"的+位词+方位词+准方位词"成分构成复合方所结构(b)项。方所代词的搭配能力有限,一般只和方位词"里"和准方位词"边"和"头"构成复合方所成分。

③ 方所前缀+事物名词

方所前缀和普通事物名词结合也可以构成方所短语,如(28)所示:

(28) a. 前门 后门 中门 东城 西城 东村 西村 南楼 北楼

b. 第二页 第三排 第四行 第五组 三层 五楼 六栋 七列

在上例中,a项是通过前加方位词的方式来构成方位成分,b项是通过表示序列含义的序数词或基数词来表达方所意义,如(29)所示,(28)中的各项均能和介词"在"构成方所介词短语:

(29) a. 在前门 在后门 在中门 在东城 在西城 在东村 在西村

在南楼 在北楼

b. 在第二页 在第三排 在第四行 在第五组 在三层 在五楼

在六栋 在七列

我们将本书关于汉语方所成分的分类系统总结如下:

(30)

汉语方位成分	方所名词	地理名词	表达纯粹地理概念的名词
		处所名词	机关、单位、建筑、路街名、商住性处所、自然地名等
		方所代词	这(儿),那(儿),哪(儿),彼,此
	方位词	单音节方位词	上,下,左,右等15个
		准方位词	根据是否来源于身体或物体的一部分分为两个次类

续表

汉语方位成分	方位词	之/以 + 单音节方位词	之上，之下，以南，以北等
		方位词并立	具体细化为六个次类
	方所派生词	普通事物名词 + 方位词的各种形式	具体细化为两个小类
		方所名词 + 方位词的各种形式	具体细化为三个小类
		方所前缀 + 事物名词	具体细化为两个小类

4.2 汉语方位成分的句法语义特征

由于汉语方所成分表达处所含义，其在语义方面携带强性处所特征[+ loc]，在句法上表现为可以和携带强性[+ loc]特征的方所介词共现。由于表达"处所""来源""终点"和"经由"语义的方所介词均携带强性的[+ loc]特征(见 3.2 节)，我们分别以表达"处所"含义的介词"在"、表达"来源"含义的介词"从"、表达"终点"含义的介词"到"和表达"经由"含义的介词"从"为例考察方所成分的句法和语义特征。

4.2.1 方位成分与"在"的共现

前文指出，表达"Location"语义的方所介词"在"携带强性的[+ loc]特征，要求位于其后的成分必须携带[+ loc]特征。这一要求被称为语义强制性，其要求普通事物名词不能与介词"在"共现，如(31)所示：

(30) a. *在桌子　*在椅子　*在宝塔　*在小河　*在马路

b. 在桌子上　在椅子下　在宝塔顶　在小河边　在马路旁

由于表示静态"处所"语义的介词"在"携带强性的[+ loc]特征，而

"桌子""椅子""宝塔""小河""马路"等为普通事物名词，a项中各例必须添加方位词或准方位词才能使结构合法。不仅如此，表达"终点"语义的"在"由于同时含有"处所"语义，在结构上同样排斥普通名词：

(31) a. *扔在桌子　*放在椅子　*落在树枝　*沉在小河　*掉在河沟

　　b. 扔在桌子下　放在椅子上　落在树枝上　沉在小河底　掉在河沟里

(31)a中的"在"表达"终点"语义，但同时携带"处所"含义，即表达"动作最终的处所"，因此含有[+loc]特征。这就导致了a项中的结构不合语法，必须通过添加方位词或准方位词的方式使结构合法。

与普通事物名词相比，2.1.2节中的方位成分均能与方所介词"在"连用，表达不同类型的方所语义。比如(32)中显示出方所名词与"在"的搭配情况：

(32) a. 在河南　在河北　在英国　在封丘　在南京　*在河南里　*在河北外

　　b. 在学校(里)　在医院(里)　在商务厅(里)　在邮政局(里)　在银行(里)

　　c. 在这(儿)　在那(儿)　在哪(儿)　在此　在彼　在这里　在那里　在哪里

上例说明，方所名词中的地理名词、处所名词和方所代词均能和"在"共现，除了地理名词之外，并不排斥方位词连用。

在方位词的各种类型中，方位词可以通过独立或黏附的形式与介词"在"连用，如(33)所示：

(33) a. 在内　在外　在前　在屋后　在城南　在村北

　　b. 在树梢　在船头　在湖心　在山腰　在塔顶

　　c. 在桌子之上　在黄灯之下　在黄河以南　在长城以北

d. 在中间 在前面 在顶端 在床边沿上 在城市东南部

由上例可以看出，单音节方位词和方位词并立成分可以通过独立或黏着的方式与介词"在"搭配，而准方位词和"之/以 + 方位词"成分多以黏着的形式与介词"在"共现。

在方所派生词的各个次类中，由于各类名词通过添加方位词成分或者方所前缀而获得了[+ loc]特征，这些名词均能够和介词"在"搭配而形成合法的方所表达：

(34) a. 在桌子上 在桌子角 在桌子边沿 在桌子上面 在桌子的上面
   b. 在学校 在学校里 在文化路 在文化路上 在河南 在河南南部
   c. 在第一页 在第一页上 在前门 在前门外 在第二层 在第二层上

可以看出，普通事物名词通过添加不同类型的方位词而获得了[+ loc]特征，因此可以和介词"在"搭配(a 项)；方所名词由于自带[+ loc]特征，可以和介词"在"搭配，并不排斥方位词的共现(b 项)；序数词及方位词前缀自带[+ loc]特征，可以使其黏附对象获得[+ loc]特征，从而可以和介词"在"搭配(c 项)。

4.2.2　方位成分与"从"的共现

表示"来源"语义的介词"从"含有[+ source]特征和[+ loc]特征，因此在语义上和表示处所语义的"在"一样，具有语义强制性。这就说明普通事物名词不能和"从"连用，而方位成分可以。比如(35)中的普通事物名词均不能和"从"连用：

(35) *从桌子 *从椅子 *从大山 *从宝塔 *从小河

由于介词"从"本身携带[+ loc]特征，其在语义上要求其后的成分同样也携带[+ loc]特征。普通事物名词一般携带指称特征[+ ref]，在语义上无法与其匹配，因此造成表达不合法。而方位成分本身携带[+

loc]特征,在语义上和"从"匹配,在句法上表现为可以与其搭配。(36)是方所名词与介词"从"的搭配情况:

(36) a. 从北京 从上海 从河南 从巩义 从德国

　　　b. 从医院 从学校 从商务厅 从文化路 从银行

　　　c. 从这(儿) 从那(儿) 从哪(儿)

可以看出,方所名词中的地理名词、处所词和方所代词均能和"从"自由搭配,而且处所词和方所代词并不排斥方位词和准方位词的共现:

(37) a. 从医院里 从学校外 从商务厅内 从文化路边 从银行里

　　　b. 从这里 从那里 从哪里 从这边 从那边 从哪边

介词"从"和方位词的搭配情况如(38)所示:

(38) a. 从中 从上到下 从左到右 从南向北 从前往后

　　　b. 从头 从头到尾 从头到脚

　　　c. 从桌子之上 从黄灯之下 从黄河以南 从长城以北

　　　d. 从中间 从顶端 从上面 从顶上 从边沿上 从左上角

(38)说明,单音节方位词和准方位词均可以和"从"连用,尽管数量较少,而且常出现于成对的组合中(比如"从上到下""从头到尾"等)。黏附性的"之/以+方位词"成分和普通事物名词结合之后均可以和介词"从"搭配。方位词并立成分均可以和介词"从"搭配,尽管方位词并立和准方位词并立成分的数量较少(比如"中间""顶端"等)。

方所派生词通过和方位词和方所前缀结合而获得了[+loc]特征,其可以和介词"从"自由结合,具体情况如(39)所示:

(39) a. 从桌子上 从桌角 从桌子上面 从桌子的边沿 从桌子的上面

　　　b. 从美国南部 从南京北部 从学校外 从医院里 从这里 从那里

　　　c. 从前门 从北村 从第二页 从第二层 从二楼 从五栋

在上例中,a项表示普通事物名词可以和不同类型的方位词成分结合而获得[+loc]特征,从而能够和"从"搭配,结构中可以出现"的"字。b项表示地理名词、处所词和方所代词和不同类型的方位词成分结合而形成的短语可以自由地与介词"在"搭配。c项则表明方所前缀(单音节方位词、序数词和具有内在"序列"含义的基数词)赋予名词[+loc]特征,所形成的结构可以和介词"从"自由搭配。

4.2.3 方位成分与"到"的共现

表示"终点"语义的介词"到"在语义方面携带[+goal]和[+loc]特征,因此同样要求其后的成分携带[+loc]特征,即在语义方面具有强制性。如(40)所示:

(40)a. *到桌子 *到椅子 *到小河 *到大山 *到地板

　　b. 放到桌子上 坐到椅子上 来到小河旁 走到大山里 掉到地板上

可以看出,普通事物名词不能和带有[+loc]特征的介词"到"连用。而方位成分所携带的[+loc]特征能够与之匹配,从而形成合法的结构。(41)展示了方所名词与介词"到"的搭配情况:

(41)a. 到上海 到长沙 到南京 到武汉 到巩义

　　b. 到公园 到学校 到医院 到银行 到邮局

　　c. 到这(儿) 到那(儿) 到哪(儿) 到此

(41)中的各项说明,方所名词中的地理名词、处所名词和方所代词均能自由地和介词"到"搭配,生成合法的方所介词结构。与介词"在"和"从"的情况类似,处所名词和方所代词还可以和方位词共现:

(42)a. 到公园里 到学校外 到医院里 到银行里 到邮局里

　　b. 到这里 到那里 到哪里

方位词的各种类型也能够自由地和"到"进行搭配,如(42)所示:

(43)a. 从上到下 从里(内)到外 从左到右 从南到北 从前到后

b. 到头 到底 从头到尾 从头到脚

c. 到路灯之下 到丛林之中 到黄河以南 到黄河以北

d. 到中间 到顶端 到上面 到顶上 到边沿上 到左上角

在(43)中，a项表示单音节方位词可以和介词"到"连用，尽管数量较少，并且通常出现在成对的表达中。b项的情况与之类似，能够独立和"到"进行搭配的准方位词较少。c项中的普通事物名词和"之/以"连用后获得了[+loc]特征，因此可以和介词"到"自由搭配，d项则说明各种类型的方位词并立成分可以自由地和介词"到"连用，形成合法的方所介词结构。

由于方所派生词通过与方所前缀结合而含有[+loc]特征，其可以和介词"到"自由搭配，生成形式各异的方所介词结构，如(44)所示：

(44) a. 放到桌上 放到桌角 放到桌子边沿 放到桌子上面 放到桌子的上面

b. 来到河南南部 来到南京北部 来到学校里 来到医院里 来到这里 来到那里

c. 来到前门 来到北楼 翻到第二页 读到第四章 升到五层 爬到三楼

由(44)可以看出，在方所派生词中，普通事物名词通过和不同类型的方位词结合而获得[+loc]特征，从而能够和介词"到"进行自由搭配(a项)。方所名词和方位词结合，同样可以和介词"到"自由搭配(b项)。方位词、序数词和表达"序列"概念的基数词作为前缀，可以将[+loc]特征赋予位于其后的结构成分，使整体表达能够自由地和介词"到"共现(c项)。

4.2.4 方位成分与"从"的共现

本节考察方位成分与表达"经由"(Passage)语义的介词"从"的共现

情况。由于该类介词携带[+pass]和[+loc]特征,其同样要求位于其后的成分携带[+loc]特征,以满足语义上的强制性要求,如(45)所示:

(45) * 从大门经过 * 从小河经过

上例中的"大门"和"小河"只携带普通名词所具有的指称特征[+ref],本身不含[+loc]特征,因此表达不合语法。(46)中的名词成分通过和方位词及准方位词结合而获得了[+loc]特征,因此表达合乎语法:

(46) 从门前经过 从门口经过 从河边经过 从河沿经过

由于方位成分均含有[+loc]特征,它们均可以和表示"经由"意义的介词"从"自由搭配,下例是方所名词与表达"经由"意义的介词"从"的搭配情况:

(47) a. 从上海经过 从浙江经过 从安徽经过 从广州经过

　　　b. 从学校经过 从公园经过 从学校外经过 从医院旁经过

　　　c. 从这(儿)经过 从那(儿)经过 从这里经过 从那里经过

从(47)可以看出,方所名词中的地理名词、处所词和方所代词均能和表达"经由"语义的介词"在"连用,并且结构中的处所词和方所代词并不排斥方位词或准方位词的共现。在方位词的各种类型中,方位词和准方位词能够独立地和表示"经由"意义的介词"从"的情况较少,大多是以黏着或并立的形式出现:

(48) a. 从路灯之下经过 从黄河以南经过

　　　b. 从中间经过 从前面经过 从边沿经过 从边沿上经过

方所派生词的三个次类也可以和表示"经由"语义的介词"从"连用,如(49)所示:

(49) a. 从门前经过 从门口经过 从大门中间经过

　　　　从大门的前面经过

　　　b. 从南京北部经过 从上海南部经过 从学校外经过

从这里经过

  c. 从前门经过 从西村经过 从第二排经过 从第二栋经过

  从(49)可以看出，普通事物名词和方位词、准方位词以及方位词和方位词并立成分结合而获得[+loc]特征，因此可以和表达"经由"语义的介词"从"自由搭配(a项)；方所名词和方位词以及方位词并立成分结合也能够和"从"搭配(b项)；方所前缀使整个结构成分具有[+loc]特征，因此也能够和表达"经由"语义的介词"从"自由搭配(c项)。

  通过上述分析，我们可以得出如下结论：汉语方位成分在语义上携带[+loc]特征，这一特征为方位成分内在地含有或通过附加的方式获得。在句法上，方位成分可以和表达"处所""来源""终点"和"经由"等携带[+loc]特征的介词搭配，侧面反映出该类介词在语义强制性方面的要求。汉语方位成分在语义和句法方面的特征赋予了汉语特有的方所表达手段，形成了汉语方所介词短语特有的结构形式和生成机制。

4.3 汉语方位词的句法属性及语义功能

  汉语方位词的句法定性和语义功能一直是一个争议不断的问题，本节在简要梳理前人研究的基础上，通过语言对比及汉语事实对汉语单音节方位词和准方位词的理论地位和语义功能进行重新定位，并清晰地展示出其层次性的结构位置。

4.3.1 前人的研究

  关于汉语单音节方位词的理论定性问题语法学界一直没有达成一个统一的看法。不同学者尝试从不同的角度和侧面对单音节方位词的语法本质展开研究，形成了较为丰硕的研究成果。但从整体来看，学者们的分歧较大,几乎每一种观点都被提过:名词的次类(李亚非,2009;贝罗贝、曹茜蕾,2014;储泽祥,2006);名词性后缀(Cartier,1972;Jia Bu Ji Nuo,1957,1958);后置词(Hagège,1975;Tai,1973;Ernest,1988;Beyraube,1980);框式介词中的后项(刘丹青,2002,2003);后置型中心语(李亚非,2009);中心语投射(localizer projection,LP)(Huang,2009;Feng,2019);副词(吕叔湘,1947;黎锦熙、刘世儒,1955);形容词(马建忠,1898);代词(Pygaloff,1973);附着语素(Liu,1988),自给自足的词类(李崇兴,1992;储泽祥,1997,2006;朱德熙,1982)等。本节简要介绍形式学界较具代表性的分析方案,下节将提出本书的分析模型。

1. 李亚非(2009)的分析

李亚非(2009)将汉语方位词视为按照低费用原则从名词中分离出来的次类。他不同意将单音节方位词视为附着语素的看法,认为这种分析方法无法解释方位词与名词的区别。李亚非(2009)将方位词分为单音节方位词和双音节方位词,并认为和名词一样,名位组合(比如"墙上""房间里"等)也需要得到格。方位词和名词之间的显著差异在于和"的"字的搭配方面,单音节名词可以和"的"字搭配,而单音节方位词不能和"的"字搭配:

(50)a. 桌子(的)腿 房子(的)顶 枣树(的)叶
　　 b. 桌子(*的)后 房子(*的)外 枣树(的)旁

(李亚非,2009:100)

李亚非不同意将方位词视为附着语素是基于以下语言事实:

(51)靠左站 向下看 从里到外 由前往后 大家面朝右

(李亚非,2009:104)

上例是单音节方位词单用的情况,李亚非将其视为动词或介词的宾语,拥有以下内部结构:

(52) [ᵥₚ/ₚₚ V/P [ₗₚ L]]

因此，李亚非(2009)认为，方位词是从名词中分离出来的一个小类，仍然保留着名词的基本特征，本身不属于附着词素，其对"的"字的排斥是处于经济性方面的考虑。在空间概念的表达方面，方位词和介词之间通过轻介词连接，汉语中"在屋里"这种方所介词结构被分析为(53)(见图4-1):

(53) 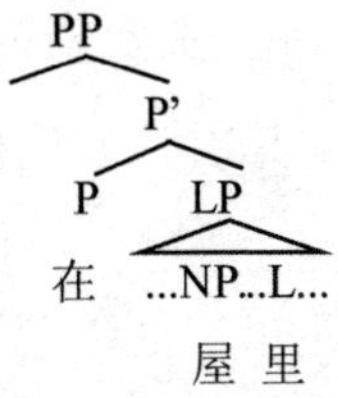
```
        PP
        |
        P'
       / \
      P   LP
      在  ...NP...L...
          屋  里
```
(李亚非，2009：105)

图4-1 "在屋里"结构图

而英语表示处所的介词"in"在语义上包含轻介词和方位词L，李亚非(2009)认为，在英语介词结构中，方位词提升并入轻介词，二者经融合在形态上表现为介词"in"，英语中诸如"in the room"的介词结构被分析为(54)(见图4-2):

(54) 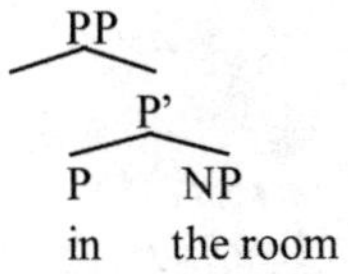
```
      PP
      |
      P'
     / \
    P   NP
    in  the room
```
(李亚非，2009：106)

图4-2 "in the room"结构图

可以看出，在李亚非(2009)的分析模型中，方位词作为后置型中心语进入句法结构，并拥有自身的投射LP(Localizer Projection)。LP作为一个整体，在结构上受介词中心语P直接支配。从上述分析可以看出，李亚非(2009)将汉语方位词视为一种基于经济性原则而从名词中分离出来的一种次类，在句法结构中属于后置型中心语，拥有自身的独立的投射，整个结构作介词中心语的补语成分。尽管将方位词视为后置型中心语的做法并不违反语言类型学中的"后冠后"条件(Final-over-

103

Final Condition，FOFC)①，由后置型方位中心语所构成的介词短语在整体结构上表现为中心语居前型投射直接支配中心语居后型投射的非和谐性(non-harmonic)句法结构。此外，李亚非(2009)的分析模型中并不涉及准方位词的语法属性以及方位词并立等语言现象。

2. Liu(1998)的分析

Liu(1998)的方位词系统中包含方所代词"这"和"那"。其将汉语单音节方位词视为名词的附着成分，即 NP-clitic。主要依据是：首先，方位词在音系上无法独立，而且可以变为轻声。其次，方位词的附着对象为名词短语 NP，附着使得整个 NP 具有[+loc]特征，可以出现在状语位置、论元位置和话题位置，比如：

(55) a. 他放了一本书在那张桌子上。

　　b. 我在街上遇见了一个朋友。

　　c. 屋里有一只猫。

　　d. 老王那我不去了。　　　　　　　　　　(Liu,1998:63-64)

Liu(1998)进一步指出，将单音节方位词分析为名词附着成分能够很好地解释方位词的以下特征：

(56) a. 单音节方位词不能独立出现。

　　b. 单音节方位词不能出现在[XP 的__]$_N$结构中。

　　c. NP-方位词序列不能在所有论元位置上出现。

　　　　　　　　　　　　　　　　　　　　(Liu,1998:64-65)

而将单音节方位词视为名词附着成分的关键证据在于 NP-方位词

---

① "后冠后"条件(Final-over-Final Condition，FOFC)，该条件为一条具有语言普遍性的结构制约原则，被语言类型学家和生成语法学家运用于句子、短语以及词汇层面的研究。其要义为：在一个扩展性投射(Extended Projection，EP)中，中心语居前型短语 αP 不能直接支配中心语居后型短语 βP(孙文统，2019:98)。相关研究见 Biberauer, Newton and Sheehan (2009), Biberauer, Sheehan and Newton (2010), Sheehan (2011, 2013a, 2013b), Biberauer, Holmberg and Roberts (2014), Sheehan, Biberauer, Roberts and Holmberg (2017)等。

成分可以和另外一个 NP 并列,比如:

(57) a. 小明在<u>家里和学校</u>都不听话。

　　b. 他在<u>饭馆和会议里</u>都穿着西装。

　　c. *他在<u>饭馆和会议</u>都穿着西装。　　(Liu,1998:65-66)

如(57)a 所示,"家里"和"学校"可以并列,这说明"家里"仍然是一个名词成分,因此方位词应当被分析为 NP - clitic。(57)b 和(57)c 则说明普通事物名词和方位词("会议里")结合获得了处所特征[+loc],因此可以和含有[+loc]特征的名词"饭馆"并列。

除了将汉语单音节方位词分析为名词附着性成分之外,Liu (1998)还认为汉语中并不存在后置词成分(postposition),汉语是中心语居前(head initial)型语言,其介词短语的结构形式为[P NP]。Liu (1998) 的分析方案强调方位词的附着性,否认其独立性。但在实际的语料中不乏方位词单用的情况。除了在"从南到北""从上到下"等固定的表达结构中方位词可以单用,"在内""在外""朝南""向左"等也都是方位词独用的情况。此外,虚化程度较高的方位词"上"和"下"并非在所有情况下都是轻声,在一定语境中是可以带音调的,比如:

(58) 这本书是在桌子上,不是在桌子下。

3. Feng (2019) 和 Huang (2009) 的分析

Feng (2019) 从韵律句法的视角对汉语单音节方位词的生成机制做出了深入的研究,在结构表征方面大致沿用的 Huang (2009) 的结构模式。Feng (2019) 从韵律视角出发,指出汉语单音节方位词在历史演变中的韵律制约。Huang (2009) 提出了汉语方位介词短语的结构形式,用来解释古今汉语在方位词选用方面的差异(见图 4-3):如(59)所示:

105

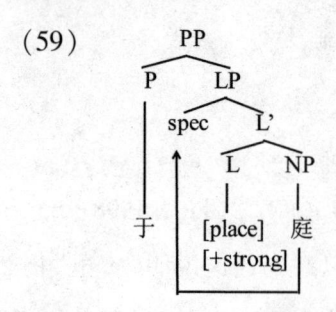

(59)
```
        PP
       /  \
      P    LP
      |   /  \
      于 spec  L'
           ↑ /  \
           | L    NP
           |[place] 庭
           |[+strong]
           └──────┘
```

图 4-3 "于庭"结构图

方位词作为中心语,携带强性的"方位"(place)特征,并且拥有自身投射 LP。LP 作介词中心语 P 的补语,NP 提升至[spec, LP]位置,在线性序列上体现为[$_{PP}$P [$_{LP}$NP L]]。其中 L 携带强性的"方位"特征,在语音上是隐性的,古汉语中的方位介词短语符合这种情况,如下例所示:

(60)子产使校人畜之池。(《孟子·万章上》)

而在中古汉语中,方位词中心语 L 所携带的强性"方位"特征脱落,使得 L 位置必须被方位词填充才能使结构合乎语法,比如"于大树下"的结构如下图所示(见图 4-4):

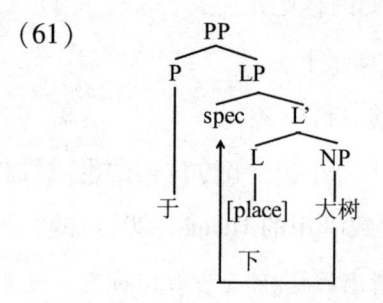

(61)
```
        PP
       /  \
      P    LP
      |   /  \
      于 spec  L'
           ↑ /  \
           | L    NP
           |[place] 大树
           | 下
           └──────┘
```

图 4-4 "于大树下"结构图

在上图中,中心语 L 必须被单音节方位词"下"填充,整个结构才合乎语法。Feng(2019)根据(62)中的语言事实,在结构图式(61)的基础上,提出了方位词生成的韵律制约方式,其生成机制如(63)所示:

(62) a. 葬之郕城之下。(《左传·僖公三十三年》)

　　b. 齐梁之兵连于城下。(《史记·张仪列传》)

Feng(2019)认为,(62)a-(62)b的联系体现为韵律制约的重新分析和语法化的过程,这一过程如(63)所示(见图4-5):

在 Feng(2019)的分析模型中,[城-下]从原位提升至[spec,LP]位置,在原位上留下语迹 e_i。在[spec,LP]位置,[城-下]中的单音节方位词"下"降落至中心语 L 位置,经过重新分析和语法化过程,"城下"形成一个韵律词(Prosodic Word,PrWd)。Feng(2019)从韵律句法的角度为汉语单音节方位词的历时演变和生成机制提供了全新的解释,其分析方案带来了视角和手段上的更新。

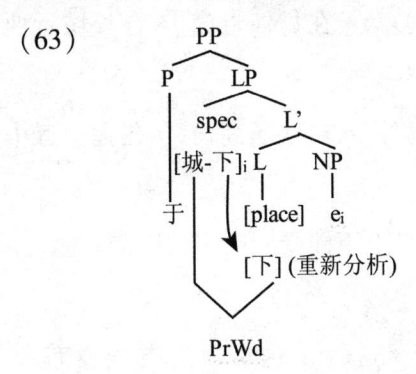

(63)
```
            PP
          /    \
         P      LP
         |     /  \
         于  spec   L'
              |    / \
           [城-下]ᵢ L  NP
                  |   |
              [place] eᵢ
                  |
                [下] (重新分析)
                  |
                PrWd
```

图4-5 "于城下"生成示意图

4.3.2 本书的分析

经过梳理李亚非(2009)、Liu(1998)以及 Feng(2019)和 Huang(2009)的分析可以发现,上述学者并不关注准方位词的语法地位以及方位词和准方位词在结构中的相对位置。本书旨在对汉语单音节方位词和准方位词的语法地位和位置关系做出全面的分析。

首先看汉语单音节方位词。本书分类系统中的单音节方位词有15个(见4.1.2节),罗列如下:

(64) 上 下 前 后 左 右 东 南 西 北 里 外 内 中 间

虽然汉语单音节方位词在一定程度上保留了名词的一般特征，但是其和普通名词之间还是存在着一些显著的差异。首先，和普通事物名词不同，汉语单音节方位词不能进入"一＋量＋名"的结构，比如：

(65) *一个上 *一个下 *一个前 *一个后 *一个左
*一个右 *一个东 *一个南 *一个西 *一个北
*一个里 *一个外 *一个内 *一个中 *一个间

其次，汉语单音节方位词不能受到形容词的修饰，比如：

(66) *在椅子高上 *在椅子低下 *在桌子近前 *在桌子远后 *在桌子高左

*在桌子低右 *在黄河远东 *在长江近南 *在长城近西 *在南京远北

*在学校近里 *在公园远外 *在球场高内 *在食堂近中 *在树林远间

再次，汉语单音节方位词在语义上不能受到限定，比如不能与限定词"这"和"那"连用，如(67)所示：

(67) a. *这上 *这下 *这前 *这后 *这左 *这右 *这东
*这南 *这西 *这北 *这里① *这外 *这内 *这中
*这间

b. *那上 *那下 *那前 *那后 *那左 *那右 *那东
*那南 *那西 *那北 *那里② *那外 *那内 *那中
*那间

种种证据显示，汉语单音节方位词和普通事物名词之间存在明显的差异。汉语单音节方位词的句法表现和英语中表达方位意义的"front"

---

① 此处的"这"是限定词，而不是方所代词。
② 此处的"那"是限定词，而不是方所代词。

"back""top""bottom""side"等词类似。Svenonius(2006)详细论证了表达方位意义的"front"和作为普通事物名词的"front"之间的区别,比如表达方位意义的"front"无复数形式,而作为普通名词的"front"有复数形式:

(68) a. There are kangaroos in the fronts of the cars.

b. *There are kangaroos in fronts of the cars.

(Svenonius, 2006: 50)

和汉语一样,表达方位意义的"front"不能受到形容词的修饰,而作为普通名词的"front"可以:

(69) a. There was a kangaroo in the smashed-up front of the car.

b. *There was a kangaroo in smashed-up front of the car.

(Svenonius, 2006: 50)

此外,Svenonius(2006)还通过指代和移位论证了表达方位意义的"front"和普通名词的"front"之间的差别:前者不能进行指代和移位操作,而后者可以,如(70)-(71)所示:

(70) a. The kangaroo was in [the front of the car]$_i$, but the koala wasn't in it$_i$.

b. *The kangaroo was in [front of the car]$_i$, but the koala wasn't in it$_i$.

c. *The kangaroo was in [front of a car]$_i$, and the kangaroo was in one$_i$, too.

(71) a. It was the front of the car that the kangaroo was in.

b. *It was front of the car that the kangaroo was in.

(Svenonius, 2006: 51)

有鉴于此,Svenonius(2006)将英语中表达方位意义的"front""top""back""bottom""side"等分析为"轴向部分"(Axial Part),其功能在于明

晰物体间的相对位置。在句法结构中,"轴向部分"拥有自身的投射 AxPartP,即"轴向投射"。表示方位意义的"in front of the car"和作为普通名词的"in the front of the car"的区别可以通过树形图得以展示(Svenonius,2006:51-52)(见图4-6):

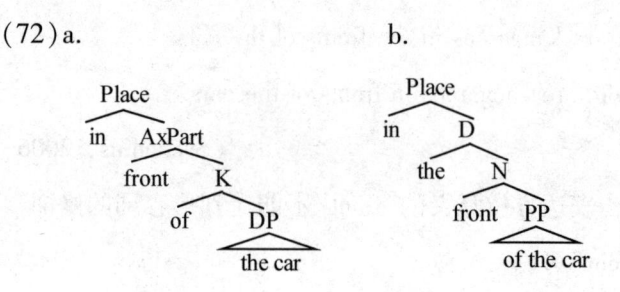

(72) a.　　　　　　　　　b.

```
        Place                    Place
       /    \                   /    \
      in   AxPart              in     D
           /   \                     / \
       front   K                   the  N
               / \                     / \
              of  DP                front PP
                  /\                      /\
              the car                of the car
```

图4-6　结构区别示意图

由于汉语单音节在句法表现上和英语中表达方位含义的"front""back""top""bottom""side"等高度类似,并且在语义上表示不同物体之间的位置关系,本书将汉语单音节方位词统一分析为"轴向部分",并且拥有自身的投射 AxPartP。汉语中诸如"在路灯之下"之类的表达可以表示如下(见图4-7):

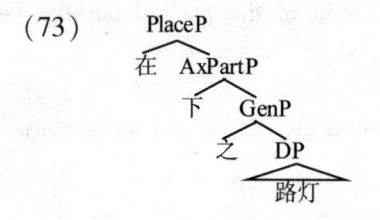

(73)
```
        PlaceP
       /    \
      在   AxPartP
            /  \
           下   GenP
                / \
               之  DP
                   /\
                  路灯
```

图4-7　"在路灯之下"结构图

(73)符合自然语言方所表达的普遍性结构(见3.3.2节)。关于方所介词结构的结构模式和推导机制我们将在第五章进行讨论。

接下来看准方位词。我们在4.1.2节中对汉语准方位词进行了初步分类,指出其内部分化为两个次类,重复如下:

(74) a. 头 首 尾 脚 腰 跟(根) 脊 背 心 口

　　　稍 尖 顶 端 沿 边 面 底 角 隅 麓

　　b. 旁 侧 际 域 地 处 方 部

正如上文指出的，a 项中的准方位词来源于事物或身体的一部分，b 项中的准方位词可以被"一"修饰。和单音节方位词一样，准方位词本身携带[+loc]特征，具有标记方所的语法功能。比如：

(75) a. 船头 句首 段尾 山脚 山腰 墙根 山脊 手背 湖心 窗口

　　　树梢 塔尖 楼顶 两端 河沿 床边 桌面 河底 桌角 城隅 山麓

　　b. 路旁 两侧 天际 异域 领地 四处 前方 局部

(75)中的各项由于和准方位词结合，获得了[+loc]特征，因此能和表示"处所"语义的介词"在"连用，比如：

(76) 在船头 在句首 在山腰 在湖心 在路旁 在两侧 在异域 在局部

其实，来源于身体部位的准方位词在古汉语中可以独立地表示方所，扮演处所词的角色，这从汉语四字成语的表达中可见一斑：

(77) 如芒在背 怀恨在心 提心在口 高下在手

另一种类型的准方位词在汉语四字成语和习惯表达中也偶见用例：

(78) 珠玉在旁 珠玉在侧　瘫倒在地

准方位词和单音节方位词之间存在颇多相似之处，具体可以表现为以下几个方面：在功能上，汉语单音节方位词和准方位词具有相同的语法功能，即可以使与之相结合的普通事物名词携带[+loc]特征。请看以下例句：

(79) a. *在桌子 *在墙壁 *在宝塔 *在小河 *在马路

　　b. 在桌子上 在墙壁上 在宝塔上 在小河里 在马路上

　　c. 在桌面 在墙角 在塔顶 在河沿 在路边

上例 a 项中的名词为普通事物名词，不具有[+loc]特征，因此表达不合语法。b 项和 c 项分别添加了方位词和准方位词，使得普通事物

111

名词获得了[+loc]特征,因此表达合乎语法。

在句法表现方面,单音节方位词和准方位词均作为后附性成分进入句法推导,在语义上表示相对于其黏附对象的相对方所位置。此外,在韵律方面,方位词和准方位词都是单音节性的,可以和其他单音节成分组成双音节词。

有鉴于此,本书将汉语准方位词也分析为"轴向成分"(AxPart),其语义功能同样在于明晰事物(即"图形"和"背景")之间的位置关系。比如"在桌角"表示的是某个"图形"在"桌角"("背景")这个位置上。因此,诸如"在桌角"这样的表达的内部结构如下(见图4-8):

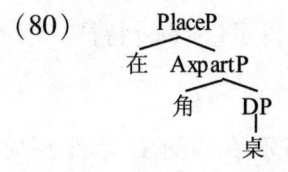

(80)
```
        PlaceP
       /      \
      在    AxpartP
           /      \
          角      DP
                  |
                  桌
```

图4-8 "在桌角"结构图

在结构位置上,准方位词和方位词类似。但当二者同时出现在句法结构中时,单音节方位词和准方位词并不处于相同的句法层级,而是位于不同的结构位置,请看如下表达:

(81) a. 在桌角上 在塔顶上 在山脚下 在河沿上 在湖底下
      b. 在山顶之上 在树梢之间 在山脚之下 在湖心之中

在(81)a中,单音节方位词和准方位词同时后附于背景名词,准方位词和背景名词的关系更为紧密。(81)b除了显示出准方位词和方位词与背景名词之间的结构关系之外,在整个介词结构中还含有"之"。由于准方位词和背景名词之间的关系较近,我们可以将其分析为"内轴向部分",用符号表示为"AxPart$_{IN}$",而单音节方位词与背景名词的结构关系较远,我们可以将其分析为"外轴向部分",用符号表示为"AxPart$_{EX}$"因此在整个结构上,综合考虑a项和b项的结构形式,我们可以把含有汉语单音节方位词和准方位词的方所介词结构(以"在山顶之上"为

例)表示如下(见图4-9):

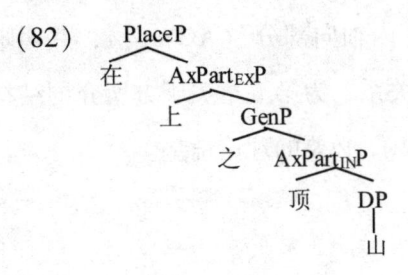

(82)
```
      PlaceP
     /      \
    在    AxPart_EXP
         /         \
        上        GenP
                /      \
               之    AxPart_INP
                    /        \
                   顶         DP
                              |
                              山
```

图4-9 "在山顶之上"结构图

其中,准方位词"顶"作为"内轴向部分"直接支配背景名词"山"。单音节方位词"上"作为"外轴向部分"位于较高的句法位置,属格投射"GenP"位于二者之间,整个结构通过句法推导逐步生成"在山顶之上"这一表层序列。本书将在第五章详细讨论汉语方所介词结构的推导机制和生成动因。

4.4 本章小结

本章旨在探索汉语方位成分的具体类型和汉语方位词的句法地位及语义功能。4.1节在回顾方经民(2004)、邱斌(2008)和储泽祥(2003)等关于汉语方位成分分类的基础上,将汉语方位成分分为方所名词、方位词和方所派生词三种类型,每种类型又根据句法和语义方面的特点进一步细化为若干次类。4.2节探讨了汉语方位成分的句法及语义特征,指出方位成分携带[+loc]的语义特征,在句法上表现为能够和携带强性[+loc]特征的方所介词共现,并依次以表达"处所"语义的介词"在"、表达"来源"语义的介词"从"、表达"终点"语义的介词"到"和表达"经由"语义的介词"从"为例进行了论证。4.3节首先梳理了李亚非(2009)、Liu(1998)及Feng(2019)和Huang(2009)关于汉语单音节方位词句法及语义方面的研究,进而将汉语单音节方位词和准方位词分别分析为"外轴向部分"(AxPart_{EX})和"内轴向部分"(AxPart_{IN}),并明晰了其在句法结构中的相对位置及结构关系,为第五章关于方所介词结构的推导机制和生成动因方面的研究做好了必要的理论铺垫。

第5章 汉语方所介词的结构形式及推导机制

我们在第三章和第四章分别讨论了汉语方所介词和方位成分的类型和句法语义特征，本章将方所介词结构作为一个整体，深入讨论汉语方所介词短语的表现形式、内部构造、推导机制和生成动因。

5.1 汉语方所介词的句法表现

5.1.1 方位类(PLACE)方所介词的句法表现

在第三章中，我们将汉语方所介词大致分为"方位"(PLACE)和"路径"(PATH)两类，每一类又分别进行了进一步的细化。"方位"类方所介词包括表示"处所"(Location)含义的介词"在""于""乎"等和表示"临近"(Vicinity)含义的介词"临"。接下来我们依次探讨这两类方所介词结构的句法表现，为其结构表征的精细刻画奠定坚实的基础。

首先看"处所"类方所介词的句法表现，以典型的表达"处所"含义的介词"在"为例，其可以和不同的方位成分结合，形成形式各异的方所介词结构，如例(1)所示：

(1) a. 在学校　　　b. 在学校里　　c. 在学校边
　　d. 在桌上　　　e. 在桌角　　　f. 在桌角上
　　g. 桌子上　　　h. 在桌子角　　i. 在桌子上面
　　j. 在桌子的上面　k. 在桌子之上　l. 在黄河以南
　　m. 在外　　　　n. 在旁　　　　o. 在中间
　　p. 在上面　　　q. 在底下　　　r. 在边沿

可以看出，方所介词"在"可以和不同的方位成分结合，形成形式各异的方所介词表达。a–c项是"在"和处所词搭配的情况，处所词并不排斥单音节方位词和准方位词的使用。d–f项是单音节名词和单音节方位词、准方位词以及方位词并立结合的情况。g–l项表明，双音节名词可以和单音节方位词、准方位词、方位词并立、"的+方位词并立""之/以+单音节方位词"等成分构成方所介词结构。m–r项是介词直接和单音节方位词、准方位词、方位词并立、方位词和准方位词并立、准方位词和方位词并立以及准方位词并立连用的情况。例(1)表明，表示"处所"语义的介词"在"能够和不同类型的语言成分组成形式各异的方所介词结构。但并不是所有的语言成分都能和"在"组成合法的方所介词结构，如(2)所示：

(2) a. *在桌子　　b. *在里
　　c. *在角　　　d. *在东西

上例说明，表示"处所"语义的"在"不能和普通事物名词连用（a项），也不能和某些单音节方位词、准方位词和方位词并立连用（b–d项）。而(3)则表明了"的"字在方所介词结构中的出现同样受到限制：

(3) a. *在桌子的上　b. *在桌子的角
　　c. *在黄河的东南

例(3)说明，方所介词结构中的"的"字不能和单音节方位词、准方位词和某些方位词并立成分连用。

由(1)-(3)可知,对于表达"处所"含义的介词"在"来说,其后可以出现的成分有:处所词,"处所词+方位词/准方位词"成分,"普通事物名词+方位词/准方位词/方位词并立"成分,"普通事物名词+之/以+方位词"成分,这些成分基本都能够和"在"构成方所介词结构。此外,单音节方位词,方位词并立成分,准方位词并立成分,"方位词+准方位词"成分和"准方位词+方位词"成分则根据成分自身的独立性程度来决定与"在"搭配的合法性。(4)是单音节方位词与介词"在"的搭配情况:

(4)a. *在上 *在下 *在东 *在南 *在西 *在北 *在里 *在中 *在间

b. 在前 在后 在左 在右 在外 在内

在汉语15个单音节方位词中,"上""下""东""西""南""北""里""中"和"间"一般不能直接和"在"搭配,而"前""后""左""右""外"和"内"可以直接和"在"组成方所介词短语,如(5)-(10)所示:

(5)我国大面积洪涝灾害发生以来,子弟兵冲锋<u>在前</u>,敢打硬仗,不怕牺牲,连续作战,全力配合地方党委和政府做好防汛抗洪抢险救灾工作,……(《解放军报》2016年7月)

(6)努尔哈赤指挥八旗,是重甲兵在前,轻甲兵<u>在后</u>,另有轻骑兵在远处待战。

(《努尔哈赤》李文澄)

(7)平列悬挂国旗和区旗时,国旗在右,区旗<u>在左</u>。(《人民日报》1996年8月)

(8)平行一条线上有三棵树荫如盖的大榕树:一棵<u>在右</u>,相距较远,另两棵遥遥相对,……(《人民日报》1995年6月)

(9)他幼年失怙,父亲又常年<u>在外</u>,有个好继母照料,也算是不幸中的万幸。(《中国近代史》沈渭滨 蒋廷黻)

117

(10) 陈顼生前共有 21 名后、妃，包括陈叔宝、陈叔陵<u>在内</u>，生下了 42 个儿子。(《中国人盗墓史》倪方六)

能够和"在"直接搭配的方位词并立成分不多，常见的有"中间"和"左右""前后""里外""东南""西北"等也偶见用例。比如：

(11) ……，恰好将那地窖盖得严严实实，只<u>在中间</u>留了几个气孔。(《努尔哈赤》李文澄)

(12) 毛泽东坐在长桌的上方，我们三记者紧靠着<u>坐在左右</u>。(《人民日报》1994 年第一季度)

(13) 在房间另一头的暗影里，一个人影<u>在前后</u>跑动，……(《简·爱》翻译作品)

(14) 耿林和娄红同在的公司和所有效益好、跟合资沾边的公司一样，<u>在里外</u>看上去都不错的大楼里办公。(《比如女人》皮皮)

(15) 先秦时秦越两国，一<u>在西北</u>，一<u>在东南</u>，相去极远。(《中国成语大辞典》)

由于准方位词大多源于身体或物体部位名词，其含有较为具体的语义内容，由准方位词并立、准方位词+方位词、方位词+准方位词、准方位词并立+方位词和方位词并立+准方位词构成的双音节词汇和三音节词汇已经成为独立的名词，具有较强的独立性，基本都能够和"在"直接构成方所介词结构，如下例所示：

(16) a. 在顶端 在边沿 在侧面 在旁边 在侧边 在旁侧

b. 在顶上 在边上 在沿上 在底下 在面前 在头里

c. 在前面 在西侧 在里头 在左边 在后方 在西部

d. 在边沿上 在顶端上 在沿边上 在角边上 在侧边上

e. 在左上角 在西南角 在西南侧 在中下部 在东北部

下面看表示"临近"语义的介词"临"的句法表现。我们在第三章中曾经指出，介词"临"常出现在古文和笔记小说中，常位于动词 V_1 的位置，表示位置上的临近，主要携带[+vic]特征，语义强制性较弱。比如马贝加(2003)中的例句：

(17)行可五十里，见十余人临河饮酒。(《太平广记》李昉、扈蒙、李穆等)

(18)大笑，乃临涧濯足，戏弄儒生。(《太平广记》李昉、扈蒙、李穆等)

作为介词的"临"在现代汉语中的用例较少，大多体现出较强的动词性，表示"靠近""对着"等含义。以下是通过北京大学语料库(CCL)检索得出的例句：

(19)广场临大街的一边是一仿巴罗克建筑风格的柱廊，广场中心是一个西洋式的亭子。

(20)在一家临街的小饭馆里，一位吃饭的顾客在征得店主同意后打了一个电话，被索取1元，顾客问声："怎么这么贵呀！"

(21)走了很久的山路，小餐馆在一个临小河的小镇子里，……

(22)黄河修堤筑堤用土以就近取土为原则，黄河在临河堤脚50米以外取用，沁河在临河堤脚30米以外取用。

(23)这永吉达城建筑在董鄂河的河湾里，三面临水，一面平川地是城内出入的通道。

5.1.2 路径类(PATH)方所介词的句法表现

我们在第三章中指出，"路径类"方所介词可以表达"来源"(source)、"终点"(goal)、"方向"(direction)、"沿途"(route)和"经由"(passage)等语义。接下来我们考察不同类型的路径类方所介词的句法表现。首先看表达"来源"语义的方所介词。

在现代汉语中，常见的表示"来源"语义的方所介词有"从""自""打""由"等。我们以最为典型的"从"为例，研究表达"来源"语义的方所介词的句法表现。首先，我们在第三章中指出，表达"来源"语义的方所介词具有语义强制性，要求其后的句法成分携带[+loc]特征，如下例所示：

(24) *从桌子 *从椅子 *从高山 *从小河 *从大街

上例中的表达均不合法，原因是位于介词后的成分为普通事物名词，这些名词本身不含[+loc]特征。而下面的例句则均合乎语法：

(25) 邓政委站起来，<u>从桌子上</u>拿起茶杯，喝了口水，又把茶杯放下，果断地说："今晚，你们和骑兵团都不要去送我们了，我们自己走，你们去打息县县城。(《人民日报》1994 年第 3 季度)

(26) 倒在靠椅上的他，瞳孔稍稍动了动，忽地<u>从椅子上</u>弹了起来。(《含口银珠》姚克明)

(27) 一些山雀，<u>从高山上</u>飞来，落在河边那棵大枫树上，喧哗地叫着。(《默契》鲁彦周)

(28) 三班几个全副武装加伪装的士兵<u>从小河边</u>走过去，而后伪装得更彻底的高城从河水里爬上来，除了得意洋洋还是得意洋洋。(《士兵突击》兰晓龙)

(29) <u>从大街上</u>随便拉一个人来，起码不比她差。(《恋爱的季节》王蒙)

在(25)-(29)中，普通事物名词通过添加方位词或准方位词的方式获得了[+loc]特征，因此表达合乎语法。而本身具有[+loc]特征的地理名词、处所名词、方所代词和形式各异的方所派生词也能够自由地和"从"搭配，比如：

(30) a. 从北京 从上海 从广州　　　　　　　　（地理名词）

　　 b. 从学校 从银行 从邮局　　　　　　　　（处所名词）

　　 c. 从这儿 从那儿 从哪儿　　　　　　　　（方所代词）

　　　　d. 从前门 从二楼 从第三页　　　　　　　（方所派生词）

下面我们来考察介词"从"与方位词成分的搭配情况。请看下例：

(31) a. 从南向北 从上到下 从里到外

　　　b. 从中间

　　　c. 从旁边 从边沿 从顶端 从侧面

　　　d. 从前面 从后边 从左侧 从后部

　　　e. 从面前 从头里 从底下 从边上

　　　f. 从边沿上 从顶端上 从侧边上 从沿边上

　　　g. 从左上角 从右下侧 从西南侧 从东南部

从上例 a–g 项可以看出，单音节方位词可以和"从"搭配，但必须处于四字格的结构中，比如下列表达则不合语法：

(32) *从南 *从上 *从下 *从里 *从外

在方位词并立的形式中，"中间"已经凝固为词汇，可以和"从"搭配，其他形式的方位词并立尚未凝固成词，因此不能和"从"搭配：

(33) *从上下 *从例外 *从左右 *从前后 *从南北

(31)中的 c–g 项显示，准方位词并立、"方位词+准方位词"成分、"准方位词+方位词"成分、三音节的"准方位词并立+方位词"成分和"方位词并立+准方位词"成分大多已经凝固成词，本身携带[+loc]特征，因此可以自由地与"从"结合生成方所介词结构。

现代汉语中表达"终点"语义的方所介词有"到""至""及"等。我们以"到"为代表考察该类方所介词的句法表现。前文指出，表达"终点"语义的方所介词在语义方面具有强制性，要求其后的句法成分携带[+loc]特征。因此，普通事物名词不能与之搭配，而含有内在语义特征的方所名词和经过添加方位词素的方所派生词可以与之自由搭配。如下例所示：

(34) a. *到桌子 *到椅子 *到高山 *到小河 *到大街

b. 到上海 到北京 到广州 到南京 到英国

c. 到学校 到银行 到公园 到邮局 到商务厅

d. 到这儿 到那儿 到哪

e. 到桌角 到椅子上 到高山上 到小河旁 到大街上

f. 到前门 到后院 到第三层 到二号楼

当然,"的"字结构也会出现在由"到"构成的方所结构中。能够和"的"字进行搭配的一般都是双音节的词汇性成分,比如:

(35) a. 放到桌子的上面　来到小河的旁边

b. *放到桌子的上　　*来到小河的旁

c. *放到桌子的上下　*来到长城的西南

上例说明单音节和尚未凝固成词的方位词并立成分无法和"的"字结构连用,只有凝固成词的方位词并立和准方位词并立等成分才能与其连用。

我们接着考察表示"方向"语义的介词的句法表现。正如第三章中指出的,现代汉语中典型的表示"方向"语义的方所介词有"朝""向""对""往"等,该类介词携带[+dir]特征,因此语义强制性较弱。以介词"向"为例,表达"方向"语义的方所介词具有如下句法表现:

(36) 她的目光移向桌子,在桌上摆着的裁减人员名单上,她看见了黄省三的名字。(《日出》曹禺)

(37) 朱大江立刻攥起大拳头向桌子上一按说:"真带劲,咱们应该马上配合县大队给敌人一次打击,敌人就不敢这样疯狂了。"(《战斗的青春》雪克)

(38) 林坚走向桌边,端详林岚和林育生。(《年青的一代》陈耘、赵明)

(36) - (38) 显示,普通事物名词和带有方位词和准方位词的名词均可以和表达"方向"语义的介词"向"连用。此外,由"向"所构成的介

词短语中也允许出现"的"字,"的"字后面一般是凝固为词的名词性成分:

(39)刘生像发现什么似的,手儿指向公路的南端。(《敌后武工队》冯志)

与形式各异的方位词和准方位词成分搭配时,"向"的句法表现如下例所示:

(40)a. 自东向西 由南向北 向下 向左 向后
　　 b. 向中间 向前后 向左右
　　 c. 向顶端 向旁侧 向旁边 向侧边 向边沿
　　 d. 向上面 向前面 向东边 向西头 向北部
　　 e. 向边上 向顶上 向底下 向面前 向头里
　　 f. 向边沿上 向顶端上 向沿边上 向角边上 向侧边上
　　 g. 向左上角 向右下角 向右下侧 向东北部 向西南部

由(40)中的 a 项可以看出,表示"方向"语义的介词"向"可以和单音节的方位词连用,既可以独立搭配,也可以出现在四字格的结构中。b 项说明少数凝固成词的方位词并立成分可以和"向"搭配,某些则不能,比如"*向南北,*向里外,*向中外"等。c-g 项则说明大多数准方位词并立成分、"方位词+准方位词"成分、"准方位词+方位词"成分以及三音节的"准方位词并立+方位词"成分和"方位词并立+准方位词成分"已经凝固成词,可以自由地与"向"搭配形成方所介词结构。

现代汉语中典型的表示"沿途"语义的方所介词有"沿""顺"等,我们以"沿"为例考察表达"沿途"语义的介词的句法表现。我们在第三章中指出,表达"沿途"语义的方所介词携带[+route]特征,语义强制性较弱。请看以下例句:

(41)a. 他还带着干粮沿着弯弯的山道,潺潺的小溪,繁华的街巷寻觅。(《解放军报》1971 年 3 月 28 日)

123

b. 过了河就沿着山崖的陡壁上走。(《云冈途中》闻国新)

　　　c. 汉子沿着河边向公社走去。(《经济日报》1992年11月20日)

　　由上例可以看出，表达"沿途"语义的介词"沿"可以和普通名词"山道"搭配，也可以和含有方位词和准方位词的名词成分"陡壁上"和"河边"搭配。需要指出的是，由于"沿"的语义较为具体，其要求与之搭配的名词性成分具有"细长""条状"等语义特征。因此，能够与"沿"搭配的名词往往是类似于"山道""马路""溪流"的名词，而不能是一般意义上的方所名词：

(42) a. ＊沿着上海　＊沿着天津　＊沿着安徽　＊沿着美国

　　　b. ＊沿着学校　＊沿着公园　＊沿着邮局　＊沿着银行

　　　c. ＊沿着这儿　＊沿着那儿　＊沿着哪儿

　　同样，单音节方位词由于缺乏"细长""条状"等语义特征，也无法与"沿"直接进行搭配：

(43) ＊沿着上　＊沿着下　＊沿着前　＊沿着后　＊沿着中

　　而由"边""侧""沿"等含有"细长""条状"等语义的准方位词构成的方位词并立成分则可以与介词"沿"进行搭配：

(44) a. 沿着上边　沿着左边　沿着右侧　沿着左侧　沿着边沿

　　　b. 沿着左上侧　沿着右下侧　沿着东北侧　沿着东南侧

　　最后我们来考察表达"经由"语义的方所介词的句法表现。这类介词主要以"经""从""经由"等介词为代表。我们以介词"从"为例，考察表达"经由"类方所介词的句法表现。在第三章中我们指出，表达"经由"语义的方所介词携带[＋pass]和[＋loc]特征，因此体现出语义强制性。请看以下例句：

(45) 因此这里整天车马盈门，高朋满座，不用说进来吃饭，只要从门前经过一下，那些梅汤汽水香槟啤酒散发出来的浓郁气味，阵阵扑人的鼻子。(《野火春风斗古城》李英儒)

124

(46) 他把她带到天文台道一间小小的餐厅,<u>从门口</u>经过,几乎感觉不到里面是供应食物的餐厅。(《青春偶像》岑凯伦)

由(45)-(46)可以看出,表示"经由"语义的介词"从"需要和派生性方位成分连用,(45)和(46)分别含有方位词"前"和准方位词"口"。普通事物名词与"从"搭配,会使表达接受性较低,甚至不合语法:

(47) a. 他<u>从门口</u>走过。

b. ?他<u>从大门</u>走过。

c. *他<u>从门</u>走过。

上例 a 项中的名词性成分含有准方位词"口",句子合法,b 项和 c 项分别为双音节和单音节的普通事物名词,b 项接受程度较低,c 项不合语法。表达"经由"语义的介词"从"与方位词和准方位的组合成分的搭配情况如下:

(48) a. *从前经过　*从后经过　*从中经过　*从里经过

b. *从前后经过　*从左右经过　*从上下经过　从中间经过

c. 从边沿经过　从侧边经过　从旁边经过　从旁侧经过

d. 从前面经过　从后面经过　从左侧经过　从右侧经过

e. 从边上经过　从沿上经过　从底下经过　从面前经过

f. 从边沿上经过　从顶端上经过　从沿边上经过　从侧边上经过

g. 从左上角经过　从右下角经过　从西南侧经过　从东南部经过

从(48)中的各项可以看出,单音节和尚未凝固成词的方位词/准方位词并立成分无法与"从"搭配。已经凝固成词的双音节和三音节的方位词/准方位词并立成分可以与"从"自由搭配。

5.2 汉语方所介词短语结构的内部构造

5.2.1 方位类(PLACE)方所介词结构的内部构造

方位类方所介词包含表达"处所"(location)语义的介词和表达"临近"(vicinity)语义的介词,前者以现代汉语中的"在"为代表,后者表现为古汉语和笔记小说中的"临"。我们分别探讨由二者所构成的介词短语的内部结构,尝试发掘二者之间的结构及位置关系。先看由表达"处所"语义的介词"在"所构成的方所介词结构。

作为现代汉语中最为常见的表达静态位置关系的方所介词,"在"可以和不同类型的结构成分结合,生成形式各异的方所介词结构,比如:

(49) a. 在桌上

b. 在桌角

c. 在桌角上

d. 在桌子边沿上　在桌子的边沿上

e. 在桌子上面　　在桌子的上面

f. 在桌子侧边　　在桌子的侧边

g. 在桌面以下

h. 在桌子之上

i. 在第一页　在前门

上例中的各项体现出介词"在"在语义方面的强制性特征,即要求其后的名词成分携带[+loc]特征:a 项中的名词性成分添加了单音节方位词"上",b 项中的名词性成分包含准方位词"角",c 项含有"准方位词+方位词"成分，d 项含有"准方位词并立+方位词"成分"边沿上"，e 项含有"方位词+准方位词成分""上面"，f 项中含有准方位词并立成分"侧边"。d–f 项中的"边沿上""上面"和"侧边"等成分已经凝固成词，因此可以通过"的"字与前面的名词连接。g 项和 h 项中含有"之/以+方位词"成分，i 项中的名词性成分添加了有内在序列含义和方所含义的前缀。除此之外，我们在第三章中指出，"在"可以和本身含有[+loc]特征的名词性成分直接构成方所介词结构，比如：

(50) a. 在上海

b. 在学校

c. 在这儿

上例 a–c 项中的方所名词性成分分别为地理名词、处所名词和方所代词。由于这些成分含有内在的[+loc]特征，因此可以自由地和"在"构成方所介词结构。通过观察(49)–(50)中各项的结构特点，我们可以将表达静态处所含义的"在"能够搭配的句法成分总结如下：

(51) a. 在+方所名词（包括地理名词、处所名词和方所代词）

b. 在+事物名词+方位词

c. 在+事物名词+准方位词

d. 在+事物名词+准方位词+方位词

e. 在+事物名词+之/以+方位词

f. 在+事物名词+准方位词+之/以+方位词

g. 在+[序列/方所前缀+事物名词]成分

h. 在+事物名词+（的）+已经凝固成词的双音节或三音节方位词/准方位词组合

i. 在+某些方位词以及词汇化的方位词/准方位词组合

下面我们依次探索上述各项介词结构的内部构造。对于 a 项来说，其结构形式较为简单，仅仅包含介词"在"和方所名词，方所名词所携带的[+loc]特征和介词"在"所含有的[+loc]匹配,整个结构表现为单一的"介词+名词"形式。但是从语义上看,"在+方所名词"将方所范围限定在方所名词所指称的位置范围之内,比如:

(52) a. 在北京 = 在北京市内 ≠ 在北京市外　在英国 = 在英国国内 ≠ 在英国国外

b. 在学校 = 在学校里 ≠ 在学校外　　在银行 = 在银行里 ≠ 在银行外

c. 在这里 = 在"这"所指称的位置范围内 ≠ 在"这"所指称的位置范围外

上例中的 a、b 和 c 项分别是"在"和地理名词、处所名词和方所代词搭配的情况。可以看出,尽管方所名词自带[+loc]特征,并且能够和静态的方所介词"在"自由搭配,但其并不完全排斥单音节方位词的共现。在方位词缺失时,"在+方所名词"所表达的位置信息位于方所名词所指称的方所范围之内。因此我们可以假定,汉语"在+方所名词"的结构中含有一个语音上为空的单音节方位词成分"里"或"内",即:

(53) 在学校 = 在学校里 = 在学校之内

方位成分隐含的现象在其他语言中同样能够找到具体的实例:英语中诸如"beside""before""behind"等静态方所介词同样可以转换为含有方位成分的复合性介词结构,如下例所示:

(54) a. beside the house = by the side of the house

d. before the house = in front of the house

e. behind the house = at the back of the house

在上例中,表示静态方所语义的介词"beside""before"和"behind"可以分别转换为"简单介词+表示方位含义的名词+of"的结构。因此可以假设,英语中的方所介词"beside""before"和"behind"中分别隐含了表示方位的"side""front"和"back"等名词。将英汉方所介词结构进行对比，可以看出二者在形式上的同一性：

(55) a. 在学校 = 在学校之内

　　b. before the house = in front of the house

Svenonius (2006)将英语介词结构"in front of the house"分析为以下结构模式，其中的"front"被分析为"轴向部分"(AxPart)，旨在标记物体之间的空间位置关系(见图5–1)：

(56)
```
        PlaceP
       /      \
    Place   AxPartP
     in    /       \
        AxPart     KP
        front    /    \
                K     DP
                of  the house
```

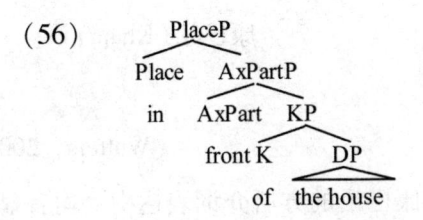

图 5–1　"in front of the house"结构图

可以看出，在 Svenonius (2006)的分析模式下，静态的方所介词"in"位于 PlaceP 投射之下，"front"为"轴向投射""K"为介词"of"提供句法落脚点，同时为 DP"the house"指派结构格。如果我们假定自然语言具有普遍同一的结构模式，就可以将汉语方所介词结构"在学校之内"分析如下(见图5–2)：

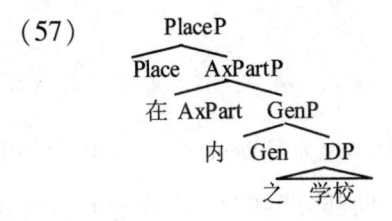

(57)
```
        PlaceP
       /      \
    Place   AxPartP
     在    /       \
        AxPart    GenP
         内     /     \
              Gen    DP
              之    学校
```

图 5–2　"在学校之内"结构图

在(57)中，"在"位于结构的最高位置，方位词"内"被分析为"轴向成分""之"位于属格投射(genitive projection)之下，处所名词"学校"为 DP。该结构的表层序列"在学校之内"的生成方式我们将在5.3节中详细讨论。在(57)中，属格投射的存在可以在自然语言中找到具体的

129

证据支撑，以下各例引自 Svenonius（2006）：

(58) a. ta   s-ba   mexa   泽尔塔尔语(Tzeltal)
       at   POSS-top   table
       "on top of the table"   （Levinson, 1994：801）

    b. pöydä-n   ylä-puole-l-la   芬兰语
       table-GEN upper-side-ON-LOC
       "(at) above the table"   （Svenonius, 2006：57）

    c. ŋa-ŋah-kə   康巴语(Kham)
       1 POSSR-front-at
       "in front of me"   （Watters, 2002）

在上述泽尔塔尔语、芬兰语和康巴语的方所介词表达中，均有显性的属格标记，在结构中分别表现为"s""n"和"ŋa"。因此，(57)中的结构模式具有来自语言类型学的证据。(51)a 中的介词结构（比如"在学校"）的句法构造可以表示如下（见图5-3）：

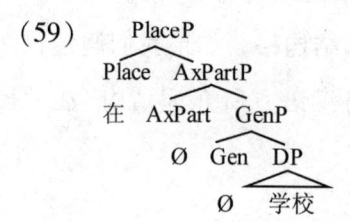

(59)   PlaceP
              /   \
           Place   AxPartP
            在   /   \
                AxPart   GenP
                  Ø   /   \
                       Gen   DP
                        Ø   学校

图5-3 "在学校"结构图

在上图中，"在学校"在句法结构上体现为"PlaceP-AxPartP-GenP-DP"这一普遍性的结构序列，其中"轴向部分"和"Gen"位置上的成分为空，用符号"Ø"表示。除此之外，(51)b 和(51)e 中的结构模式均可以用(57)进行表示，而(51)c、(51)d 和(51)f 中的结构形式需要放在一起进行讨论，因为三者涉及方位词和准方位词之间的结构位置关系。在结构关系上，准方位词与名词成分的关系更近，比如：

(60)a. 在桌角 在桌上 在桌角上

　　b. 在桌角之上 *在桌之角上

(60)a 表明,与方位词"上"相比,准方位词"角"更接近于名词"桌",而(60)b 表明,"之"可以内嵌于准方位词"角"和方位词"上"之间,而不能内嵌于准方位词"角"和名词"桌"之间。因此,准方位词与事物名词之间具有更为紧密的结构关系。从语义上讲,方位词所指称的方所范围基本外在于作为背景的名词本身,比如"黄河以南"所指称的方所范围不包括"黄河"本身。而准方位词(除了旁、侧等少数几个之外)所表达的方所范围大多内在于作为背景的名词本身,比如"山脚"属于"山"本身的一部分。因此从语义指称来讲,准方位词同样和作为背景的事物名词具有更为紧密的语义关系。有鉴于此,我们将方位词分析为"外在性轴向部分"($AxPart_{EX}$),将准方位词分析为"内在性轴向部分"($AxPart_{IN}$),并将处所型方所介词短语修正为以下结构(见图5-4):

(61)

```
         PlaceP
        /      \
     Place   AxPart_EX P
            /         \
        AxPart_EX    GenP
                    /    \
                  Gen   AxPart_IN P
                        /        \
                    AxPart_IN    DP
```

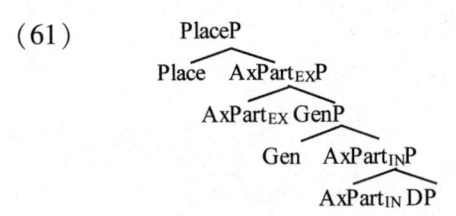

图 5-4　处所型方所介词短语结构图

(51)c、(51)d 和(51)f 的结构形式则分别表示如下(见图5-5):

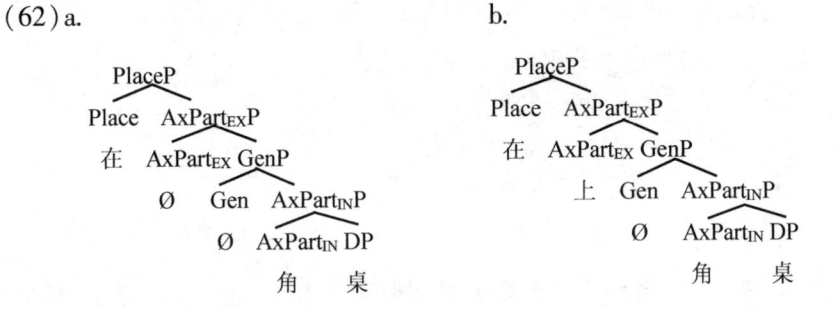

(62)a.　　　　　　　　　　　b.

```
         PlaceP                        PlaceP
        /      \                      /      \
     Place   AxPart_EX P           Place   AxPart_EX P
      在    /         \              在    /         \
        AxPart_EX    GenP               AxPart_EX    GenP
          Ø        /    \                 上       /    \
                Gen   AxPart_IN P                Gen   AxPart_IN P
                Ø    /        \                  Ø    /        \
                  AxPart_IN    DP                  AxPart_IN    DP
                     角        桌                       角        桌
```

c.

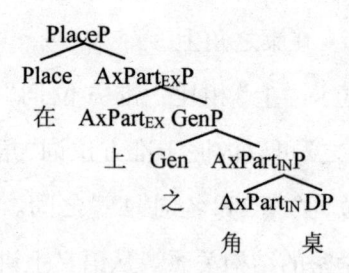

```
        PlaceP
       /      \
    Place   AxPart_EX P
     在    /        \
        AxPart_EX   GenP
          上      /     \
                Gen   AxPart_IN P
                 之   /      \
                  AxPart_IN   DP
                     角      桌
```

图 5-5 (51)c、(51)d 和(51)f 结构示意图

从(62)a-(62)c 可以看出(51)c、(51)d 和(51)f 之间的区别在于方所介词结构中不同成分的隐现组合方式。(62)a 中的 $AxPart_{EX}$ 和 Gen 为空成分，和"在桌角"对应，(62)b 中的 Gen 为空成分，和"在桌角上"对应，(62)c 中所有成分均出现，和"在桌角之上"对应。最后看(51)g 和(51)h 的结构形式。(51)g 中的 DP 短语由表示方位或序列含义的前缀构成，比如"前门""第二页"等，作为背景的名词在整体上仍为 DP，用结构图表示如下（见图 5-6）：

(63)
```
      DP
     /  \
    D    NP
    |    |
    A    N
    前   门
```

图 5-6 "前门"结构图

方所介词结构"在前门"的句法结构可以表示为(64)（见图 5-7）：

(64)
```
         PlaceP
        /      \
      Place  AxPart_EX
       在   /         \
        AxPart_EX    GenP
          Ø       /      \
                Gen    AxPart_IN
                 Ø    /        \
                   AxPart_IN   DP
                      Ø       前门
```

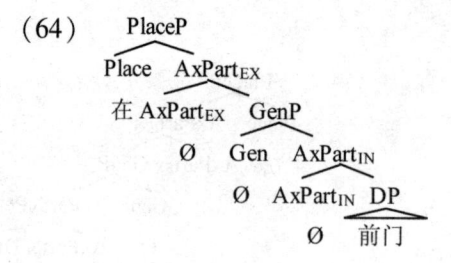

图 5-7 "在前门"结构图

(51)h 中不同形式的方位词/准方位词组合已经凝固成词，但在语

义功能上,这些组合成分(比如"上面""边沿上"等)的语义功能仍然是标记物体之间的方位关系,扮演着"轴向部分"的功能。因此,我们将诸如"在桌子的上面"这样的结构分析如下(见图5-8):

(65)

```
        PlaceP
       /      \
    Place   AxPartₓP
     在    /        \
       AxPartₓ   AxPart_yP
        ⌣      /         \
            AxPart_y   AxPart_zP
                      /         \
                  AxPart_z      DeP
                    ⌣         /    \
                    上面      De   AxPart_EXP
                              的   /         \
                              AxPart_EX    GenP
                                ⌣        /     \
                                        Gen   AxPart_INP
                                         ⌣   /        \
                                           AxPart_IN   DP
                                             ⌣        桌子
                                            桌子
```

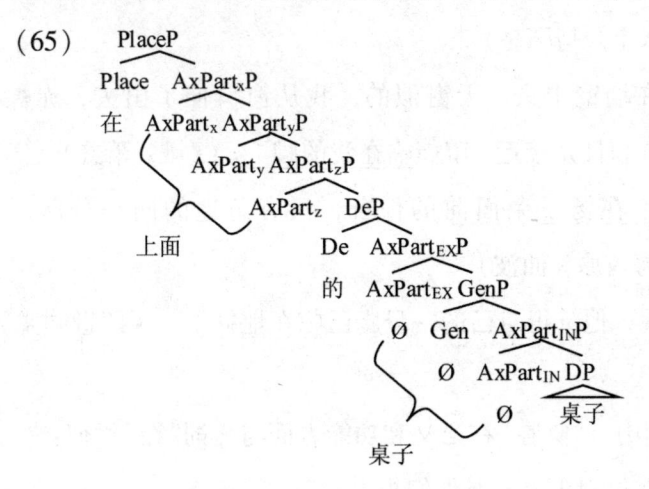

图5-8 "在桌子的上面"结构图

在上图中,"的"字投射出独立的DeP(司富珍,2004;石定栩,2008),其下方为"内在性轴向部分"和"外在性轴向部分"投射,其上的AxPartₓP、AxPart_yP和AxPart_zP等投射则为方位词和准方位词的不同组合提供了落脚点。在上图中,AxPartₓP、AxPart_yP和AxPart_zP整体实现为方位词和准方位词的并立形式"上面"。此外,上图还可以为以下结构形式提供结构表征:

(66) a. 在桌角的上面 在桌角上面
    b. 在屋后的东边 在屋后东边

(66)中作为词汇成分的"桌角"和"屋后"在DeP下方进行推导生成,而凝固成词的成分"上面"和"东边"在DeP上方进行推导生成。"的"字在中心语De之下,可隐可现。

我们在5.1.1节中指出,表示"临近"含义的介词"临"多用于古文和笔记小说中,在现代汉语中体现出较强的动词性。我们需要找出作为介词的"临"和表达静态处所含义的介词"在"之间的结构关系。请看以下例句：

(67) 临在他们头上的生活，正张开了大的翅膀向他们狞笑！(《架上的八个》马国亮)

(68) 窗子在墙壁中央，天窗似的，我从窗口伸了出去，赤裸裸，那完全和日光接近，市街临在我的脚下。(《饿》萧红)

(69) 现在临在杨子荣面前的任务，只有急速的向小分队联络。(《林海雪原》曲波)

(70) 他悲观，他觉得自己的一只脚已临在地狱里。(《四世同堂》老舍)

在上述各例中，"临在"在语义和功能方面与介词"在"类似：

(71) a. 临在他们头上 ≈ 在他们头上

　　b. 临在我的脚下 ≈ 在我的脚下

　　c. 临在杨子荣面前 ≈ 在杨子荣面前

　　d. 临在地狱里 ≈ 在地狱里

由(71)所示，由"临在"引导的整个结构在句法上实现为介词短语，所表达的语义和"在"字结构类似。"临在"之后的名词性成分中包含"上""下"等方位词。此外，通过语料检索，并未发现与"在"字结构功能相当的"在临"结构。在古代汉语中也能见到"临在"这一表达：

(72) 前四礼，客皆在门西，此临在门东者，前者四礼皆是奉君命而行，如《聘礼》聘之与享也。(《礼记正义》)

(73) 一座青州城正临在北窗之下。(《醒世恒言》)

在(72)中，"临在门东"和前文方所介词短语"在门西"对举，具有相似的句法表现和语义功能。(73)中的"临在北窗之下"在句法表现和语义功能方面也和"在北窗之下"相似。有鉴于此，我们将方位类(PLACE)方所介词投射 PlaceP 分裂为 VicP 和 LocP，前者容纳表达"临近"含义的介词"临",后者容纳表达"处所"含义的"在"。在结构上,VicP 直接支配 LocP,整个结构如下图所示(见图 5-9):

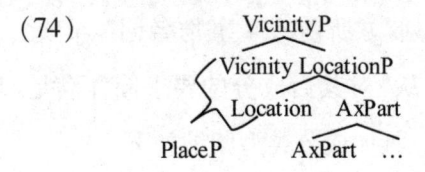

(74)
```
         VicinityP
        /        \
   Vicinity    LocationP
              /         \
         Location      AxPart
        /                   \
     PlaceP              AxPart  ...
```

图 5-9　VicP - LocP 结构关系图

5.2.2　路径类(PATH)方所介词结构的内部构造

路径类方所介词可以表达"来源""终点""方向""沿途"和"经由"等语义。我们分别以"从""到""向""沿"和"从"为代表,依次刻画不同类型的路径类方所介词的内部构造。首先看典型的表达"来源"语义的介词"从"的句法结构。表达"来源"语义的"从"可以构成下列方所介词短语:

(75) a. 从上海/学校/这里

　　 b. 从桌子上

　　 c. 从桌角

　　 d. 从桌角上

　　 e. 从桌子之上

　　 f. 从桌角之上

　　 g. 从桌子的上面　从桌子上面

　　 h. 从桌角的上面　从桌角上面

　　 i. 从桌子的边沿上　从桌子边沿上

　　 j. 从前门　从第二页

　　 k. 从上(到下)从上面　从顶端　从边沿上

可以看出,表达"来源"语义的介词"从"和表达静态"处所"语义的介词"在"具有相似的结构形式:"从"后边可以接"方所名词"(a 项),

135

事物名词+(方位词)+(准方位词)"(b-d项),"事物名词+(准方位词)+之+方位词"(e-f项),"事物名词+(的)+词汇化的方位词/准方位词并立成分"(g-i项),"序列/方所前缀+事物名词"(j项)。也就是说,表示"来源"语义的介词"从"对其后成分的要求同样满足(51)和(66)中"在"字结构的句法表现,具体成分类型归纳如下:

(76) a. 方所名词(包括地理名词、处所名词和方所代词)

b. 事物名词+方位词

c. 事物名词+准方位词

d. 事物名词+准方位词+方位词

e. 事物名词+之/以+方位词

f. 事物名词+准方位词+之/以+方位词

g. [序列/方所前缀+事物名词]成分

h. 事物名词+(的)+已经凝固成词的双音节或三音节方位词/准方位词组合

i. 事物名词+方位词/准方位词+(的)+已经凝固成词的方位词/准方位词组合

j. 事物名词+某些方位词或词汇化的方位词/准方位词组合

因此,表达"来源"语义的介词结构在其搭配成分上具有和表达静态"处所"语义的"在"字结构同样的句法结构,其线性序列为:

(77) $[_{\alpha P} AxPart_x + AxPart_y + AxPart_z]$ + De + $[_{\beta P} AxPart_{EX}$ + Gen + $AxPart_{IN}$ + DP]

其中,αP为词汇化的方位词/准方位词组合,体现为形式各异的双音节或三音节的方位词/准方位词组合,如"上面""顶端""边沿上"等,βP为词汇化的派生性方所名词,由事物名词和方位词、准方位词和"之/以"的不同组配模式构成。下面我们分别以表达"终点"语义的"到"、表达"方向"语义的"向"、表达"沿途"语义的"沿"和表达"经

由"语义的"从"为例,来检测(76)中的成分类型是否能够满足这些介词类型的搭配要求。(78)是介词"到"的搭配情况:

(78) a. (来)到北京/学校/这儿

b. (来)到门前

c. (飞)到房顶

d. (飞)到窗口上

e. (来)到黄河以南 (来)到高山之上

f. (飞)到屋顶之上

g. (来)到前门 (翻)到第二页

h. (放)到桌子(的)上面 (放)到桌子(的)边沿上

i. (放)到桌角(的)上面 (放)到屋后(的)东面

j. (放)到上面 (放)到边沿上

可以看出,(78)中的结构类型可以满足"到"的搭配要求。(79)是表达"方向"语义的"向"的搭配情况:

(79) a. (飞)向北京/学校/这里

b. 向门前(跑去)

c. (扔)向房顶

d. (飞)向窗口上

e. 向黄河以南(驶去)向高山之上(飞去)

f. (飞)向树梢之上

g. 向前门(走去)向第三排(走去)

h. 向屋子(的)后面(走去)向学校(的)西南角(走去)

i. 向桌角(的)上面(移动) 向屋后(的)南面(走去)

j. 向上面(移动)向东南角(进发)

(79)显示,(76)中的结构类型也可以满足"向"的搭配要求,因而可以用(77)中的结构进行表征。此外,由于"向"的语义强制性较弱,其可以和普通事物名词直接搭配，比如"向大山(进军)"等，也可以和方位词直接搭配，比如"向左"等。前者的结构中仅 DP 显现，其余成分为空；后者的结构中仅方位词显现，其余成分为空。上文指出，表达"沿途"语义的介词"沿"要求其后的成分具有"条状""细长"等语义特征，与之搭配的往往是"马路""溪流"等名词。尽管如此，"的"、方位词、准方位词及其不同的组配形式同样可以出现在由其构成的方所介词结构中，(80)是表达"沿途"语义的"沿"的搭配情况：

(80) a. 沿着山路/小溪

　　 b. 沿着路西(往北走)

　　 c. 沿着山脚(走过去)

　　 d. 沿着河沿上(走)

　　 e. 沿着黄河以北(往西走)

　　 f. 沿着东大街(往北走)/第一街(漫步)

　　 g. 沿着小河(的)边沿(走)沿着大山(的)西南侧(走)

　　 h. 沿着山脚(的)边沿(走)沿着路南(的)侧边(走)

　　 i. 沿着侧边(走)沿着东南侧(走)

(80)中的各项说明，"事物名词 + 准方位词 + 之/以 + 方位词"与"沿"搭配的情况较为罕见。尽管如此，表达"沿途"语义的介词"沿"的结构同样可以用(77)中的结构进行表征。最后看表达"经由"语义的介词"从"的句法表现，如(81)所示：

(81) a. 从北京/学校/这里(经过)

　　 b. 从门前(经过)

　　 c. 从窗口(经过)

　　 d. 从山脚下(经过)

　　 e. 从路灯之下(经过)

　　 f. 从树梢之间(飞过)

g. 从南门(经过) 从第二栋(经过)

h. 从屋子(的)前面(经过) 从屋子(的)右后侧(经过)

i. 从窗口(的)左边(经过) 从门后(的)侧边(经过)

j. 从中间(经过) 从后面(经过) 从(西南角)经过

由(81)中的各项可知，表达"沿途"语义的介词"从"的句法结构同样可以用(77)进行表示。因此，我们将方位类方所介词和路径类方所介词的搭配成分统一分析为(77)中的结构模式，将路径类方所介词短语的句法结构简单表示为(82)：

(82) PathP + [$_{\alpha P}$ AxPart$_x$ + AxPart$_y$ + AxPart$_z$] + De + [$_{\beta P}$ AxPart$_{EX}$ + Gen + AxPart$_{IN}$ + DP]

5.2.3　汉语方所介词结构的普遍性结构表征

在5.3.1节中，我们根据语义特征，将方位类方所介词PlaceP分裂为VicinityP和LocationP，前者为介词"临"提供落脚点，后者为静态的处所介词"在"提供落脚点。根据语义特征，路径类方位介词可以表达"来源""终点""方向""沿途""经由"等语义。Pantcheva（2011：57）经过语言对比，明确了"来源""终点""方向""沿途"等方所投射的普遍性结构层级次序（我们在第三章3.3.1节中进行了简要的讨论）："方向"（Direction）>"沿途"（Route）>"来源"（Source）>"终点"，Pantcheva（2011）用"ScaleP"来标记英语中表达"方向"语义的语素（如-*wards*），并将"沿途"（比如英语中的"along"）和"经由"（比如英语中的"past"）统一分析为"Route"。汉语路径类方所介词在语义强制性方面表现如(83)所示：

(83)
表 5-1 汉语路径类方所介词语义强制性情况表

语义类型	方向	沿途	经由	来源	终点
语义特征	[+dir]	[+route]	[+pass], [+loc]	[+source], [+loc]	[+goal], [+loc]
强制特征	弱	弱	强	强	强

我们在 5.2.1 节中将 PlaceP 分裂为 VicP > LocP 的形式，其语义特征和强制性如(84)所示：

(84)
表 5-2 汉语方位类方所介词语义强制性情况表

语义类型	临近	处所
语义特征	[+vic]	[+loc]
强制特征	弱	强

有鉴于此，我们把汉语路径类方所特征投射分析为"DirP > RouteP > PassP > SourceP > GoalP"的线性分裂模式。和 PlaceP 的分裂投射一样，PathP 的分裂投射在语义强制性方面呈现出由弱到强的趋势。

在 PlaceP 和 PathP 的结构关系方面，路径类介词投射被认为直接支配方位类介词投射，呈现出以下结构模式(Jackendoff, 1983; Pantcheva, 2011; Svenonius, 2004, 2006, 2010 等)(见图 5-10)：

(85)
```
        PathP
       /    \
     Path  PlaceP
           /    \
         Place  AxPart
```

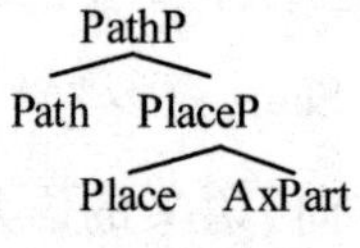

图 5-10 PathP – PlaceP 结构图

这种结构可以从自然语言中的形态变化和句法表现中找到证据：(86)是 Tsez 语中方所语素的形态表现(Pantcheva, 2011: 37)，(87)是英语中方所介词叠加的句法表现。

(86) a. besuro – xo

　　　fish – at

"at the fish"

b. besuro – xo – r

　　fish – at – to

"to the fish" 　　　　　（Comrie & Polinsky, 1998：104）

(87) a. The boat drifted from behind the hill.

b. The boat drifted inside the cave.

c. The boat drifted from below the bridge.

d. The boat drifted from beyond the city limits.

e. The boat drifted from in front of the palace.

f. The boat drifted above the dam.

g. The boat drifted six miles up the river.　（Svenonius, 2004：5）

(86)说明，Tsez 语中表示"处所"的语素"xo"被表示"方向"的语素"r"所包含。而(87)说明，英语中表达"来源"语义的路径类方所介词"from"直接居前于表示静态处所含义的(复合)介词"behind""inside""below""beyond""in front of""above"和"up"等。(86)和(87)从形态和句法两个方面证明了(85)的正确性。

综合 5.2.1 – 5.2.3 的讨论，我们将汉语方所介词结构的完整结构模式用下图进行表示(见图 5 – 11)：

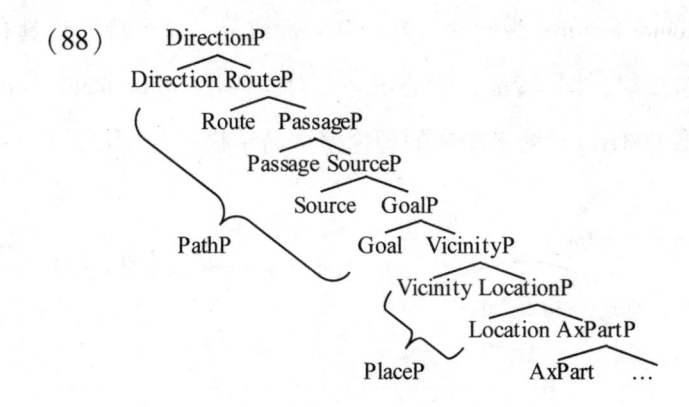

(88)

图 5 – 11　汉语方所介词结构图

如上图所示,汉语方所介词结构在整体上呈现出 PathP – PlaceP – AxPartP 型结构模式,PathP 和 PlaceP 为方所语义特征的投射部分,前者分裂为 DirectionP、RouteP、PassageP、SourceP 和 GoalP 五个特征投射,后者分裂为 VicinityP 和 LocationP 两个特征投射。在句法运算过程中,PathP 和 PlaceP 共同实现为具体的方所介词。AxPartP 及其下的结构成分为汉语方所介词的搭配成分,在句法结构上体现为 [$_{\alpha P}$ AxPart$_x$ + AxPart$_y$ + AxPart$_z$] + De + [$_{\beta P}$ AxPart$_{EX}$ + Gen + AxPart$_{IN}$ + DP] 型结构序列。这样,我们就赋予了汉语方所介词结构普遍性的结构模式,具有十分显著的类型学意义。

5.3 汉语方所介词短语结构的推导机制及生成动因

5.3.1 纳米句法的理论主张及句法运算模式

我们在第二章中对纳米句法的理论内涵和运算方式进行了较为全面的阐述。为了方便讨论,我们将纳米句法的理论精髓和操作要件进行简要的复述。在理论主张方面,纳米句法强调自然语言结构的普遍性,以"原子特征"(atomic feature)为句法运算的基元性成分,每个特征均具有自身独立的句法投射,即"特征–中心语——对应假设"(one feature one head hypothesis, OFOH)。纳米句法的理论模型简单描述如下(见图 5 – 12):

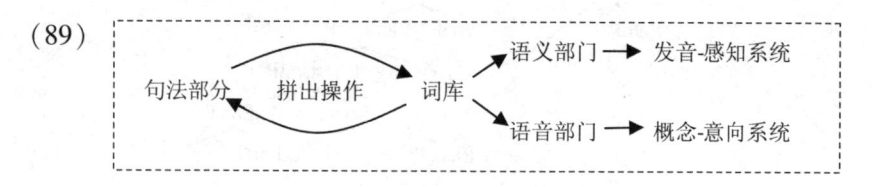

(89)

图 5 – 12 纳米句法理论模型图

<<< 第5章 汉语方所介词的结构形式及推导机制

纳米句法秉持"后词库论"(post-syntactic lexicon),词库中的词项包含音系、句法和信息三个槽位,用来存储相关信息。句法部门负责句法运算,推导生成的句法结构和词库中词项的句法结构进行匹配(即"句法树"(S-tree)和"词汇树"(L-tree)之间的匹配),由此形成句法部分和词库之间的"拼出回路"(spell-out loop)。次词素特征(submorphemic feature)和短语拼出(phrasal spell-out)是纳米句法的理论特色。制约"拼出"的原则有"超集原则""别处原则"和"循环覆盖原则"。纳米句法的运算方式为二元合并、停留核查、循环移位和整体移位,具体过程简要表示如下(见图5-13):

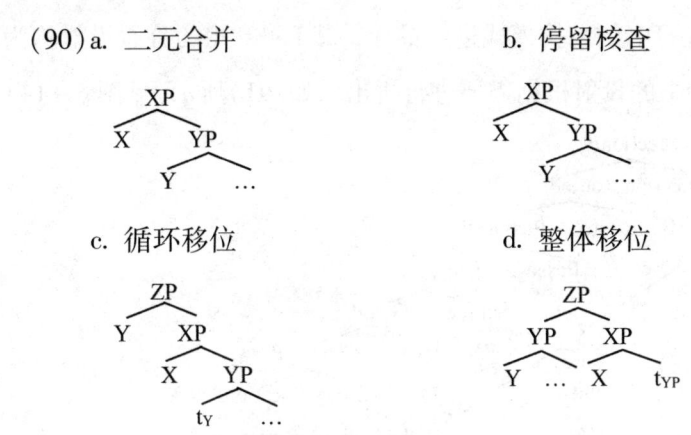

(90) a. 二元合并   b. 停留核查

c. 循环移位   d. 整体移位

图5-13 纳米句法运算示意图

在上述推导运算中,合并依然是句法操作的基本手段。当合并生成结构$[_{XP} X [_{YP} Y[...]]]$时(a阶段),该结构暂时停留,并在词库中核查是否存在能够与之匹配的句法结构(b阶段)。如果词库中不存在能够与之匹配的句法结构,Y将循环移位至ZP的标识语位置,生成结构$[_{ZP} Y [_{XP} X [_{YP} t_Y [...]]]]$,并再次在词库中核查是否存在能够与之匹配的句法结构(c阶段)。如果词库中仍然不存在能够与之匹配的句法结构,循环移位这一操作将被取消,YP整体移位至ZP的标识语位置,生成$[_{ZP} [_{YP} Y] [_{XP} X [t_{YP}]]]$结构(d阶段),并再次在词库中进行核查操

143

作,直到能够在词库中找到能够与之匹配的句法结构,完成拼出操作,并将推导出的句法结构分别移交至语义部门和语音部门进行语义解释和语音解释。

5.3.2 方位类(PLACE)方所介词结构的推导机制及生成动因

由于现代汉语的方所介词均为独立的前置性词汇成分,我们将其置于单独的"工作空间"(workplace)进行推导运算。方所介词后的名词性成分的推导运算在另一个工作空间独立进行。由于我们将汉语方所介词结构统一用(88)进行表示,汉语方位类方所介词仍然采用 PathP – PlaceP – AxPartP – DP 的结构模式进行推导,其 PathP 中的分裂投射均为空成分,PlaceP 中的投射根据需要进行拼出,如(91)所示(见图 5 – 14):

(91)
```
            DirectionP
         Direction  RouteP
            Ø    Route  PassageP
                   Ø   Passage  SourceP
                           Ø   Source  GoalP
                                   Ø   Goal  VicinityP
          PathP                       Ø   Vicinity  LocationP
            Ø                            [+vic]  Location  …
                                                  [+loc]
                                        PlaceP
```

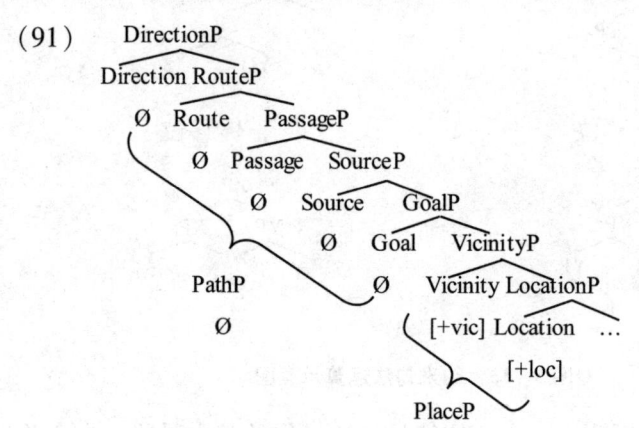

图 5 – 14 汉语方所介词结构图

方所介词之后的名词性成分则呈现出(65)中的结构模式,如(92)所示(见图 5 – 15):

144

(92)
```
          AxPart_xP
         /        \
     AxPart_x    AxPart_yP
        |       /        \
        αP  AxPart_y   AxPart_zP
                      /        \
                  AxPart_z     DeP
                              /    \
                             De   AxPart_EXP
                                  /        \
                              AxPart_EX   GenP
                                         /    \
                                       Gen   AxPart_INP
                                            /         \
                                        AxPart_IN     DP
                                            |         /  \
                                            βP       D    ...
```

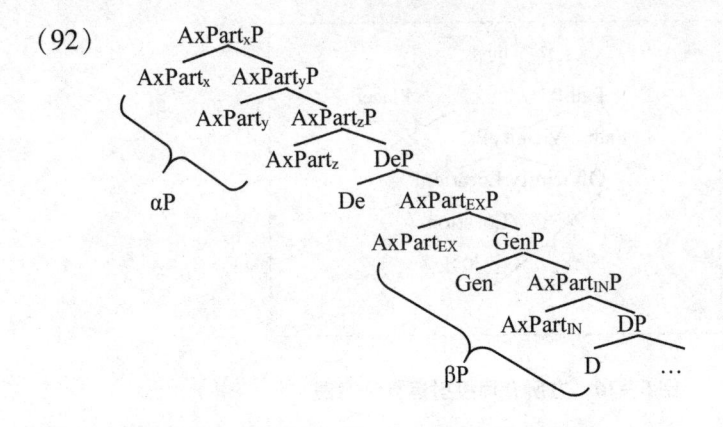

图 5-15　方所介词后名词性成分结构图

在结构上，汉语方所介词后的名词性成分呈现出三个层级：αP-DeP-βP。αP 是形式各异的方位词准方位词的组合成分，这些成分已经凝固成词，充当整个名词结构的"轴向部分"。DeP 为"的"字投射，中心语 De 为"的"字提供落脚点。βP 是派生性方位成分，包含单音节方位词和准方位词、GenP 和 DP。其中单音节方位词和准方位词分别充当"外在性轴向部分"和"内在性轴向部分"，中心语 Gen 为"之/以"提供落脚点，DP 为背景名词。

下面我们讨论方位类方所介词结构的推导方式和生成动因。先看由表达静态"处所"语义的"在"所构成的方所介词结构的推导情况。我们以(93)中的例子为代表进行讨论：

(93) a. 在桌角之上

　　 b. 在宝塔的顶端

(93)a 中的名词性成分仅涉及 DeP 投射之下的结构成分，而(93)b 中的名词性成分还包含 DeP 投射之上的结构。在表达静态"处所"语义的介词投射中，PathP 中各投射为空，PlaceP 中的 VicinityP 的投射亦为空成分，整个介词投射部分仅仅包含[+loc]投射。因此介词投射 PathP-PlaceP 在独立的工作空间中被拼读为处所介词"在"，整个过程如(94)所示(见图 5-16)：

(94)
```
         工作空间 1
    PathP        PlaceP
   ╱  ╲         ╱
 Path  VicinityP
   Ø  Vicinity  LocationP
          Ø    Location  ...
         "在"   [+loc]
```

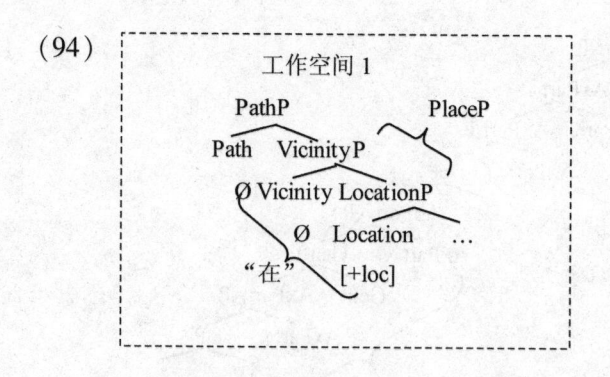

图 5-16　方所介词投射运算示意图

如上图所示，PathP 中的投射均为空成分，用"Ø"表示。在 PlaceP 的分裂投射中，VicinityP 为空成分，LocationP 携带[+loc]特征，运算系统将 PathP-PlaceP 整体拼读(phrasal spell-out)为携带静态处所特征[+loc]的介词"在"。"在"所携带的[+loc]特征对其后的名词性成分具有语义强制性。名词性成分"桌角之上"在另外一个工作空间内独立运算，名词、准方位词、方位词和"之"按照传统的二元合并(binary merge)方式，自下而上地进行推导运算。生成(93)a 结构中名词性成分的词汇项目如(95)所示：

(95) a. DP ↔ 桌
　　　b. AxPart$_{IN}$ ↔ 角
　　　c. Gen ↔ 之
　　　d. AxPart$_{EX}$ ↔ 上

词汇项目按照(92)中的结构模式进行推导运算。首先，DP"桌"与准方位词"角"合并，生成"AxPartP$_{IN}$-DP"成分"角桌"，句法推导暂时停留，并在词库中核查是否存在能够与"角桌"进行匹配的词汇成分。由于词库中不存在能够与"角桌"匹配的词汇项目，故将 DP"桌"进行移位操作，生成"DP-AxPartP$_{IN}$"成分"桌角"，这一过程如(96)所示(见图 5-17)：

(96)

```
   AxPart_IN P                          DP
   /      \                           /    \
AxPart_IN  DP         →            DP    AxPart_IN P
   角      桌                      桌    /       \
                                      AxPart_IN  D̶P̶
   停留核查     提升移位                 角      桌̶
```

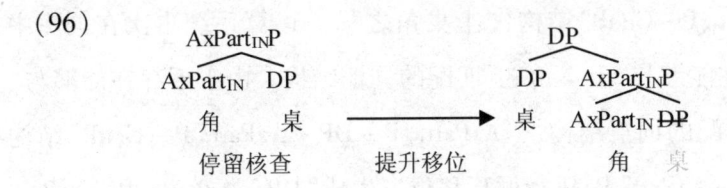

图 5-17　"桌角"生成示意图

在"桌角"生成之后，Gen（"之"）与"桌角"合并，形成"Gen – DP – AxPart_IN"结构"之桌角"。在这一步骤，系统同样在词库中核查是否存在能够与"Gen – DP – AxPart_IN"（"之桌角"）匹配的结构。由于词库中不存在能够与"之桌角"匹配的词汇结构，故 DP 首先进行循环移位，生成"DP – Gen – AxPart_IN"（"桌之角"）结构，并再次在词库中进行核查操作。由于词库中仍然不存在能够与"桌之角"匹配的词汇结构，DP 的循环移位操作被取消，"DP – AxPart_IN"部分进行整体移位，生成"DP – AxPart_IN – Gen"（"桌角之"）结构。由于"桌角之"在结构上是"桌角之上"的子集，这一操作合乎语法。这一句法推导过程如(97) – (98)所示（见图 5-18）：

(97)

```
     GenP                                 DP
    /    \                              /    \
  Gen    DP                            DP   GenP
  之   /    \                          桌  /    \
      DP  AxPart_IN P      循环移位        Gen   DP
      桌   /   \          →               之   D̶P̶  AxPart_IN P
       AxPart_IN …                              桌̶  /    \
           角                                     AxPart_IN …
                                                    DP 角
```

(98)

```
     GenP                                       DP
    /    \                                    /    \
  Gen    DP                                  DP   GenP
  之   /    \                               /  \   /   \
      DP  AxPart_IN P     整体移位         DP AxPart_IN P Gen D̶P̶
      桌   /   \          →                桌    角      之  桌̶
       AxPart_IN …
           角
```

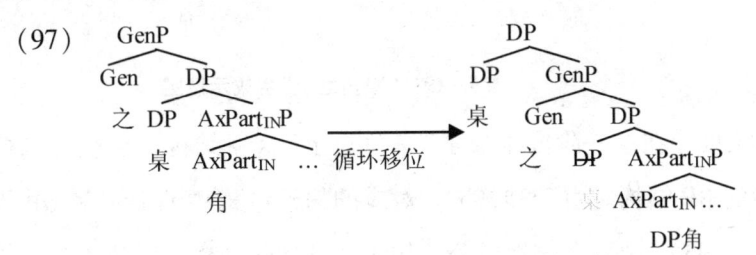

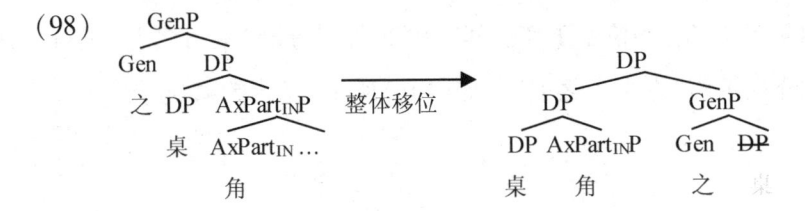

图 5-18　"桌角之"生成示意图

随后，方位词"上"与结构"桌角之"进行合并，生成"AxPart_EX P –

147

DP - AxPart$_{IN}$P - GenP"结构("上桌角之")。运算系统再次在词库中核查是否存在能够与"上桌角之"匹配的词汇结构。由于不存在能够与"上桌角之"匹配的词汇结构,"AxPart$_{EX}$P - DP - AxPart$_{IN}$P - GenP"结构中的 DP(DP - AxPart$_{IN}$P)进行循环移位,生成"DP - AxPart$_{EX}$P - AxPart$_{IN}$P - GenP"("桌上角之"),由于词库中仍然不存在能够与之匹配的词汇结构,DP(DP - AxPart$_{IN}$P)的循环移位被取消,DP(DP - AxPart$_{IN}$P - GenP)进行整体移位,生成"DP - AxPart$_{IN}$P - Gen - AxPart$_{EX}$P"结构("桌角之上"),这一过程如(99) - (100)所示(见图 5 - 19):

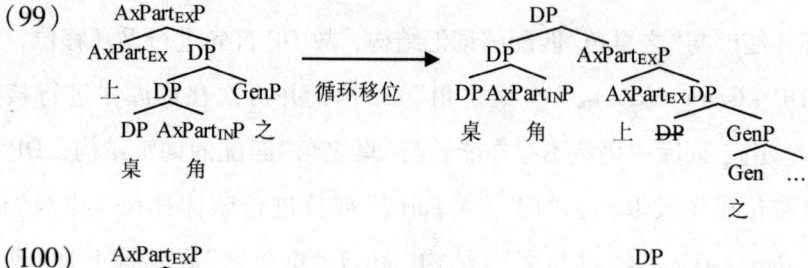

(99) [树形结构图:循环移位]

(100) [树形结构图:整体移位]

图 5 - 19 "桌角之上"生成示意图

句法推导在这一阶段生成了"桌角之上"这一结构,也就是结构图(92)中的 βP 结构。由于和(93)a 对应的树形结构中的 DeP 和 αP 均为空成分,(93)a 中的名词性成分的句法推导就此结束,而位于工作空间 1 中的介词"在"和位于工作空间 2 中的名词短语"桌角之上"进行合并,生成介词短语"在桌角之上",如(101)所示(见图 5 - 20):

(101)

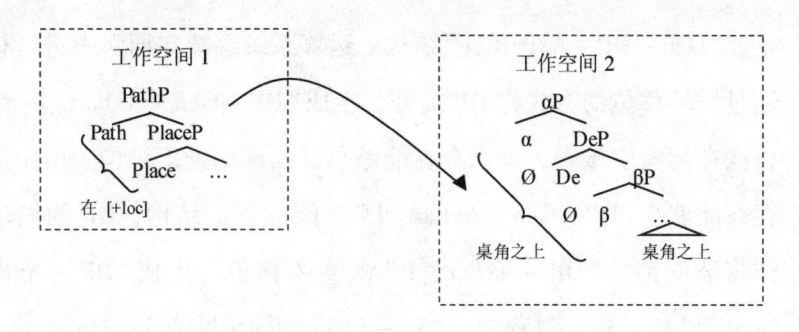

<<< 第5章 汉语方所介词的结构形式及推导机制

图 5-20 "在桌角之上"生成示意图

下面看(93)b"在宝塔的顶端上"的推导过程。该结构中的介词"在"在独立的工作空间中进行推导，这一点和(93)a的情况相同。不同的是，(93)b中的名词性成分涉及(92)中的 αP、DeP 和 βP。参与句法运算的词汇项目如(102)所示：

(102) a. DP ↔ 宝塔

b. De ↔ 的

c. AxPart$_{IN}$ ↔ 顶

d. AxPart$_{IN}$ ↔ 端

(93)b 的句法推导过程同样按照(92)中的结构模式进行。DP"宝塔"和"AxPart$_{IN}$"首先合并生成"AxPart$_{IN}$ - DP"结构。句法运算暂时停留，并在词库中核查是否存在能够与"AxPart$_{IN}$ - DP"匹配的词汇结构。由于词库中不存在这样的词汇结构，DP 提升移位，生成"DP - AxPart$_{IN}$ P"结构，这一过程如(104)所示(见图5-21)：

(104)

图 5-21 "宝塔"生成示意图

与(93)a 不同的是，(93)b 中的准方位词 AxPart$_{IN}$、Gen 和方位词 AxPart$_{EX}$ 均为空成分。结构"DP - AxPart$_{IN}$ P"继续和空成分"Gen"合并，

149

生成"Gen – DP – AxPart$_{IN}$P"结构。运算系统继续在词库中进行核查,并通过循环移位的方式将 DP 提升,生成"DP – Gen – AxPart$_{IN}$P"结构,并再次在词库中核查,是否存在能够与其匹配的词汇结构。由于词库中不存在能够与"DP – Gen – AxPart$_{IN}$P"匹配的词汇结构,DP 的循环移位操作将被取消,"DP – AxPart$_{IN}$P"将整体移位,生成"DP – AxPart$_{IN}$P – GenP"结构,这一过程如(105)-(106)所示(见图 5–22):

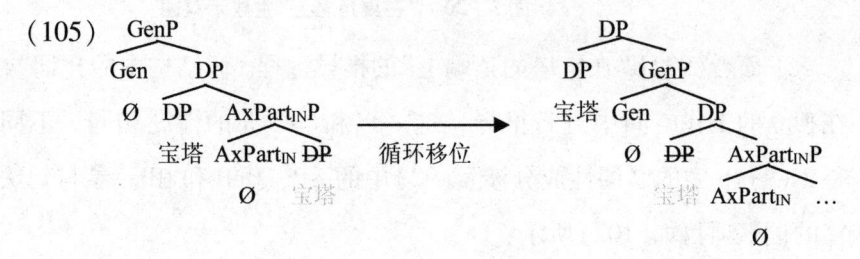

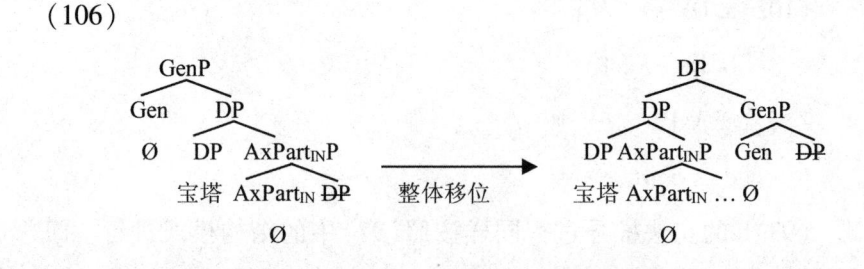

(105)

(106)

图 5–22 "宝塔"生成示意图

接着,AxPart$_{EX}$成分进入句法推导,生成"AxPart$_{EX}$P – DP – AxPart$_{IN}$P – GenP"结构。句法运算仍然进行停留核查操作,核查词库中是否存在能够与其匹配的词汇结构。由于词库中不存在能够与"AxPart$_{EX}$P – DP – AxPart$_{IN}$P – GenP"匹配的词汇结构,DP(DP – AxPart$_{IN}$P)进行循环移位,生成"DP – AxPart$_{IN}$P – AxPart$_{EX}$P – GenP"结构,并再次在词库中进行核查操作,查找是否存在能够与其匹配的词汇结构。由于词库中不存在能够与之匹配的词汇结构,"DP – AxPart$_{IN}$"的循环移位操作被取消,DP(DP – AxPart$_{IN}$P – GenP)进行整体移位,生成"DP – AxPart$_{IN}$P – GenP – AxPart$_{EX}$P"结构,这一过程如(107)-(108)所示(见图 5–23):

(107) [树形图:循环移位 AxPart_EX P 结构变换]

(108) [树形图:整体移位 AxPart_EX P 结构变换]

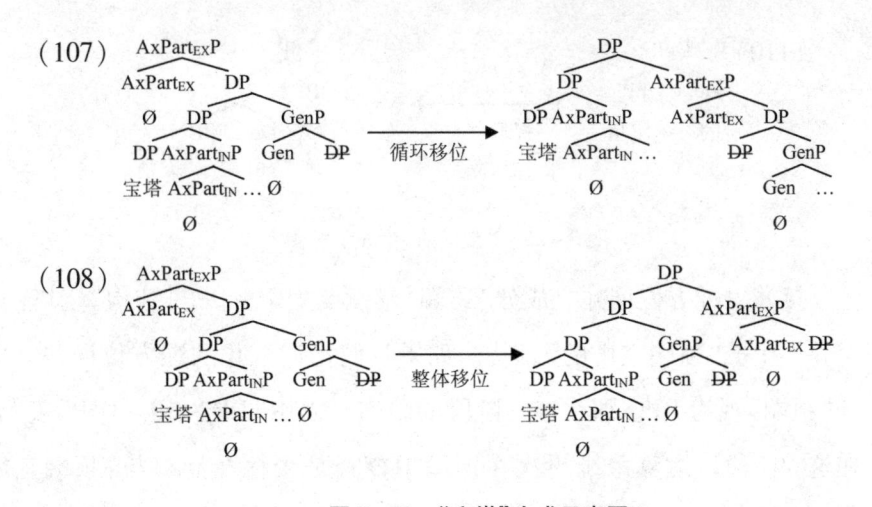

图 5–23　"宝塔"生成示意图

在这一阶段，名词性成分结构模型(92)中的 βP 已经推导完成，句法运算尚需要将 De 和另外两个 AxPart_IN 成分合并至 βP，从而生成完整的名词性成分。由于准方位词并立成分"顶端"已经凝固成词，运算系统将"顶"和"端"整体拼出为"顶端"，这一过程如(109)所示(见图 5–24)：

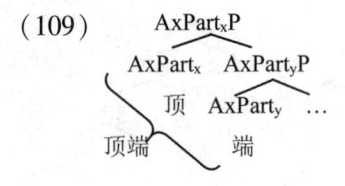

(109) [树形图: AxPart_x P → AxPart_x, AxPart_y P → 顶, AxPart_y … 顶端 端]

图24　"顶端"生成示意图

在接下来的句法运算中，De"的"和 βP"宝塔"合并生成"De - βP"结构，即"的宝塔"，并在词库中核查是否存在能够与之匹配的词汇结构。由于词库中不存在能够与"的宝塔"匹配的词汇结构，βP"宝塔"将进行提升移位，生成"宝塔的"结构，如(110)所示(见图 5–25)：

151

(110)

图 5-25 "宝塔的"生成示意图

接着，准方位词并立成分"顶端"继续与"βP-DeP"结构"宝塔的"合并，生成"顶端宝塔的"结构。如果我们把词汇化的准方位词并立成分"顶端"视为 DP，那么这一阶段的结构可以用"DP-βP-DeP"表示。在这一阶段，运算系统再次在词库中核查是否存在能够与"顶端宝塔的"结构匹配的词汇结构。由于词库中仍然不存在能够与之匹配的词汇结构，βP 首先进行循环移位，生成"βP-DP-DeP"即"宝塔顶端的"结构，并再次在词库中进行核查操作。由于词库中仍然不存在能够与其匹配的词汇结构，βP 的循环移位操作被取消，"βP-DeP"结构进行整体移位，生成"βP-DeP-DP"结构，即"宝塔的顶端"。这一过程如(111)-(112)所示（见图 5-26）：

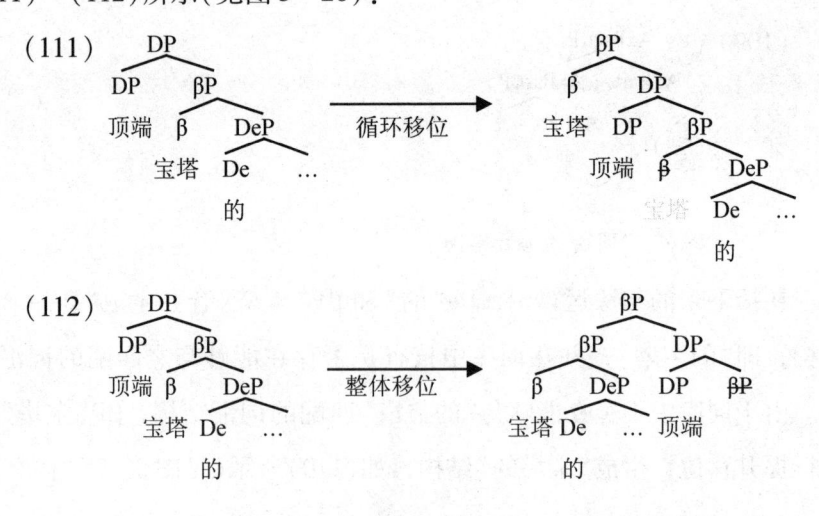

(111)

(112)

图 5-26 "宝塔的顶端"生成示意图

在这一阶段，"宝塔的顶端"结构推导完成，即已经完成了(92)中"αP-DeP-βP"结构的全部推导过程，αP 即(112)中的 DP"顶端"。这一结构在词库中有对应的词汇结构与其匹配,运算系统将其整体拼出(phrasal spell-out),并和在工作空间1中进行推导的介词"在"合并生成介词短语"在宝塔的顶端",这一过程如(113)所示(见图5-27):

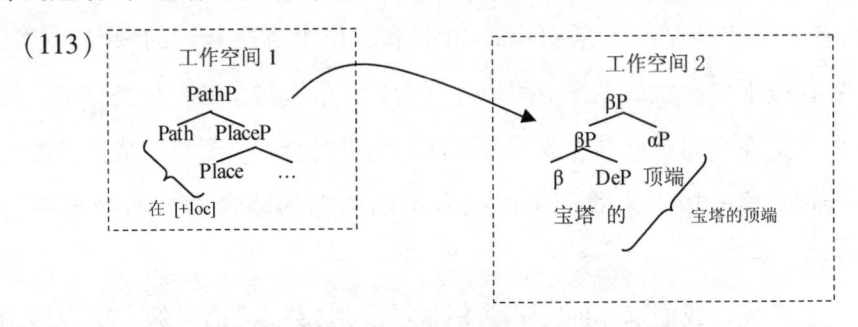

(113)

图5-27 "在宝塔的顶端"生成示意图

本节以表达静态处所含义的介词"在"为例详细探索了方位类方所介词结构的生成机制。可以看出,在句法推导的过程中伴随着句法结构与词库中词汇结构(即第二章讨论的"句法树"和"词汇树")的匹配过程。为了能够推导出正确合法的结构,供运算系统拼出,句法结构采用提升移位、循环移位和整体移位的方式进行结构调整与推导。因此,合并移位是汉语方所介词结构的推导方式,而合法结构的生成与拼出是其句法推导的内在动因。

5.3.3 路径类(PATH)方所介词结构的推导机制及生成动因

本节探索汉语路径类方所介词结构的推导机制和生成动因。和方位类介词结构一样,路径类方所介词结构中名词性成分的结构形式可以用(92)进行表示。因此,路径类方所介词结构中名词性成分的推导机制和方位类介词结构中名词性成分的推导方式一致:名词性成分中的DP、$AxPart_{IN}P$、$AxPart_{EX}P$、DeP以及凝固成词的方位词/准方位词组合形式按照二元合并、提升移位、停留核查、循环移位以及整体移位的方式自下而上地、循序渐进地生成合法的名词性成分。和方位类方所介词不同的是，路径类方所介词结构拥有较为复杂的介词投射部分，PathP 和 PlaceP 拥有自身的分裂投射，各中心语投射按照(88)中的结构模式进行组构，其线性序列排列方式为：DirectionP – RouteP – PassageP – SourceP – GoalP – VicinityP – LocationP。和方位类方所介词的情况一样，该特征投射在独立的工作空间中进行运算，最终拼出的介词类型和在另外一个工作空间中推导生成的名词性结构进行合并，最终生成完整的方所介词短语。接下来我们依次探索不同类型的路径类方所介词的拼出机制。

首先，我们以介词"到"为例来看表达"终点"语义的方所介词结构的生成机制。上文指出，介词"到"携带[+loc]特征和[+goal]特征。前者要求其后的名词性成分必须含有处所语义，后者则表达"终点"语义。比如下面这个例子：

(114) a. 他把书放到桌子上。

b. *他把书放到桌子。

很显然，单纯的事物名词"桌子"无法和表达"终点"语义的介词"到"搭配。而(114)a 中的"放到桌子上"既可以表示"书"的"终点位置"，也含有"书"的最终"处所"的语义。这是由于介词"到"同时携带[+goal]和[+loc]两种语义特征。纳米句法以特征作为投射的基础，这就说明在句法运算的过程中，运算系统将[+goal]特征和[+loc]特征同时拼出为介词"到"，其他方所语义特征为空。表达"终点"语义的介词"到"一经拼出，就和其后的名词性成分"桌子上"合并生成方所介词结构"到桌子上"，整个运算过程如下所示(见图 5–28)：

(115)

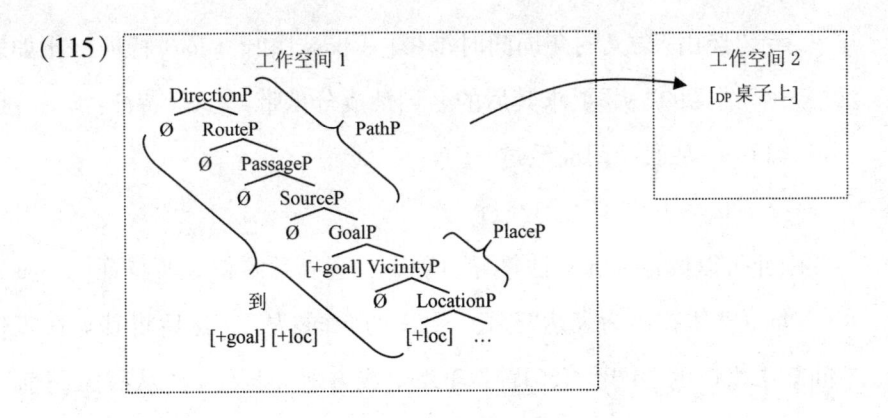

图 5-28　"到桌子上"生成示意图

下面看表示"来源"语义的介词"从"的生成机制。由于"从"同时携带[+sou]和[+loc]特征,其在语义上体现出一定的语义强制性:

(116) a. 他从桌子上跳下来。

　　　b. *他从桌子跳下来。

"从桌子上"同时包含"从"的"来源"语义和"桌子上"的"处所"语义。因此在其推导过程中,LocationP所携带的[+loc]特征和SourceP所携带的[+sou]特征整体拼出为"从",其他投射均为空成分。表达"来源"语义的介词结构的推导过程简单表示如下(见图5-29):

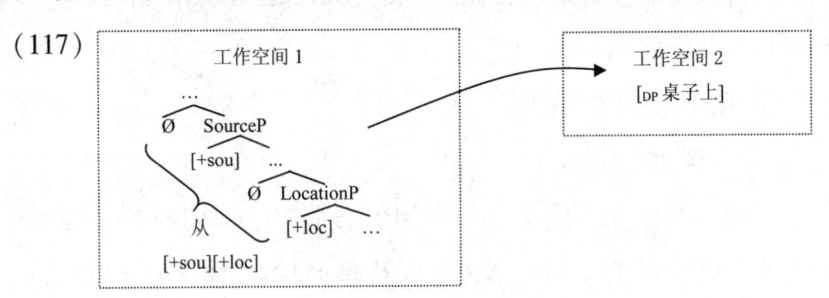

(117)

图 5-29　"从桌子上"生成示意图

(117)中的"…"表示与当前讨论不相关的结构成分。如图中所示,运算系统将特征[+sou]和[+loc]整体拼出为介词"从",然后将其与在工作空间2中所生成的DP"桌子上"合并生成方所介词结构。

155

表示"经由"语义的介词同时携带[+pass]和[+loc]特征，比如表示"经由"语义的"从"要求其后的名词性成分携带"处所"特征：

(118) a. 从我家门前经过。

b. *从我家大门经过。

因此可以假设，在句法推导过程中，运算系统将方所特征[+pass]和[+loc]整体拼出为表达"经由"语义的介词"从"，然后将其与在工作空间2中生成的DP"我家门前"合并生成方所介词结构"从我家门前"。这一过程简要表示如下（见图5-30）：

(119)

```
工作空间1                          工作空间2
    ...                           [DP 我家门前]
   / \
  Ø  SourceP
    [+pass]
       \
        ...
       / \
      Ø  LocationP
         [+loc]  ...
    从
 [+pass][+loc]
```

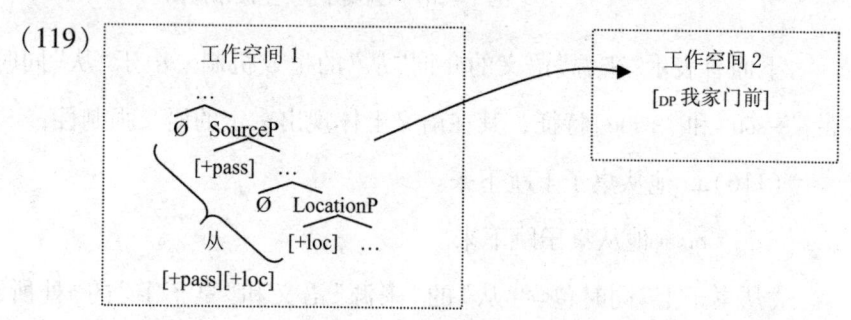

图5-30　"从我家门前"生成示意图

下面看表示"沿途"语义的介词"沿"及其介词结构的生成过程。和前面几种类型的方所介词相比，"沿"在语义上不具有强制性，普通名词可以与其搭配：

(120) a. 他沿着河边走。

b. 他沿着大路走。

因此，表示"沿途"语义的介词仅携带[+route]特征。也就是说，在PathP - PlaceP的分裂投射中，仅RouteP投射出[+route]特征，其他特征均为空成分。在句法推导的过程中，运算系统将方所特征[+route]独立拼出为介词"沿"，并将其与在工作空间2中生成的名词短语合并生成方所介词结构，其生成过程简略表示如下（见图5-31）：

（121）

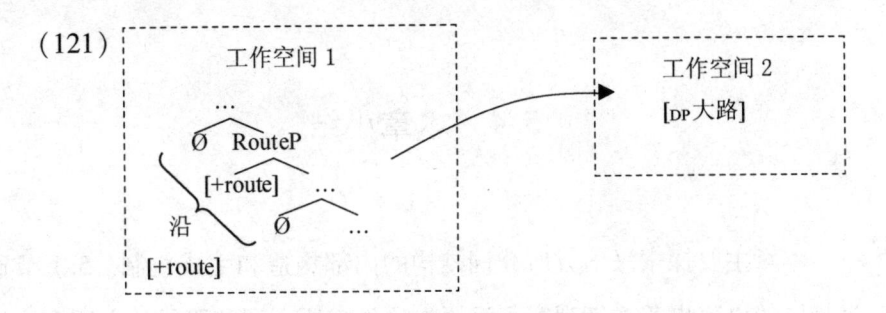

图 5-31 "沿大路"生成示意图

最后看表达"方向"语义的介词"向"及其介词结构的生成机制。"方向"类介词仅含有[+dir]特征，因此不强制要求其后的名词性结构携带"处所"语义：

（122）a. 他向大门走去。

b. 他向门口走去。

DirectionP 位于整个介词特征投射的最高位，在句法推导的过程中，运算系统将[+dir]特征独立拼出，生成介词"向"，之后将其和工作空间 2 中生成的名词性结构合并生成方所介词结构，如下图所示（见图 5-32）：

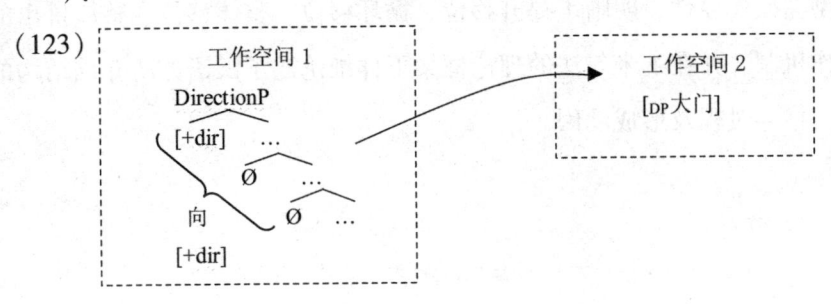

（123）

图 5-32 "向大门"生成示意图

和方位类方所介词结构一样，路径类方所介词结构的基本操作方式同样是提升移位、循环移位、整体移位和整体拼出等操作，合法结构的生成与拼出同样是其句法推导的内在动因。

5.4　本章小结

　　本章主要探索汉语方所介词结构的内部构造和生成机制。5.1 节通过具体的语言事实详细观察了汉语方位类方所介词和路径类方所介词的句法表现,在很大程度上达到了语言研究的描写充分性。5.2 节采用形式化的手段分别刻画了方位类介词结构和路径类介词结构的内部构造,并总结出汉语方所介词结构的普遍性结构形式:PathP – PlaceP – AxPartP。其中,PathP 分裂为 DirectionP、RouteP、PassageP、SourceP 和 GoalP 五个方所特征投射,PlaceP 则分裂为 VicinityP 和 LocationP 两个方所特征投射。汉语方所介词结构中的名词性成分则被分析为 $[_{\alpha P} \text{AxPart}_x + \text{AxPart}_y + \text{AxPart}_z] + \text{De} + [_{\beta P} \text{AxPart}_{EX} + \text{Gen} + \text{AxPart}_{IN} + \text{DP}]$ 型结构序列。其中 αP 为词汇化的方位词/准方位词组配,De 为"的"字,βP 为方位词、准方位、之/以和名词的复合体。5.3 节首先回顾了纳米句法的理论模型与操作要件,明晰了提升移位、循环移位、整体移位和整体拼出的操作机制,并在纳米句法的理论框架下详细论述了汉语方所介词结构的句法推导过程及形成动因。

第6章 方所介词结构中介词及方位词的隐现机制研究

我们在第五章中详细探讨了汉语方所介词结构的推导机制和生成动因。本章在句法表现和结构分析的基础上,为汉语方所介词结构中方所介词及方位词的隐现机制提供了形式化的解释方案。

6.1 方所介词结构中介词及方位词的隐现规律

6.1.1 方所介词中介词的隐现规律

和方位词的隐现规律相比,学界对方所介词结构中介词的隐现规律研究的较少,多数研究聚焦于表达静态处所语义的"在"的隐现规律,比较具有代表性的有陈芊芳(2012)、郭格(2016)、麦子茵(2007)、冷淑梅(2011)、邹霞(2014)、张友学(2010)、刘禀诚(2017)、朱赛萍(2014)、张宏胜(1996)、陈信春(2001)、刘兵(2005)等,较少涉及其他类型的方所介词的隐现规律,目前仅见到肖治野(2003)关于介词"从"的隐现规律研究和白晓静(2010)关于介词"往"的隐现机制研究。本节全面探索汉语方所介词结构中介词的隐现规律,下一节将深入描写方所结构中方位词的隐现规律,旨在对其句法表现做出全面精确的描写,为其生成机制的研究提供必要的保障。

先看方位类方所介词"在"和"临"的句法表现。表达静态处所含义的"在"所构成的介词短语在单独使用时,其结构中"在"的隐现较为自由,如(1)所示:

(1) a. 在学校 = 在学校里 = 学校里
  b. 在桌子上 = 桌子上
  c. 在桌角 = 桌角
  d. 在桌角上 = 桌角上
  e. 在桌子的上面 = 桌子上面

在上例的各项中,"在"字可以自由隐现而不影响语义的表达。a项是"在"和处所词搭配的情况,b项中的名词性成分为"普通事物名词+方位词",c项中的名词性成分为"普通名词+准方位词",d项中的名词性成分为准方位词和方位词的叠加,e项则涉及"的"字和词汇化的方位词/准方位词并立。独立地看,只要不影响语义表达和搭配规则,"在"结构中的介词"在"能够自由地隐现。但事实情况并非如此。"在"的隐现情况在很大程度上受到整个介词结构的句法位置的影响。范继淹(1986)、傅雨贤等(1997)、陈昌来(2002)等将介词在句子中的位置分为主语前、主语后动词前和动词后三种,并指出主语前的介词结构指明事件发生的处所,主语后动词前的介词结构指明动作发生或状态呈现的处所,动词后的介词结构指明动作达到的处所(范继淹,1986)。麦子茵(2007)在此基础上确定了"在"结构的第四种句法位置:定语修饰语位置。相关例句如下:

(2) a. 在大学校园里,到处都是朗朗的读书声。 (主语前)
  b. 张三在桌子上写作业。   (主语后动词前)
  c. 李四把照片挂在墙上。   (动词后)

d. 张三很想知道李四在课堂上的表现。　　　（定语位置）

(2)a 中的介词结构"在大学校园里"位于句首,作状语修饰整个句子。(2)b 中的"在桌子上"位于动词"写"之前,指明动作发生的位置。(2)c 中的"在墙上"位于句末,指明动作的终到处。(2)d 中的"在课堂上"作为定语修饰名词化的"表现"。下面依次考察汉语方所介词在这四个句法位置上的隐现情况。首先看表达静态处所含义的介词"在"。"在"字在以下例句中一般不能出现:

(3)a. 公园里到处挤满了人。

　　 b. ? 在公园里到处挤满了人。

(4)a. 学校里有一位很奇怪的老师。

　　 b. ? 在学校里有一位很奇怪的老师。

(5)a. 车里能坐十个人。

　　 b. ? 在车里能坐十个人。

(6)a. 屋子外面很凉爽。

　　 b. ? 在屋子外面很凉爽。

(3)-(4)为存现句,一般不选用"在"字结构作为其主语。"在"字出现时需要用逗号将介词结构隔开,比如:

(7)在公园里,到处挤满了人。

(8)在学校里,有一位很奇怪的老师。

(5)为供用句,其主语一般也是名词性的,不能选用介词结构充当其主语,比如:

(9)一锅饭吃十个人。

(10)一张桌子坐八个人。

在供用句(9)和(10)中,充当其主语的分别为名词性成分"一锅饭"和"一张桌子"。此外,诸如例句(6)的描写句一般也以处所名词为主语,"在"字一般也不能出现。

由以上例句可以看出，当处所名词作句子的主语时，不能将处所名词转化为"在+处所名词"的方所介词结构，也就是说，当处所名词作句子的主语时，"在"字不能出现。当介词短语位于句首做状语修饰整个句子时，"在"的隐现相对自由。但当"在"隐匿时，名词短语需要和方位词结合，请看以下例句：

(11) a. 在课堂上，同学们进行了热烈的讨论。

　　 b. 课堂上，同学们进行了热烈的讨论。

　　 c. *课堂，同学们进行了热烈的讨论。

(12) a. 在公园里，一群人正在悠闲地散步。

　　 b. 公园里，一群人正在悠闲地散步。

　　 c. *公园，一群人正在悠闲地散步。

(13) a. 在大街上，他遇到了一位老朋友。

　　 b. 大街上，他遇到了一位老朋友。

　　 c. *大街，他遇到了一位老朋友。

由例句(11)-(13)可以看出，由"在"构成的方所介词短语位于句首作状语时，"在"字的隐现相对自由。下面看介词短语位于主语后动词前修饰动词时"在"的隐现情况。经过观察，位于这一位置上的介词结构中的"在"字较难隐匿，无论方位词是否出现：

(14) a. 张三在桌子上写字。

　　 b. ?张三桌子上写字。

　　 c. *张三桌子写字。

(15) a. 同学们在操场上踢球。

　　 b. ?同学们操场上踢球。

　　 c. *同学们操场踢球。

(16) a. 学生在教室里读书。

　　 b. ?学生教室里读书。

c.＊学生教室读书。

由例句(14)-(15)可知,介词"在"在主语后动词前这一位置上很难隐去不用。除非在说话人和听话人交谈的语境中,介词结构作为双方共享的信息时,"在"字可以隐去不用。在这种情况下,方所短语可以视为句子中的次要话题(徐烈炯、刘丹青,2007),往往和"见""聊""谈""坐""说""休息"等少数几个动词连用(麦子茵,2007),比如:

(17) a. 咱们在学校门口见。

b. 咱们学校门口见。

(18) a. 我们在外面聊吧。

b. 我们外面聊吧。

(19) a. 请在屋里休息吧。

c. 请屋里休息吧。

位于动词后的"在"字也较难隐去,无论方位词是否出现。请看以下例句:

(20) a. 一摞书整齐地摆放在书桌上。

b. ＊一摞书整齐地摆放书桌上。

c. ＊一摞书整齐地摆放书桌。

(21) a. 很多细菌寄生在人体的消化道内。

b. ＊很多细菌寄生人体的消化道内。

c. ＊很多细菌寄生人体消化道。

(22) a. 一条小船停靠在河岸边。

b. ＊一条小船停靠河岸边。

c. ＊一条小船停靠河岸。

只有当单音节动词为具有直接"贴附""接触"等语义且句子含有"祈使""命令"等语气时,"在"字才有可能隐匿,如以下例句所示:

(23) a. 把书包放在桌子上吧。

b. 把书包放桌子上吧。

c. *把书包摆放桌上吧。

(24) a. 把照片贴在墙上！

b. 把照片贴墙上！

c. *把照片粘贴墙上！

由"在"构成的介词短语在定语位置上的句法表现如下：

(25) a. 观众全神贯注地注视着台上的演员。

b. ？观众全神贯注地注视着在台上的演员。

(26) a. 这种动物因其背上的斑点闻名于世。

b. ？这种动物因其在背上的斑点闻名于世。

(27) a. 意大利总统昨天结束了在中国的友好访问。

b. *意大利总统昨天结束了中国的友好访问。

(28) a. 在显微镜下可以清晰地看到毛细血管在人体内的分布。

b. *在显微镜下可以清晰地看到毛细血管人体内的分布。

陈昌来(2002)将定语位置上的"在"视为"谓语中心语"，并将该位置上的介词短语视为"谓语中心语+宾语"的结构。我们赞同麦子茵(2007)的观点，将该位置上的"在"仍视为表达静态处所含义的方所介词。由(25)-(28)可见，当方所名词修饰名词成分(如"演员""斑点"等)时，"在"字倾向于隐匿，介词短语不太容易被接受。而当被修饰的名词中心语为名物化的名词时(比如"访问""分布"等)，介词"在"通常不能隐匿。这一点和介词短语位于主语后动词前修饰动词时的情况一致。我们可以将"在"字的隐现情况表示如下：

(29)

表6-1 "在"的句法位置及其隐现情况表

句法位置	隐现情况		
	必隐	必现	可隐可现
主语位置	√		
句首状语			√
动词前		√	
动词后		√	
定语位置			√

接下来看表达"临近"含义的介词"临"的隐现情况。我们在前面第三章和第四章中指出,"临"作为介词常用于古文和笔记小说中,常位于 V_1 的位置。其在现代汉语中体现出较强的动词特性,而且在语义方面不具有强制性。比如:

(30) a. 古人有言曰"临渊羡鱼,不如退而结网"。(《汉书》)

b. 至于河而闻窦鸣犊,舜华之死也,临河而叹曰:"美哉水,洋洋乎!(《史记》)

c. 汤汤回回,临水远望。(《松树》)

在上例各项中,"临+单音节名词"成分位于 V_1 位置,表示位置上的接近,整个介词结构作为状语修饰其后的谓语动词。介词的隐匿影响语义的正常表达,从而导致整个句子不合语法:

(31) a. *古人有言曰"渊羡鱼,不如退而结网"。

b. *之死也,河而叹曰:"美哉水,洋洋乎!

c. *汤汤回回,水远望。

因此,我们可以得出以下结论:由"临"所组成的介词结构通常作为状语修饰其后的动词短语,其在介词结构中不能隐去。其隐现情况表示如下:

(32)

表6-2 "临"的句法位置及其隐现情况表

句法位置	隐现情况		
	必隐	必现	可隐可现
动词前(V_1)位置		√	

接下来我们依次研究"路径类"方所介词的隐现情况。首先看表达"终到"语义的介词,以"到"为例。由"到"所组成的介词结构一般位于动词之后,指明动作的终到位置。请看以下例句:

(33) a. 我拿起水烟壶,想了想,站在条凳上,把它放到棚顶上。(《又见了,小镇》祝春亭)

b. 受阅的步兵部队,来到检阅台前,步伐刚健,队列整齐。(《河北日报》1981-9-27)

c. 他斜躺到床上,双臂交叉在头底枕着。(《香港之滨》陈定兴)

可以看出,由"到"所组成的方所介词短语"到棚顶上""到检阅台前"和"到床上"分别位于动词"放""来"和"躺"之后,充当动词的补语成分,补充说明动词的终到位置。和表达静态处所含义的介词"在"类似,位于动词之后的"到"一般不能省略,只有当动词为表达直接"接触"含义的单音节动词时,介词"到"才有可能隐匿,请看(34)-(35)中的例句:

(34) a. 他把东西堆放到桌子上。

b. *他把东西堆放桌子上。

c. *他把东西堆放桌子。

(35) 姊把东西放桌上,擦桌。(《别的苦女人》姚时晓)

由(34)可知,双音节动词"堆放"后的介词短语"到桌子上"中的"到"不能隐匿。而(35)中的动词为单音节的"放",其后的介词"到"可以隐匿。这是由于介词"到"并入(incorporation)到了动词短语之中,形成了双音节的动词结构"放到"。这一过程由汉语双音节的韵律特征所驱动(冯胜利,1997,2000,2005;Feng,2019)。请看(36)中的例句:

(36) a. 他把书放到桌子上。

　　b. 他把书放到了桌子上。

　　c. *他把书放了到桌子上。

如上例所示,体标记"了"附着于双音节复合动词"放到"之上,而不是附着于单音节动词"放"之上。我们假设双音节化的复合动词"放到"中的"到"可以脱落,因此可以形成"放(到)桌子上"这种结构。这种"并入"现象同样发生在前面讨论的介词"在"身上,如下例所示:

(37) a. 他把照片挂在墙上。

　　b. 他把照片挂在了墙上。

　　c. *他把照片挂了在墙上。

在这种情况下,介词"在"和介词"到"具有同样的句法分布和表现。如果我们假设二者拥有同样的韵律制约机制,就可以解释"在"在动词后的隐现情况,即"挂(在)墙上"的合法性。

另外,介词"到"还出现在"从上到下""从内到外""从头到脚"等四字表达中。"到"在这些表达中也不能省略。如汉语中不存在"*从上下""*从内外""从头脚"等表达。介词"到"的隐现情况表示如下:

(38)

表6-3　"到"的句法位置及其隐现情况表

句法位置	隐现情况		
	必隐	必现	可隐可现
动词后		√	

接下来看表达"来源"语义的方所介词的隐现情况,我们以介词"从"为例。由"从"所组成的方所介词一般出现在动词之前,指明动作

的来源。或者位于隐现句的句首。请看下面例句:

(39) a. 这时,岛上有几块岩石从山上滚向大海,激起团团浪花。(《火龙的秘密》汪秀兰 王凤海)

b. 他从山上流下来,高高兴兴,要奔到大海里去。(《在快活的小溪上》郑延慧)

(40) a. 正当我们对着墙壁纳闷的时候,突然从门外走进来一位阿姨,她约莫二十七、八岁,笑眯眯的,挺和气。(《未来建筑参观记》余安东)

b. 李英杰看完简章正要填表,忽然从门外走进一位身材修长,穿着竹布长衫的长者。(《李苦禅传》李向明)

(39)中的介词短语作状语,位于动词之前,其中的介词不能隐匿:

(41) a. *这时,岛上有几块岩石山上滚向大海,激起团团浪花。

b. *他山上流下来,高高兴兴,要奔到大海里去。

(40)中的介词短语位于隐现句的句首,这个位置上的介词可以隐匿,介词短语中的方所名词作句子的主语,如下例所示:

(42) a. 这时候,<u>从门外传来了</u>一阵曲调的低哼声,爸爸轻轻地推门进来了。(《高层建筑》嵇鸿)

b. 正在这个时候,<u>门外传来了</u>一个亲切的声音:"李大爷!"(《难忘的战斗》孙景瑞、严励)

由(39)-(42)可知,在处于动词前作动词的修饰成分时,介词结构中的"从"一般不能省略。而位于隐现句的句首时,"从"有隐去的可能。当"从"隐去时,方所名词作句子的主语,这一点和"在"的情况类似。表达"来源"语义的"从"的隐现情况可以表示如下:

(43)

表 6-4 "从"的句法位置及其隐现情况表

句法位置	隐现情况		
	必隐	必现	可隐可现
动词前		√	
隐现句句首			√

下面我们接着考察表达"经由"语义的方所介词的句法位置和隐现情况。我们以介词"经"为例进行考察。由"经"构成的介词短语一般作状语,位于动词之前,指明动作经过的场所:

(44)到其他地方参加会议的人员、出国及出差人员等,尽量不要经广州市中转。(《经济日报》1988-4-16)

(45)我说:"检查倒不要紧,不过我想搭轮经上海、汉口回湘,可以见见世面。"(《彭德怀自述》彭德怀自述编辑组)

在上述例句中,"经"不能隐去,否则会导致句子不合法:

(46)*到其他地方参加会议的人员、出国及出差人员等,尽量不要广州市中转。

(47)*我说:"检查倒不要紧,不过我想搭轮上海、汉口回湘,可以见见世面。"

可以看出,在动词前对动词进行修饰时,"经"不能隐匿,这和其他类型的介词的隐现情况一致。"经"的句法位置和隐现情况可以表示如下:

(48)

表 6-5 "经"的句法位置及其隐现情况表

句法位置	隐现情况		
	必隐	必现	可隐可现
动词前		√	

接下来看表示"沿途"的方所介词的句法位置和隐现情况。我们以"沿"为例进行考察。请看下面例句：

(49) 我沿着长廊拾级而上，犹如漫步在神话里的翡翠王国。(《河北日报》1991-10-26)

(50) 细雨霏霏，沿着写上"广美香满楼牛场"字样的路标箭头所示方向，一辆载了三十名东方红幼儿园小朋友的汽车，往广州市郊东圃小新塘的一个山头驰去。(《羊城晚报》1986-5-25)

(49)中的介词短语"沿着长廊"位于动词之前，指明动作的发生方式。(50)中的介词短语虽然位于句首，其在功能上仍然是动词"驰去"的修饰语，指明动作的发生方式。介词"沿"必须出现，否则会导致句子不合语法：

(51) *我长廊拾级而上，犹如漫步在神话里的翡翠王国。

(52) *细雨霏霏，写上"广美香满楼牛场"字样的路标箭头所示方向，一辆载了三十名东方红幼儿园小朋友的汽车，往广州市郊东圃小新塘的一个山头驰去。

介词"沿"的句法分布和隐现情况可以表示如下：

(53)

表6-6 "沿"的句法位置及其隐现情况表

句法位置	隐现情况		
	必隐	必现	可隐可现
动词前		√	
句首		√	

最后我们以介词"向"为例来看表示"方向"语义的方所介词的句法分布和隐现情况。请看以下例句：

(54) 代表们依次走向投票箱，庄严地行使宪法赋予的神圣权力。(《文汇报》1989-5-23)

(55)我和小虎顾不上再议论那件衬衫,穿着它,就向学校跑去。(《神衣》忻跩)

以上两例说明,由"向"组成的介词结构可以位于动词之前,也可以位于动词之后,指明动作的运行方向。这两个位置上的"向"均不能隐去,否则会导致句子不合语法:

(55)*代表们依次走投票箱,庄严地行使宪法赋予的神圣权力。

(56)*我和小虎顾不上再议论那件衬衫,穿着它,就学校跑去。

因此,我们可以将"向"的句法分布和隐现情况表示如下:

(57)

表6-7 "向"的句法位置及其隐现情况表

句法位置	隐现情况		
	必隐	必现	可隐可现
动词前		√	
动词后		√	

结合第三章中的讨论,现将不同类型的方所介词的句法分布、隐现情况、携带特征、语义强制性等特点总结如下:

(58)

表6-8 汉语方所介词类型、语义特征及隐现情况表

介词类型	句法位置	隐现情况	携带特征	语义强制性
处所	主语位置	必隐	[+loc]	强
	句首状语	可隐可现		
	动词前	必现		
	动词后	必现		
	定语位置	可隐可现		
临近	动词前	必现	[+vic]	弱
终到	动词后	必现	[+goal][+loc]	强

续表

介词类型	句法位置	隐现情况	携带特征	语义强制性
来源	动词前	必现	[+ source] [+ loc]	强
	隐现句句首	可隐可现		
经由	动词前	必现	[+ pass][+ loc]	强
沿途	动词前	必现	[+ route]	弱
	句首	必现		
方向	动词前	必现	[+ dir]	弱
	动词后	必现		

从上表可以看出，方所介词结构中的介词在多数情况下是不能隐匿的。只有表达静态"处所"语义的介词和表达"来源"语义的介词在某些句法位置上存在隐去的可能。

6.1.2 方所介词中方位词的隐现规律

我们在第三章讨论方所介词语义强制性的时候曾经讨论了方位词的隐现问题，我们在此进行一个总结性的讨论。和介词不同，方位词隐现的制约因素来自方所介词结构内部。携带[+ loc]特征的方所介词在语义上具有强制性特征，表现为要求其后的名词性成分同样携带[+ loc]特征。在第四章，我们将方位成分分为方位名词、方位词和方位派生词三大类，每一大类又被进一步细化为若干次类。方位成分的功能在于满足方所介词在语义方面的强制性要求，使介词结构合乎语法，如下例所示：

(59) a. 在学校

b. 在桌子上

c. 在桌子上面

d. *在桌子

如上例所示，a项中的"学校"为处所名词，本身携带[+ loc]特征，

b项中的"桌子上"含有方位词，c项中含有"方位词+准方位词"成分，这些成分均能够满足介词在语义强制性方面的要求，因此表达合法。d项中的名词为普通事物名词，本身无[+loc]特征，不能满足介词在语义方面的强制性要求，因此表达不合法。国内语法学界主要着眼于"在+方位短语"结构中方位词的隐现问题，对语言现象的刻画已经达到了描写上的充分性，取得了较为丰硕的成果。其中较具代表性的有储泽祥（2004），杨朝军（2019），李婧（2017），石轶兰（2009），樊海燕（2008），邱斌（2007）等。本书将全面考察不同类型的方所介词结构中方位词的隐现情况，并为其隐现规律做出解释。首先看表达静态处所含义的"在"的情况。储泽祥（2004）全面考察了"在+方位短语"中方位词的情况，总结出方位词的隐现规律。根据我们的分析，介词"在"携带[+loc]特征，在语义上具有强制性，因此要求其后的名词性成分携带[+loc]特征，才能与其在语义上相匹配。我们在第四章中所区分的方位词、方位名词和方位派生词除了本身携带[+loc]特征之外，还可以将该特征赋予与之结合的名词性成分，从而使整个名词词组具有[+loc]特征，以满足"在"的语义强制性要求，如下例所示：

(60) a. 在北京

b. 在文化路

c. 在这儿

d. 在桌子上

e. 在桌角

f. 在桌角上

g. 在桌子（的）上面

h. 在第一层楼 在前门

在上例中，a–c项中的名词分别为地理名词、处所名词和方所代词，其本身携带[+loc]特征，能够满足"在"的语义强制性要求，d–g

项中的名词"桌子"分别从方位词"上"、准方位词"角""准方位词+方位词成分""角上"和"方位词+准方位词成分""上面"获得了[+loc]特征,因此也能够满足"在"的语义强制性要求。h项中的名词性成分含有方所前缀,也能够满足"在"的语义强制性要求。(60)中各项表达的合法性说明,含有方位成分的名词表达具有[+loc]特征,能够满足介词"在"的语义强制性要求。同时也表明,含有[+loc]特征的名词性成分可以将方位词隐去。请看以下例句:

(61) a. 在北京　　　＊在北京里

b. 在文化路　　在文化路上

c. 在这儿　　　在这里

d. 在桌角　　　在桌角上

e. 在屋子的南边　在屋后的南边

f. 在第一层楼　在第一层楼上

g. 在前门　　　在前门外

在上例中,a项中的名词为纯地理名词,该类名词不能和方位词共现。在b-g的各项中,名词性成分本身携带[+loc]特征(b、c项)或从方位成分获得了[+loc]特征(d-g项),因此方位词在这些结构中可隐可现。

接下来看表达"临近"语义的介词"临"的情况,由于"临"携带[+vic]特征,不含有[+loc]特征,因此其在语义上不具有强制性,其后不要求方位词必须出现,如下例所示:

(62) a. 素有遗属,属诸知识,在山投山,临水投水,处泽露形,在人亲土。(《晋书》)

b. 君曰:"宜阳城方八里,材士十万,粟支数年,公仲之军二十万,景翠以楚之众,临山而救之,秦必无功。"(《战国策》)

由于"临"的语义强制性较弱,上例中的"临水""临山"均不要求方位词出现。下面看方位词在表达"终到"语义的介词结构中的隐现情况。我们仍以介词"到"为例,请看下例:

(63) a. 来到北京

　　b. 来到文化路

　　c. 来到这儿

　　d. 放到桌子上

　　e. 放到桌角

　　f. 放到桌角上

　　g. 放到桌子(的)上面

　　h. 放到第二层　放到南门

由于表达"终到"语义的介词"到"携带[+goal]特征和[+loc]特征,其在语义上具有强制性,因此上例中 a – h 项中的名词短语均携带[+loc]特征。其中,a – c 项分别为地理名词、处所名词和方所代词,这些成分本身含有[+loc]特征,而 d – h 项中的名词短语则通过方位词、准方位词、方位词和准方位词的组合成分以及方所前缀来获得[+loc]特征。普通名词不能和"到"连用,比如:

(64) *他把书放到桌子。

和"在"的情况一样,"到"后面的名词短语在携带[+loc]特征的情况下可以将方位词隐去,请看以下例句:

(65) a. 来到北京　　　*来到北京里

　　b. 来到文化路　　来到文化路上

　　c. 来到这儿　　　来到这里

　　d. 放到桌角　　　放到桌角上

　　e. 放到屋子的南边　放到屋后的南边

　　f. 爬到第三层楼　爬到第三层楼上

g. 来到前门　　　　　来到前门外

如(65)所示，a项中的地理名词不能与方位词共现，b–c项为处所名词和方所代词，二者本身携带[+loc]特征，在语义上满足了"到"的语义强制性要求，方位词可隐可现。d–e项中的名词通过准方位词、方位词和准方位的组合和方所前缀获得了[+loc]特征，方位词在这些结构中同样可隐可现。

表示"来源"语义的介词"从"携带[+source]特征和[+loc]特征，因此在语义上同样具有强制性，方位词在该类介词结构中的隐现情况与"在"和"到"相同，如下例所示：

(66) a. 从北京出发　　　　　*从北京里出发

b. 从文化路走　　　　　从文化路上走

c. 从这儿走　　　　　从这里走

d. 从桌角跳下　　　　　从桌角上跳下

e. 从屋子的南边过来　　从屋后的南边过来

f. 从第三层楼下来　　　从第三层楼上下来

g. 从前门出发　　　　　从前门外出发

如(66)所示，除了地理名词不能与方位词共现之外，含有[+loc]的名词短语中的方位词可以隐匿。"从"的语义强制性体现在普通事物名词不能直接与其搭配：他从桌子*(上)跳下。

接下来看表达"经由"语义的方所介词结构中方位词的隐现情况。我们以表达"经由"语义的"从"为例。由于其携带[+pass]和[+loc]特征，其在语义上同样具有强制性，要求其后的名词短语具有[+loc]特征。而名词短语所携带的[+loc]特征为方位词的隐匿提供了条件。这一点和表示"处所""终到"和"来源"语义的方所介词相同，如下例所示：

(67) a. 从北京经过　　　　　*从北京里经过

b. 从文化路经过　　　　从文化路上经过

<<< 第6章 方所介词结构中介词及方位词的隐现机制研究

  c. 从这儿经过   从这里经过

  d. 从河沿经过   从河沿上经过

  e. 从屋子的南边经过 从屋后的南边经过

  f. 从第三层楼经过   从第三层楼上经过

  g. 从前门经过   从前门外经过

  除了普通事物名词之外，上例各项中的方位词均可以隐匿。

  最后看方位词在表达"沿途"和"方向"语义的介词结构中的隐现情况，分别以介词"沿"和"向"为例。和前面几类介词不同，表达"沿途"和"方向"语义的介词分别携带[+route]和[+dir]特征，因此其在语义上不具有强制性，可以和普通事物名词自由搭配：

  (68) 他来到镇、乡、县政府说明情况，让他们协助查找；他在路口、集市、学校等处张贴寻人启事；他还带着干粮沿着弯弯的山道，潺潺的小溪，繁华的街巷寻觅。(《解放军报》1987-10-12)

  (69) 说着，就向椅子走去。(《王昭君出国》行人)

  从(68)和(69)可以看出，普通名词"山道"和"椅子"可以分别与"沿着"和"向"搭配。而[+loc]特征的缺失可以使方位词在这类介词结构中自由隐现：

  (70) a. 沿着文化路走 沿着文化路上走

    b. 沿着河沿走   沿着河沿上走

    c. 沿着屋子的南边走 沿着屋后的南边走

    d. 沿着河堤走   沿着河堤上走

  (71) a. 向文化路驶去 向文化路上驶去

    b. 向河沿走去   向河沿上走去

    c. 向屋子的南边走去 向屋后的南边走去

    d. 向河堤走去   向河堤上走去

  在(70)a中的名词为处所名词，本身携带[+loc]特征，b和c项通

177

过准方位词与方位词和方位词的组合获得[+loc]特征,因此方位词可以在这些结构中自由隐现。尽管d项中的名词为普通事物名词,但由于介词"沿"不具有语义强制性,方位词在其结构中仍然可隐可现。

(71)中各项的句法表现和方位词的隐现情况和(70)一致,说明方位词在不具有语义强制性的介词结构中可以根据语义表达的需要自由隐现。除此之外,当介词"向"和地理名词搭配时,方位词一般也不能出现:

(72) a. 汽车向北京驶去。

b. *汽车向北京里驶去。

基于上述分析,方位词除了在含有地理名词的结构中必须隐去之外,其在不同类型的方所介词结构中的隐现规律可以总结如下:

(73)

表6-9 汉语方位词隐现规律表

介词类型	其后方位词隐现规律
处所类	在含有[+loc]特征的名词表达中可以隐去,在普通名词结构中必须显现
临近类	根据语义表达的需要自由隐现
终到类	在含有[+loc]特征的名词表达中可以隐去,在普通名词结构中必须显现
来源类	在含有[+loc]特征的名词表达中可以隐去,在普通名词结构中必须显现
经由类	在含有[+loc]特征的名词表达中可以隐去,在普通名词结构中必须显现
沿途类	根据语义表达的需要自由隐现
方向类	根据语义表达的需要自由隐现

6.2 方所介词结构中介词的隐现机制研究

我们在6.1.1节中指出,方所介词结构中的介词在大多数情况下是必须显现的,存在介词隐现情况的涉及表达处所含义的介词"在"和表达"来源"语义(以"从"为例)的方所介词。二者的隐现情况重复如下:

(74)

表6-10 汉语方所介词隐现规律表

介词类型	句法位置	隐现情况	携带特征	语义强制性
处所	主语位置	必隐	[+loc]	强
	句首状语	可隐可现		
	动词前	必现		
	动词后	必现		
	定语位置	可隐可现		
来源	动词前	必现	[+source][+loc]	强
	存现句首	可隐可现		

可以看出,由"在"和"从"所构成的介词结构在动词前后必须显现,这一点和其他类型的方所介词结构表现一致。"在"在主语位置、句首状语位置和定语位置上具有不同的句法表现,而"从"在存现句首可隐可现。先看"在"的情况。当位于主语位置的时候,"在"的隐现问题有不同的看法。卢福波(1996)认为"有"字句的句首可以出现介词,而陆庆和(2006)则认为所有存现句(包括"有"字句)的句首均不能出现"在"字。经过观察,当介词短语位于句首且没有逗号隔开时,"在"字一般要隐去,如(75)所示:

(75) a. 桌子上有一个茶杯。

b. *在桌子上有一个茶杯。

虽然在主语位置上的介词可以隐去,但方位词必须显现,比如:

(76) a. 桌子上有一个茶杯。

b. *桌子有一个茶杯。

这说明,主语位置一般需要携带[+loc]特征的名词性成分。而当介词结构作状语修饰整个句子时,介词可以隐去,但方位词必须显现,并且介词结构和主句之间一般有逗号隔开:

(77) a. 在桌子上,一本本书被整齐地摆放着。

b. 桌子上,一本本书被整齐地摆放着。

c. *桌子,一本本书被整齐地摆放着。

(77)和(75)的不同之处在于,(77)a中的介词结构作状语,和整个句子的事件相关,(77)b中的名词短语"桌子上"可以视为全句的话题,而(75)a中的方所名词作全句的主语。(77)b中名词短语的话题性可以通过(78)得以验证:

(78) 桌子上呢,一本本书被整齐地摆放着。

在上例中,名词短语"桌子上"与其后的句子成分被"呢"隔开,可以视为全句的话题成分。由于主语和话题成分一般都是名词性的,而修饰事件和动作的成分一般都是状语性成分,所以我们可以根据结构成分为介词的隐现提供解释:

(79) a. 桌子上有一个茶杯。   主语 名词性成分 介词隐去

b. 在桌子上,一本本书被整齐地摆放着。 状语 介词性成分 介词出现

c. 桌子上(呢),一本本书被整齐地摆放着。话题 名词性成分 介词隐去

(79)说明,方所介词结构中介词是否能够隐去和整个介词成分的结构位置及其语法功能相关。主语和话题一般由名词性成分承担,因此在这些位置上的"在"字倾向于隐去,而修饰动词和事件的结构成分一

一般是状语性的,因此在这些结构上的"在"字倾向于显现。在传统的原则与参数框架下,句子的主语需要受到 inflection 成分的核查而获得主格(nominative case),而名词性成分是格形态的典型携带者。"在"字隐现和其结构所具有的语法功能之间的关系还可以通过定语位置上的隐现情况得到验证。在 6.1.1 节中我们指出,定语位置上的"在"可隐可现:

(80) a. 教室里的学生

b. 在学校的表现

在(80)a 中,介词"在"可以隐去,在(80)b 中,介词在可以出现。但(81)中的表达则不容易被接受:

(81) a. ？在教室的学生

b. ？学校的表现

在(81)a 中,"学生"为普通名词,介词短语"在教室"作定语略显拗口。在(81)b 中,"表现"为名物化的名词性成分,名词"学校"作其定语略显拗口。更多的例子也可以证明这一点:

(82) a. 桌子上的茶杯

b. ？在桌子上的茶杯

(83) a. 在北京的友好访问

b. ？北京的友好访问

(82)和(83)同样显示:普通名词定语位置上修饰语一般是名词性的,介词倾向于隐去,名物化的动词(比如"访问"等)定语位置上的修饰语一般需要介词结构,其中的介词倾向于显现。综合(75)-(83)中的例子可以说明,方所介词结构中的介词的隐现情况和其处于的句法位置和具有的语义功能密切相关。当处于主语和话题等需要名词性成分的句法位置时,介词倾向于隐去,留下方所名词;当作为修饰语修饰动词或事件的时候,或作为定语修饰名物化的动词的时候,整个介词结构在本质上起到状语的语法功能,介词倾向于显现。

接下来看表达"来源"语义的"从"的隐现情况。由(74)可知,当位于动词前作状语时,介词必现,这一点和其他类型的方所介词表现一致。当位于存现句句首时,介词可隐可现,我们将(42)中的例子重复如下:

(84) a. 这时候,<u>从门外</u>传来了一阵曲调的低哼声,爸爸轻轻地推门进来了。(《高层建筑》稹鸿)

b. 正在这个时候,<u>门外</u>传来了一个亲切的声音:"李大爷!"(《难忘的战斗》孙景瑞、严励)

(84)中的两例均可接受,二者的不同之处可以通过句法位置和语法功能进行解释。我们可以将(84)a中的介词短语"从门外"视为状语,修饰动词"传来",而(84)b中的方所名词"门外"可以分析为句子的主语。请看如下例句:

(85) a. 这时候,一阵曲调的低哼声<u>门外</u>传来了,爸爸轻轻地推门进来了。

b. *正在这个时候,一个亲切的声音<u>门外</u>传来了:"李大爷!"

(85)中的句式变化显示:介词结构"从门外"可以转换到动词前的状语位置,而方所名词无法转换到动词前的主语位置,因此是全句的主语。介词"从"的隐现情况和"在"一致,即其隐现受到句法位置和语义功能的制约,当作状语修饰动词或事件时,介词倾向于显现,当位于主语和话题等位置充当名词性成分时,介词倾向于隐去。下面我们通过形式化的手段对介词的隐现机制提供解释。先看"在"的隐现,我们以(86)中的各项为例。

(86) a. <u>桌子上</u>有一本书。

b. <u>在桌子上</u>,有一本书。

c. <u>桌子上</u>,有一本书。

d. 同学们<u>在桌子上</u>写字。

e. 张三把书放<u>在桌子上</u>。

f. <u>北京的</u>学校

g. <u>在北京的</u>访问

上例各项涉及"在"的不同隐现方式。在第五章,我们详细探讨了方所介词短语的结构形式和推导机制。"在"由不同的方所特征经整体拼读而生成,"桌子上"为 DP,在结构上包含 DP"桌子"和"轴向部分""上",整体结构为"DP - AxPart$_{EX}$",二者是在不同的工作空间独立推导而成,分别表示为(87)中的 a 和 b(见图 6-1):

(87) a.   b.

工作空间 1

```
    PathP        PlaceP
Path  VicinityP
 Ø   Vicinity LocationP
      Ø    Location ...
                [+loc]
          "在"
```

工作空间 2

```
          DP
      DP      AxPart_EX P
   DP   GenP  AxPart_EX  DP
 D AxPart_IN P Ø   上
 桌子    Ø
           [_DP 桌子上]
```

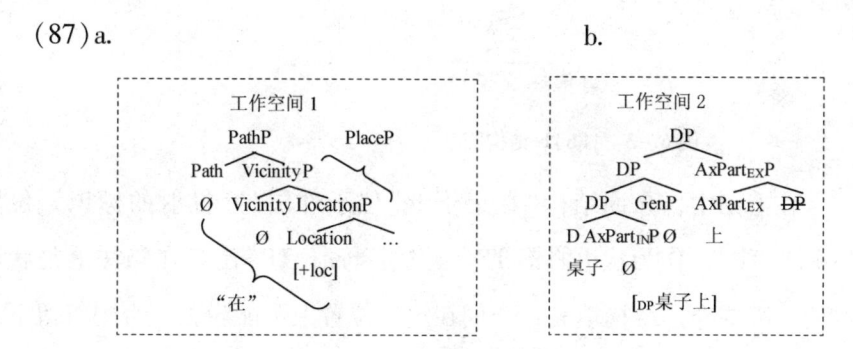

图 6-1 "在桌子上"生成示意图

"在桌子上"和"桌子上"可以分别简要表示为[$_{PP}$在桌子上]和[$_{DP}$桌子上],前者为介词结构,后者为名词性成分。现在依次看(86)中的结构,a 项的句法结构表示如下(见图 6-2):

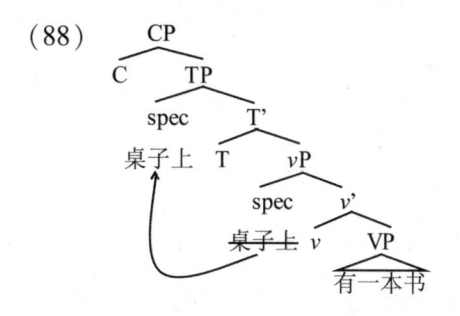

(88)
```
         CP
       C    TP
          spec   T'
         桌子上  T    vP
                  spec    v'
                  桌子上  v    VP
                            有一本书
```

图 6-2 (86)a 结构图

在上图中,名词性成分[$_{DP}$桌子上]基础生成于轻动词 vP 的标识语

183

位置("主语内在于动词短语假设(VP – internal Subject Hypothesis)"),中心语 T 核查其主格特征并将其提升移位至[spec,TP],即 TP 的标识语位置,也就是句子主语的位置。这一位置需要名词性的成分占据,因此介词"在"不宜在这一位置显现。(86)b 的句法结构如下图所示(见图 6-3):

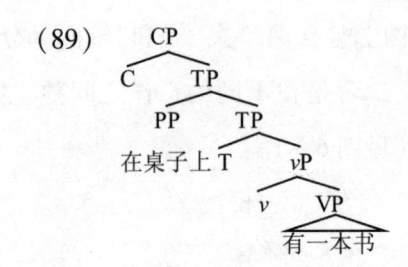

(89)
```
        CP
       /  \
      C    TP
          /  \
         PP   TP
       在桌子上 T  vP
                 / \
                v   VP
                  有一本书
```

图 6-3　(86)b 结构图

在上图中,介词结构"在桌子上"位于外层 TP 投射的标识语位置[spec,TP],作为状语修饰 TP。外层[spec,TP]位置在句法上是状语性的,需要介词结构填充,介词在这个位置上不能隐去,否则将留下名词性的"桌子上"结构,无法承担状语性的语法功能。(86)c 的结构形式可以表示如下(见图 6-4):

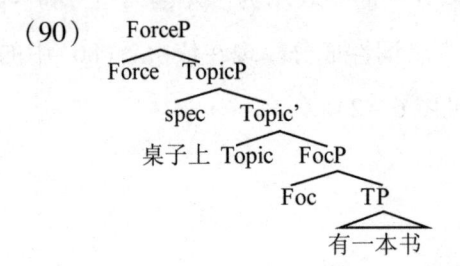

(90)
```
         ForceP
        /      \
     Force    TopicP
             /      \
           spec    Topic'
          桌子上   /    \
               Topic   FocP
                      /    \
                    Foc    TP
                        有一本书
```

图 6-4　(86)c 结构图

在上图中,CP 被分裂为 ForceP、TopicP 和 FocP 等投射(Rizzi,1997,2001,2004)。其中 TopicP 为话题性功能投射,其标识语位置[spec,TopicP]容纳名词性的话题成分"桌子上"。介词结构"在桌子上"不宜处于话题投射的标识语位置,因此介词不宜显现。(86)d 的结

<<< 第6章 方所介词结构中介词及方位词的隐现机制研究

构形式如下图所示(见图6-5):

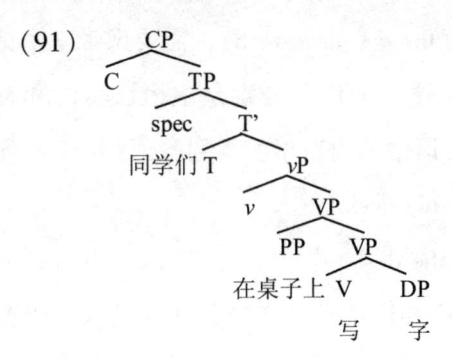

(91)
```
           CP
          /  \
         C    TP
             /  \
           spec  T'
          同学们 T  /  \
                   vP
                  /  \
                 v    VP
                     /  \
                    PP   VP
                  在桌子上 V  DP
                         写  字
```

图6-5 (86)d 结构图

在(91)中,主语"同学们"位于 TP 的标识语位置[spec, TP],而介词短语为外层 VP 的标识语位置,作状语修饰动词短语 VP"写字"。由于外层 VP 标识语位置[spec, VP]需要状语性成分填充,而名词性成分"桌子上"不具备状语功能,介词"在"在这一位置上需要显现,表现为介词结构。(86)e 涉及轻动词内部的句法推导,其结构生成过程简要表示如下(见图6-6):

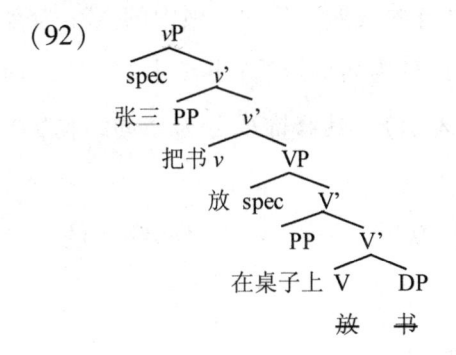

(92)
```
            vP
           /  \
         spec  v'
         张三  /  \
             PP   v'
            把书 v  /  \
                放 spec V'
                      /  \
                     PP   V'
                   在桌子上 V  DP
                          放  书
```

图6-6 (86)e 结构图

如上图所示,主语"张三"基础生成于轻动词的标识语位置[spec, vP],动词"放"从中心语 V 位置提升移位至轻动词 v 位置,位于动词宾语位置上的 DP"书"经话题化提升移位至 v 的中间投射位置,位于原位上的拷贝被运算系统删除。介词结构"在桌子上"位于动词 V 的中间投

185

射部分,经动词"放"提升移位之后生成表层线性序列"张三把书放在桌子上"。动词"放"属于三价动词(three-place verb),需要携带三个论元以满足其论元结构方面的要求。这三个论元分别是主语、宾语和补语(介词结构)。这一点可以通过英语中的语言事实得到验证:

(93) a. John put the books on the desk.

b. *John put the books the desk.

由(93)可知,充当动词"put"补语论元的必须是介词结构。因此在(92)中,位于动词 V 中间投射位置上的句法成分必须是介词结构,也就是说,这一位置上的介词必须显现。最后看(86)g 和(86)h 的内部结构,分别简略表示为(94)a 和(94)b(见图 6-7):

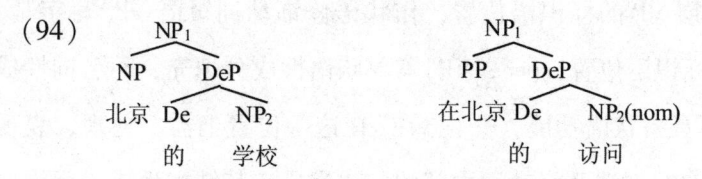

(94)

```
        NP₁                          NP₁
       /   \                        /   \
      NP   DeP                     PP   DeP
     北京  De  NP₂               在北京 De  NP₂(nom)
          的  学校                      的   访问
```

图 6-7 (86)g 和(86)h 结构图

在(94)中,"的"字拥有其自身的投射,其中 a 项中的 NP₂ 为普通名词,位于 NP₁ 标识语位置上的成分为名词短语;b 项中的 NP₂ 由动词名物化而来(用"(nom)inalized"表示),其修饰成分为介词结构"在北京"。

接下来看表示"来源"语义的"从"的隐现。我们以(95)中的各项为例来探索其在结构中的隐现机制:

(95) a. 门外传来一个亲切的声音。

b. 从门外传来一个亲切的声音。

c. 一个亲切的声音从门外传来。

d. *一个亲切的声音门外传来。

上例 a 项和 b 项的句法结构可以分别简要表示为(96)a 和(96)b(见图 6-8):

<<< 第6章 方所介词结构中介词及方位词的隐现机制研究

(96) a.

```
        CP
       /  \
      C    TP
          /  \
       spec   T'
       门外  /  \
            T    vP
                /  \
               v    VP
                   /  \
                传来  一个亲切的声音
```

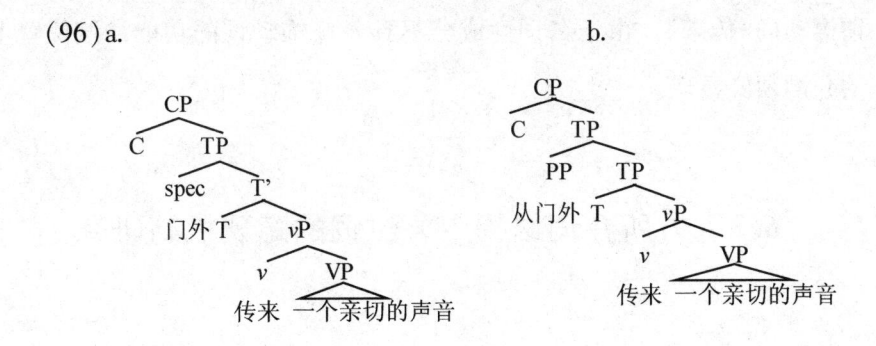

b.

```
        CP
       /  \
      C    TP
          /  \
         PP   TP
       从门外 /  \
            T    vP
                /  \
               v    VP
                   /  \
                传来  一个亲切的声音
```

图 6-8 (95)a 和 (95)b 结构图

在(96)a 中,名词短语"门外"位于[spec, TP]位置,是全句的主语。主语成分基础生成于[spec, vP],通过与中心语 T 进行特征核查而获得主格并提升移位至 TP 的标识语位置。由于这一位置上的句法成分一般是名词性的,因此介词在该位置上倾向于隐去。在(96)b 中,介词结构"从门外"作状语修饰整个 TP,因此介词"从"在该位置上倾向于显现。由于(96)a 和(96)b 在表层线性序列上较为相似,介词呈现出可隐可现的表面现象。而实际上,介词的隐现情况受到句法位置和语法功能的制约。(95)c 的句法结构简要表示如下(见图6-9):

(97)

```
        CP
       /  \
      C    TP
          /  \
       spec   T'
     一个亲切  /  \
      的声音 T    vP
                /  \
             spec   v'
                   /  \
                  PP   v'
                从门外 /  \
                     v    VP
                         传来
```

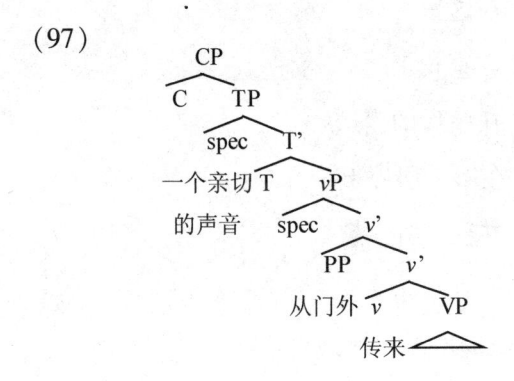

图 6-9 (95)c 结构图

如上图所示,名词性成分"一个亲切的声音"占据 TP 的标识语位置[spec, TP],介词结构"从门外"位于轻动词的中间投射,作状语修饰

187

谓语动词"传来"。由于名词性成分不具备修饰动词的功能,该位置上的介词须要显现。

6.3 方所介词结构中方位词的隐现机制研究

和方所介词的隐现机制不同,方所介词结构中方位词的隐现情况受介词类型的制约。也就是说,制约方位词隐现的因素来源于方所介词内部。我们在 6.1.2 节详细梳理了方位词隐现和方所介词语义强制性的关系。下面我们依次举例说明方位词在不同类型的方所介词结构中的隐现机制。

首先看表达静态处所语义的介词"在",其语义方面的强制性使其呈现出以下表现形式:

(98) a. 在北京　　　*在北京里
　　 b. 在文化路　　在文化路上
　　 c. 在这儿　　　在这里
　　 d. 在桌角　　　在桌角上
　　 e. 在屋子的南边　在屋后的南边
　　 f. 在第一层楼　在第一层楼上
　　 g. 在前门　　　在前门外
　　 h. 在桌子上　　*在桌子

我们在上文中指出,方位词不能和地理名词共现,其原因不是由于"在"的语义强制性所导致,而是源于二者之间的语义搭配。在没有方所介词的情况下,地理名词仍然不能和方位词进行搭配:

(99) *南京内　*北京中　*上海外　*广州上　*深圳下

(98)中方位词的隐现情况可以通过下图得到解释(见图 6-10):

(100) a.　　　　　　　　　　　b.

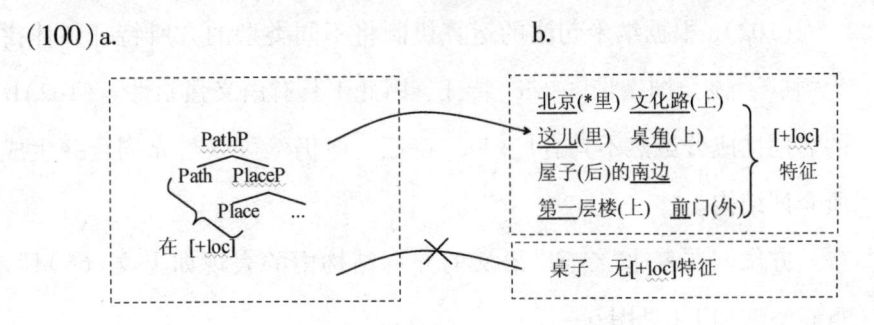

[图示：PathP 结构，Path PlaceP，Place ...，在 [+loc]；右侧：北京(*里) 文化路(上)，这儿(里) 桌角(上)，屋子(后)的南边，第一层楼(上) 前门(外) } [+loc]特征；桌子 无[+loc]特征]

图 6 – 10　(98)中方位词隐现情况

上图简要地刻画了(98)中方位词的隐现机制：(100)a 为工作空间 1 中的介词生成的情况，根据纳米句法的运算机制，句法运算将不同方所特征整体拼读为介词"在"，并拥有[+loc]特征。(100)b 为工作空间 2 中的名词性结构的生成情况。其中下划线的成分为整个名词短语添加[+loc]特征，使得整个结构能够满足介词"在"的语义强制性要求。而名词"桌子"本身不含有[+loc]特征，而且无其他成分为其添加[+loc]特征，因此无法与介词"在"进行合并运算。在这种情况下，方位词必须显现。

在古文和笔记小说中经常出现的介词"临"由于仅具有[+vic]特征，其在语义上不具备强制性。我们将(62)中的例子简要重复如下：

(101) a. 在山投山，临水投水，处泽露形，在人亲土。(《晋书》)
　　　b. 临山而救之，秦必无功。(《战国策》)

(101)中方位词的隐现机制可以简要表示如下(见图 6 – 11)：

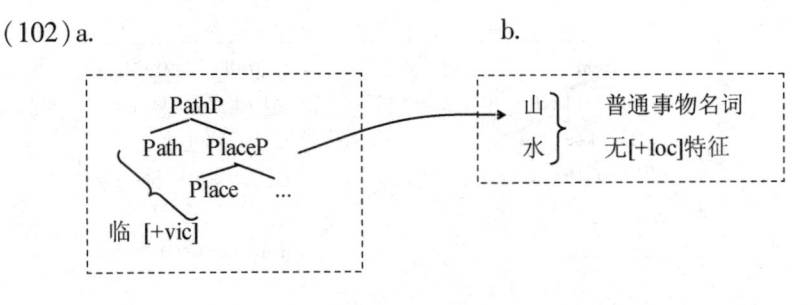

(102) a.　　　　　　　　　　　b.

[图示：PathP 结构，Path PlaceP，Place ...，临 [+vic]；右侧：山 水 } 普通事物名词 无[+loc]特征]

图 6 – 11　(101)中方位词隐现机制

189

(102)a 根据纳米句法的运算机制将不同类型的方所特征整体拼出为"临",该介词携带[+vic]特征,因此不具有语义强制性。(102)b 中的名词性成分虽然不具有[+loc]特征,但仍然可以与介词合并生成方所介词结构。

方位词在表达"终到"语义的介词结构中的表现如上文(65)所示,重新整理如下(见图6-12):

(103) a. 来到北京　　　*来到北京里

b. 来到文化路　　来到文化路上

c. 来到这儿　　　来到这里

d. 放到桌角　　　放到桌角上

e. 放到屋子的南边　放到屋后的南边

f. 爬到第三层楼　爬到第三层楼上

g. 来到前门　　　来到前门外

h. 放到桌子上　　*放到桌子

和其他类型的方所介词结构一样,介词"到"和其后的名词性成分在两个不同的工作空间中独立推导生成,(104)a 将不同类型的方所特征整体拼读为表达"终到"语义的介词"到",(104)b 则负责生成方所名词性成分,并在运算后期将其与方所介词进行匹配与合并。其运算推导过程可以简要表示如下:

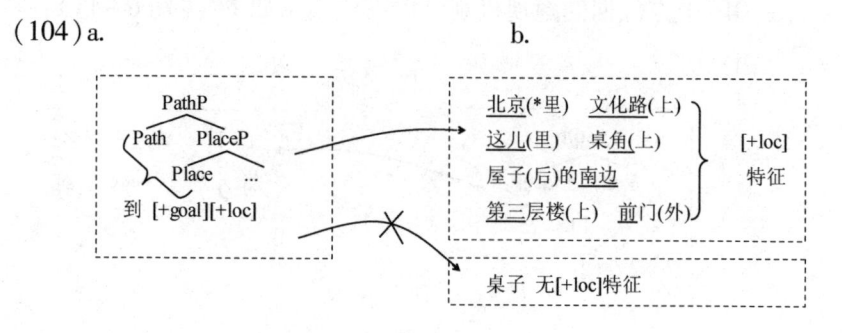

(104) a.　　　　　　　　　　　　b.

```
       PathP                    北京(*里)  文化路(上)
      /    \                    这儿(里)   桌角(上)     [+loc]
   Path   PlaceP                屋子(后)的南边          特征
         /    \                 第三层楼(上) 前门(外)
       Place   ...
   到 [+goal][+loc]              桌子 无[+loc]特征
```

图 6-12　(103)中方位词隐现机制

被运算系统整体拼出的介词"到"同时携带[+goal]特征和[+loc]特征，因此要求其后的成分具有[+loc]特征。在(104)b中，下划线的成分为整个名词性成分添加[+loc]特征，以满足"到"在语义强制性方面的要求。由于"桌子"不具备[+loc]特征，句法运算无法将其与介词"到"进行合并操作，因此无法生成方所介词结构。在这种情况下，方位词必须显现。

方位词在表达"来源"语义的方所介词结构中的表现重新整理如下：

(105) a. 从北京出发　　　　＊从北京里出发

　　　b. 从文化路走　　　　从文化路上走

　　　c. 从这儿走　　　　　从这里走

　　　d. 从桌角跳下　　　　从桌角上跳下

　　　e. 从屋子的南边过来　从屋后的南边过来

　　　f. 从第三层楼下来　　从第三层楼上下来

　　　g. 从前门出发　　　　从前门外出发

　　　h. ＊从大门出发　　　从大门外出发

表示"来源"语义的介词"从"同时携带[+source]和[+loc]特征，因此在语义方面具有强制性。方位词在该类介词结构中的隐现模式和在"终到"类方所介词结构中一致。我们可以将其运算推导过程简要表示如下(见图6-13)：

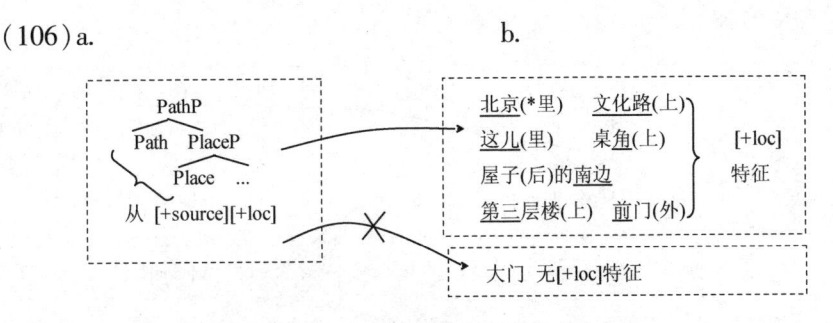

(106) a.　　　　　　　　　b.

```
       PathP              北京(*里)   文化路(上)
      /    \              这儿(里)    桌角(上)      [+loc]
   Path   PlaceP          屋子(后)的南边            特征
           /              第三层楼(上)  前门(外)
         Place ...
   从 [+source][+loc]      大门 无[+loc]特征
```

图6-13　(105)中方位词隐现机制

和"终到"类方所介词结构的情况一样,根据纳米句法的运算机制,不同类型的方所特征被整体拼读为"从",并使其携带[+source]和[+loc]特征。在另外一个工作空间进行独立推导的方所名词短语因其结构中下划线的成分而获得[+loc]特征。普通名词"大门"不含有[+loc]特征,因此不能与介词"从"合并生成方所介词结构。

接下来看方位词在表达"经由"语义的方所介词结构中的隐现机制。我们以表达"经由"语义的"从"为例,并将(67)中的实例重新整理如下:

(107) a. 从北京经过　　　　＊从北京里经过

b. 从文化路经过　　　从文化路上经过

c. 从这儿经过　　　　从这里经过

d. 从河沿经过　　　　从河沿上经过

e. 从屋子的南边经过　从屋后的南边经过

f. 从第三层楼经过　　从第三层楼上经过

g. 从前门经过　　　　从前门外经过

h. ＊从大门经过　　　从大门外经过

方位词在表达"经由"语义的方所介词结构中的隐现情况和其他拥有语义强制性的方所介词结构相同,句法运算将不同的方所特征整体拼读为"从",其携带[+pass]特征和[+loc]特征,方位词在该类介词结构中的隐现机制简要表示如下(见图6-14):

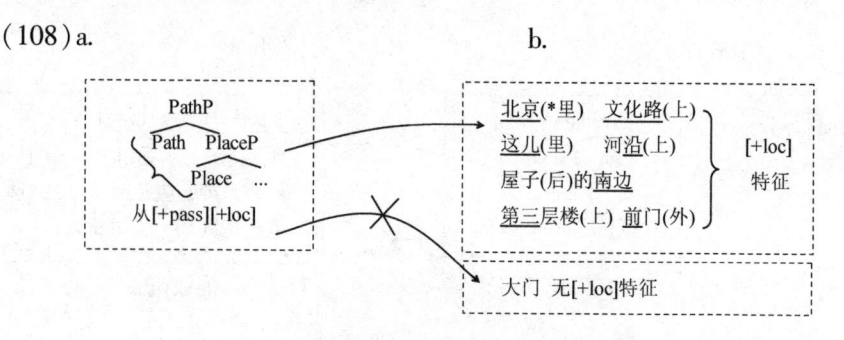

(108) a.　　　　　　　　　　　　　b.

```
          PathP
        Path  PlaceP
             Place ...
         从[+pass][+loc]
```

北京(*里)　文化路(上)
这儿(里)　河沿(上)　　　 [+loc]
屋子(后)的南边　　　　　 特征
第三层楼(上)　前门(外)

大门　无[+loc]特征

图6-14　(107)中方位词隐现机制

<<< 第6章 方所介词结构中介词及方位词的隐现机制研究

最后看方位词在表达"沿途"和"方向"的介词结构中的隐现机制。我们将(71)和(71)中的用例分别重复如下:

(109) a. 沿着文化路走　　　沿着文化路上走

b. 沿着河沿走　　　　沿着河沿上走

c. 沿着屋子的南边走　沿着屋后的南边走

d. 沿着河堤走　　　　沿着河堤上走

(110) a. 向文化路驶去　　　向文化路上驶去

b. 向河沿走去　　　　向河沿上走去

c. 向屋子的南边走去　向屋后的南边走去

d. 向河堤走去　　　　向河堤上走去

表达沿途语义的介词"沿"和表达"方向"语义的介词"向"分别携带[+route]和[+dir]特征,因此在语义上不具有语义强制性。由句法运算整体拼出而生成的介词"沿"和"向"能够和普通名词及携带[+loc]特征的方所名词合并生成方所介词结构。因此,方位词在这类介词结构中可以根据语义表达的需要自由隐现。方位词在这两类介词结构中的隐现机制简要表示为(111)和(112)(见图6-15):

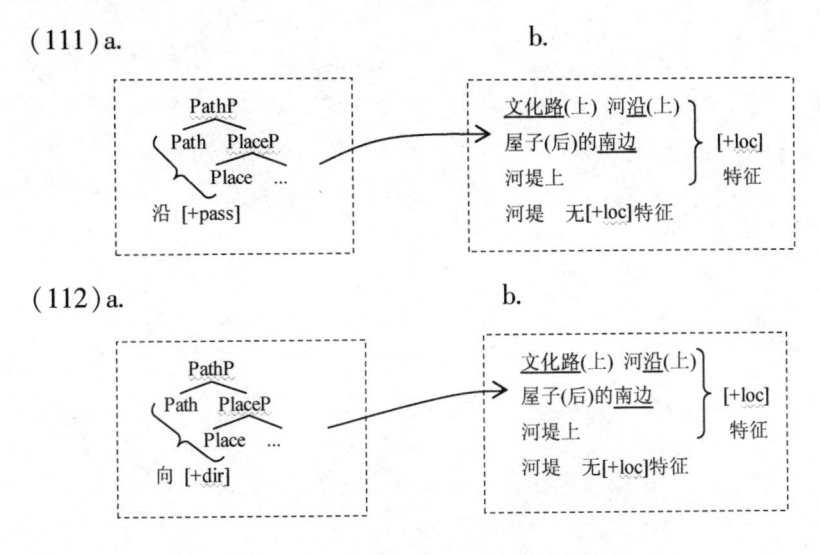

(111) a.　　　　　　　　　　b.

```
    PathP
   /    \
 Path   PlaceP
         /
       Place  ...
沿 [+pass]
```

文化路(上) 河沿(上)　⎫
屋子(后)的南边　　　⎬ [+loc]
河堤上　　　　　　　⎭ 特征

河堤　无[+loc]特征

(112) a.　　　　　　　　　　b.

```
    PathP
   /    \
 Path   PlaceP
         /
       Place  ...
向 [+dir]
```

文化路(上) 河沿(上)　⎫
屋子(后)的南边　　　⎬ [+loc]
河堤上　　　　　　　⎭ 特征

河堤　无[+loc]特征

图6-15　(109)和(110)中方位词隐现机制

193

6.4　本章小结

　　本章为方所介词结构中介词和方位词的隐现机制提供了形式化的解释方案。6.1节详细探讨了不同类型的方所介词结构中介词和方位词的隐现规律,指出方所介词的隐现受到句法位置和语法功能等因素的制约,而方位词在介词结构中的隐现则受到方所介词语义强制性的制约。6.2节通过形式化的手段探索了表达"处所"语义的"在"和"来源"语义的"从"在结构中的隐现机制,凸显了句法位置和语法功能在介词隐现过程中所起的重要作用。6.3节则在纳米句法的运算模式下探索了方位词在不同类型的方所介词结构中的隐现机制,明晰了方所介词的语义强制性与方位词隐现的关系。

第7章　方所介词结构的句法分布及游移动因

本章主要考察汉语方所介词结构在句子中的句法分布，总结出介词结构游移的形式及范围，并为其推导机制和形成动因提供形式化的理论解释。

7.1　方所介词结构的句法分布

7.1.1　方位类(Place)方所介词结构在句子中的句法分布

方位类介词包含表示"处所"含义的介词和表示"临近"含义的介词。前者在现代汉语中以介词"在"为代表，后者主要表现为介词"临"。先看表示"临近"含义的介词"临"。我们在第三章和第五章中指出，"临"作为介词经常出现在古文和笔记小说中，并且位于动词 V1 的位置，比如：

(1) 当臣之临河持竿，心无杂虑，唯鱼之念；投纶沉钩，手无轻重，物莫能乱。(《列子》)

(2) 赵昺尝临水求渡，船人不许。(《搜神记》)

(3)行可五十里,见十余人临河饮酒。(《史传·朱同》)

(4)临河而羡鱼,不如归家织网。(《淮南子·说林训》)

因此,表示"临近"含义的介词"临"在句子中的位置较为固定,位于动词 V_1 的位置。也就是说,"临"作为介词一般出现在句中的主动词前,作状语成分。在现代汉语中,"临"表现出较强的动词性。表示"处所"含义的介词"在"在句子中的结构位置最为复杂多变,请看以下例句:

(5)我沾着唾液,把一个大写的"爱"字写在桌子上。(《莲子》吴丽嫦)

(6)他在桌子上狠狠砸了一拳,绝望地叫道:晚了!(《人生》路遥)

(7)孙玉璋思忖了一下,"在公园里,有一些滑梯、转马什么的……"(《男人的风格》张贤亮)

(8)他看李龙想不起来,就把在学校里的绰号也搬了出来。(《在民主广场上》哈宽贵)

(9)？在公园里很热闹。

(10)公园里很热闹。

在例(5)中,由"在"构成的介词结构位于动词"写"的后面,作补语成分;在例(6)中,"在"字结构位于动词"砸"之前,作状语成分;在例(7)中,"在公园里"位于句首,作状语成分;在例(8)中,"在"字结构作名词"绰号"的定语。例(9)和例(10)表明,"在"字结构一般不能出现在句子的主语位置上。而在某些情况下,"在"字结构甚至可以出现在动词的宾语补足语的位置上,如下例所示:

(11)*他写字在黑板上。

(12)？他写了字在黑板上。

(13)他写了几个字在黑板上。

第 7 章 方所介词结构的句法分布及游移动因

在例(11)中,介词结构"在黑板上"不能出现在双音节的动宾短语"写字"之后;在例(12)中,动词"写"后面出现了体标记"了",句子稍微通顺一些,但仍然不合语法;而在例(13)中,动词"写"的宾语为多音节的"几个字",介词结构"在黑板上"位于其后,文从字顺。这说明,由"在"构成的介词短语在满足某些韵律要求的前提下,可以出现在动词的宾语补足语的位置。我们可以将汉语方位类方所介词结构的句法分布总结如下:

(14)

表 7-1 汉语方位类方所介词结构句法分布表

句法位置 介词类型	动词前 (状语)	动词后 (补语)	动词后 (宾补)	名词前 (定语)	句首 (主语)	句首 (状语)
临近类(临)	√					
处所类(在)	√	√	√	√		√

由表 7-1 可知,表达"临近"含义的介词"临"的句法位置较为单一,通常出现在动词前作状语。而表达"处所"含义的介词"在"的句法位置较为灵活多样,其可以出现在句中的动词前、动词后、定语和句首状语等位置。这种句法位置的灵活性为其在句子中的游移提供了结构上的基础。

7.1.2 路径类(Path)方所介词结构在句子中的句法分布

本书把路径类方所介词分为"来源"(source)"终点"(goal)"方向"(direction)"沿途"(route)"经由"(passage)等五类。本节依次探讨不同类型的路径类方所介词在句子中的句法分布。首先看表达"来源"语义的方所介词,我们以介词"从"为例,请看以下例句:

(15)院里的鬼子和伪军们一惊,忽地从桌子间散开。 (《小兵张

197

嘎》 徐光耀)

(16)说着,他向林学武笑了一笑,<u>从桌子下面</u>匆匆捡起公文包,急步离开了酒楼。

(《灵犀》 顾再欣)

(17)话音未落,<u>从门外</u>冲进一群年轻人,为首的是王向天和冯华英,他们边跑边喊:"成功了,成功了"! (《第三颗纽扣》 陈日朋)

(18)正当我们对着墙壁纳闷的时候,突然<u>从门外</u>走进来一位阿姨,她约摸二十七、八岁,笑眯眯的,挺和气。

(《未来建筑参观记》 余安东)

在例(15)和(16)中,由"从"构成的介词结构位于动词前,作状语成分;而在例(17)和(18)中,介词结构作为隐现句的主语位于句首。下面检验表示"来源"语义的介词结构是否能够出现在句子的其他位置上,请看以下例句:

(19)a. 他从桌子上跳了下来。

b. 从桌子上,他跳了下来。

c. *他跳了下来从桌子上。

d. *他跳地上从桌子上。

e. *他从银行的钱。

在上例中,a项的介词短语位于动词之前,句子合法;b项中的介词结构位于句首状语位置,句子可以接受;c项中的介词结构位于动词之后的补语位置,d项中的介词结构位于动词之后的宾语补足语位置,e项中的介词结构位于名词的定语位置,这些句子均不合法。d项和e项需要表达为"他从桌子上跳下来"和"他从银行取的钱",句子才合乎语法。再看(20)中的例句:

(20)a. 从门外传来一阵阵歌声。

b. 一阵阵歌声从门外传来。

c. *传来一阵阵歌声从门外。

d. *传来从门外一阵阵歌声。

e. ?从门外一阵阵歌声传来。

在上例中，a 项的介词结构位于隐现句句首，句子合法；b 项中介词结构位于动词前，作状语。c 项和 d 项说明隐现句中的介词结构不能脱离主语位置。e 项中的介词结构位于句首，句子虽然有些拗口，但比 c 项和 d 项可接受性高。从（15）-（20）中的例子可以看出，表达"来源"语义的方所介词结构一般位于动词前作状语，也可以位于隐现句句首充当主语成分。

表达"终点"语义的方所介词有"至""到""及"等。我们以"到"为例来考察表达"终点"语义的方所介词结构在句子中的句法分布。请看下例：

（21）正思忖着如何作答，珠珠冷不防把大鲤鱼从篮子里抓起，放到水缸里。

（《羊城晚报》1984-6-3）

（22）他们见硬的不行又来软的，谭素英的爱人跑到龚学群家跪着哭。

（《中国青年报》1983-9-1）

（23）贵宾们随后来到了绚丽多彩的欢迎队伍中。

（《天津日报》1978-4-15）

（24）回家的路上，我悄悄把衣兜里的花生扔到篮子里充数。

（《河北日报》1992-3-7）

由例（21）-（24）可知，表达"终点"语义的介词结构一般出现在动词之后，充当补语成分。该类介词结构的句法位置较为固定，一般不能出现在句中的其他位置：

（25）a. 他把书放到桌子上。

b. *他把书到桌子上放。

c. *到桌子上,他把书放。

d. *他放书到桌子上。

e. ?他放了几本书到桌子上。

上例说明,表达"终点"含义的介词结构不能出现在动词前(b项)、句首状语位置(c项)和宾补位置(c项和d项)。和表达"处所"含义的介词"在"不同,"到"不能出现在动词后的宾补位置,这一点和韵律因素关系不大。

接下来看表达"方向"语义的介词结构的句法位置。现代汉语中表达"方向"语义的介词有"向""朝""对""往"等。我们以"向"为例进行考察。请看下面的例句:

(26)这时,岛上有几块岩石从山上滚向大海,激起团团浪花。(《火龙的秘密》汪秀兰 王凤海)

(27)然后,他鸣响了大喇叭,"昂——昂——"一声声叫唤,大轮船离开了码头,向大海驶去。　　　　　　(《喧闹的桅杆》马天白)

(28)班长纵身上了马,腿一夹,箭也似地射向远方。(《马背硬,驴背软》万克玉)

(29)慢慢地那一对青年爱人唱着爱之高歌骑着一匹白马向远方去了。(《平津道上》巴金)

从例(26)-(29)可以看出,表达"方向"语义的介词结构可以出现在动词前和动词后,但实际的情况与句中的动词有关。比如:

(30)a. 岛上有几块岩石滚向大海。

b. *岛上有几块岩石滚动向大海。

c. 岛上有几块岩石向大海滚动。

d. ?岛上有几块岩石向大海滚。

(31)a. 张三向东走。

b. *张三走向东。

c. 张三向东走去。

d. *张三走去向东。

(30)说明,介词结构"向大海"可以出现在单音节动词"滚"的后面,而不能出现在其前面。同时,该介词结构可以出现在双音节动词"滚动"的前面,而不能出现在其后面。(31)则呈现出与之相反的情况:介词结构"向东"可以出现在单音词动词"走"的前面,而不能出现在其后面。同时该介词结构可以出现在双音节动词"走去"的后面,而不能出现在其前面。但(30)和(31)能够共同说明的是,当表达"方向"语义的介词结构在动词前后进行位置变换时,会造成动词韵律特征的相应改变。

在其他位置上,表达"方向"语义的介词结构一般不宜出现:

(32)a. 施工队正向西边挖隧道。

b. *施工队正挖隧道向西。

c. *向西边,施工队正挖隧道。

d. 几只大雁向南飞去。

e. *向南飞去几只大雁。

f. ?向北的计划

上例说明,表达"方向"语义的介词结构不能出现在宾补位置(b项)、句首状语位置(c项)、主语位置(e项)和定语位置(f项)。因此,汉语中表达"方向"的介词结构通常位于动词之前和动词之后。

下面看表达"沿途"语义的方所介词结构在句子中的句法分布情况。我们以最为常见的"沿着"为例进行考察。请看下面的例句:

(33)两年多来的体制改革试点工作,就是沿着这个基本方向进行的。(《论物价改革》 高翔)

(34)画面上,耶稣师徒一行沿着湖滨走到迦百农城门前。(《文艺

201

复兴时期的艺术大师》 赵海江）

（35）沿着这条河岸，我们不知走了多久了。（《金牧场》张承志）

（36）沿着刚才的痕道，泪水像阴霾天的急雨那样的堕下来，胸口开始了闪动，我沉入一阵刺心的悲痛中。（《暗淡的日子》王西彦）

（37）沿着车站附近的河沟都散布着全副武装的兵队，机关枪严密地监视着最扼要的地区，这情势简直像准备着应付一阵激烈的战争般。（《车站上》丘东平）

（38）关帝的前面，沿着路边，放着一张旧板桌。（《热天的路上》许杰）

（39）沿着这条路，可以从炎热走向凉爽，再从凉爽走向寒冷。（《低温国奇事》陈秋影）

（40）沿着这宽广美丽的大道往北，你会看到一片海洋似的红楼高塔，……（《古树开花》夏守甫）

在(33)-(34)中，表达"沿途"语义的介词结构位于动词前作状语；在(35)-(36)中，介词结构位于句首，但仍然修饰句中的谓语动词；在(37)-(38)中，介词结构作为存现句的主语位于句首；在(39)-(40)中，介词结构位于句首修饰整个句子。表达"沿途"语义的介词结构还可以出现在定语位置上，比如：

（41）a. 沿着公路的学校

b. 沿着小河的房子

但下面则是不合法的表达：

（42）a. *他行走沿着小河。

b. *他建房沿着小河。

从(33)-(42)中的例句可以看出，汉语中表达"沿途"语义的方所介词结构可以作状语，出现在动词前或句首，修饰句子的谓语动词或整个句子；也可以作为主语出现在某些存现句句首；还可以出现在定语位置上修饰名词。该类介词结构一般不出现在动词之后和宾补位置。

最后看表达"经由"语义的方所介词结构在句子中的分布情况。现代汉语中典型的表示"经由"语义的介词有"经""从""由""经由"等，一般位于动词前作状语，请看下例：

(43) 1919 年 3 月 - 4 月，毛泽东<u>经上海</u>回到湖南。(《中国社会主义思想发展史》王继平)

(44) 帝国主义倾销的"洋货"和华东、华北、华中的工业品，也<u>经武汉</u>销往西南、西北及周围各地。(《中国经济战略发展概论》刘光杰)

而表达"经由"语义的"从"通常出现在类似于"从……经过"的格式中，比如：

(45) 两间高高的楼房，很显眼，一条小河<u>从门前流过</u>，河边一棵大榕树。　　　　　　　　　　　(《不曾沉没的小舟》钱国丹)

(46) <u>从桥上经过</u>，便可清楚地看见桥下或仰或仆或重叠的尸首，谁是敌人，谁是同志？

(《汀泗桥》方之中)

表示"经由"语义的介词结构在句中的位置较为固定，一般位于句中谓语动词前作状语，比如下面的表达均不合语法：

(47) a. ＊<u>经上海</u>，张三抵达北京。

　　　b. ＊张三抵达北京经上海。

　　　c. ＊经上海抵达张三北京。

　　　d. ＊经上海的车票

我们可以将汉语路径类方所介词结构的句法分布总结如下：

203

(48)

表 7-2　汉语路径类方所介词结构句法分布表

介词类型	句法位置					
	动词前（状语）	动词后（补语）	动词后（宾补）	名词前（定语）	句首（主语）	句首（状语）
来源类（从）	√				√	√
终点类（到）		√				
方向类（向）	√					
沿途类（沿）	√				√	√
经由类（经）	√					

由表 7-2 可知，表达"终点"和"经由"语义的介词结构在句子中的位置比较固定，而表达"来源""方向"和"沿途"语义的介词结构在句子中拥有多种位置类型，这为其在句子中的游移提供了结构上的基础。

7.2　方所介词结构在句子中的游移形式

7.2.1　方位类（Place）方所介词在句子中的游移形式

上一节指出，表达"处所"语义的"在"具有较为多样的句法分布，能够出现在动词前、动词后、句首状语、存现句主语、定语和宾补等位置。这种句法位置的多样性为介词结构在句中的游移提供了结构上的保障。请看以下例句：

(49) a. 张三写了几个字在桌子上。

　　b. 张三把字写在桌子上。

　　c. 张三在桌子上写字。

　　d. 在桌子上，张三写了几个字。

(50) a. 在公园里，人们正在悠闲地观赏花展。

b. 人们正在公园里悠闲地观赏花展。

c. *人们正在悠闲地观赏花展在公园。

d. *人们正在悠闲地把花展观赏在公园。

在(49)的各项中，介词结构"在桌子上"分别位于句子的宾补位置、补语位置、动词前和句首状语位置。也就是说，表达"处所"语义的介词结构可以从句子的末尾逐步向前移位至紧邻谓语动词之后、谓语动词之前和句首位置。而在(50)的各项中，句子谓语动词和宾语均为双音节词汇，在这种情况下，介词结构不能在谓语动词之后，只能出现在谓语动词之前和句首状语位置。介词结构可以从句中谓语动词之前的位置向句首状语位置漂移。从(49)和(50)中的语言事实可以看出，介词结构的移位形式和动词的语法、语义和韵律存在密切的关联。

7.2.2 路径类(Path)方所介词结构在句子中的游移形式

我们在第一节中指出，表达"终点"和"经由"语义的方所介词结构在句子中的位置较为固定，因此结构游移较为受限。而表达"来源""方向"和"沿途"类的介词结构可以在句中占据不同的句法位置，因此为其在句子中的游移提供了结构上的便利。比如表达"来源"语义的介词结构可以在句中进行移位：

(51) a. 张三从李四那里打听到一些消息。

b. 从李四那里，张三打听到一些消息。

(52) a. 几个人从村口走来。

b. 从村口走来几个人。

c. *从村口几个人走来。

在(51)中，介词结构从谓语动词前向前游移至句首状语位置。虽然在(52)中，介词结构也从动词之前游移至句首，但需要引起句子中多个成分的结构位置的改变。在上一节中我们指出，表达"方向"语义的介词结构一般出现在谓语动词之前和谓语动词之后，这为介词结构在句中的游移提供了结构上的基础：

(53) a. 白云缓缓地飘向远方。

b. 白云缓缓地向远方飘去。

c. ?白云缓缓地向远方飘。

d. ?白云缓缓飘向东。

e. 白云缓缓向东飘。

(54) a. 张三沿着小河走向西边。

b. 张三沿着小河向西边走去。

c. ?张三沿着小河向西边走。

d. ?张三沿着小河走向西。

e. 张三沿着小河向西走。

(53)和(54)显示，由"向"构成的介词结构可以从谓语动词之后飘移至谓语动词之前，但需要满足一定的韵律方面的要求。此外，某些表达"方向"语义的介词结构的句法位置较为固定，其进行结构游移较为困难：

(55) a. 汽车往南边驶去。

b. *汽车驶去往南边。

c. 张三往北走。

d. *张三走往北。

在上例中，表达"方向"语义的介词"往"出现在谓语动词前，其在谓语动词后会导致句子不合语法(b项和c项)。表达"方向"语义的介词"朝"的情况与之类似：

(57) a. 张三朝南走。

b. *张三走朝南。

      c. 张三朝南边走去。

      d. *张三走去朝南边。

因此表达"方向"语义的介词结构在句中的游移情况也受到词汇本身具体用法的影响。在现代汉语中表达"方向"语义的介词结构中，由"向"构成的介词结构可以在谓语动词前后进行游移。

最后看表示"沿途"语义的介词结构在句子中的游移情况。我们在7.1节中讨论了介词"沿着"在句子中的句法分布，指出其可以出现在句首状语位置、存现句主语位置和谓语动词之前，这种位置上的多样性为介词结构在句中的游移提供了可能，比如：

(58) a. 我们沿着这条小路一直往前走。

      b. 沿着这条小路，我们一直往前走。

(59) a. 沿着墙边堆放着许多旧书。

      b. 许多旧书沿着墙边堆放着。

在(59)中，介词结构"沿着这条小路"从谓语动词之前移位至句首状语位置，但介词结构在句中仍然修饰谓语动词。在(59)中，a项是存在句，介词结构位于句首充当句子的主语，而b项中的成分位置进行了较大的改变，介词结构位于谓语动词之前。在(52)中，我们指出，介词"从"在隐现句中的游移造成了句中成分顺序的较大改变。因此在本书中，我们暂不考虑介词结构在存现句和隐现句中的游移情况。在普通句式中，表达"沿途"语义的方所介词结构可以在谓语动词之前和句首状语位置之间进行游移。我们可以将汉语方所介词结构在句中的游移情况总结如下：

(60)

表7-3 汉语方所介词游移情况表

介词类型	游移范围
处所类(在)	句首状语位置↔谓语动词之前↔补语位置↔宾补位置
来源类(从)	句首状语位置↔谓语动词之前
方向类(向)	谓语动词之前↔谓语动词之后
沿途类(沿)	句首状语位置↔谓语动词之前

从上表可以看出,由表达"处所"语义的介词"在"所构成的介词结构在句中游移的区间较为广泛,而表达"来源""方向"和"沿途"语义的介词结构主要在两个句法位置之间进行游移。

7.3 方所介词结构游移的推导机制及动因

7.3.1 方位类(Place)方所介词结构游移的生成机制

关于方所介词结构在句子中的游移现象,目前具有针对性的研究不是很多。林忠(2012,2013a,2013b,2014)从语篇功能的视角对介词结构在句中的漂移现象展开了研究。本节尝试从形式语言学的角度对方所介词结构在句子中的游移现象提供解释。我们在7.2节中指出,由"在"构成的方位介词结构在句子中具有较为多样的句法分布,如下例所示:

(61) a. 张三写了几个字在黑板上。

b. 张三把字写在黑板上。

c. 张三在黑板上写了几个字。

d. 在黑板上,张三写了几个字。

如上例所示,介词结构"在黑板上"从句子的末尾逐步游移至句首。在a项中,介词结构作动词"写"的宾语补足语;在b项中,介词结构作动词的补语;在c项中,介词结构位于谓语动词之前修饰动词;在d项中，介词结构位于句首状语的位置。在语义上,"在"可以表示静态的处所和动作的终点，这一点我们在第三章中对介词进行分类的时候已经提及。请看下例：

(62) a. 张三在床上躺着。

　　 b. 张三躺在床上。

(63) a. 张三在桌子上写字。

　　 b. 张三把字写在桌子上。

在(62)中，a项"在床上"位于谓语动词之前，在语义上对谓语动词进行修饰，强调动作发生的处所；b项"在床上"位于动词之后，在语义上强调动作"躺"的终点。二者在语义上差别不大。而在(63)中，a项"在桌子上"位于谓语动词之前，强调动作"写"发生的场所，"字"不一定写在桌子上，有可能写在笔记本上；b项"在桌子上"位于动词之后，强调动作完成的终点，"字"被写在桌子上，因此二者差别较为明显。因此可以说，方所介词"在"可以携带两种方所语义特征：[＋loc]和[＋goal]。当强调静态的"处所"语义时，"在"的[＋loc]特征得以凸显，而当强调动作完成的"终点"语义时，"在"的[＋goal]和[＋loc]特征同时得以凸显。

动词之前和动词之后是介词"在"所经常出现的两个句法位置。一般来讲，当出现在动词之前的时候，介词结构强调动作发生的处所，凸显"处所"含义；而当介词结构位于动词之后的时候，其在语法上作动词的补语成分，在语义上凸显动作完成的"终点"含义。请看以下例句：

(64) a. 在台阶上跳　　跳在台阶上

　　 b. 在桌子上蹦　　蹦在桌子上

在上例中，"在台阶上跳"和"在桌子上蹦"强调动作"跳"和"蹦"发生的场所，而"跳在台阶上"和"蹦在台阶上"强调动作完成的场所。在某些不能表达终点场所语义的单音节动词类型中，"在"一般不能出现在动词之后，比如：

(65) a. 在床上哭　？哭在床上

　　　b. 在屋里听　？听在屋里

在上例中,"哭"和"听"不含有典型的"终点"语义。因此,介词结构可以在其之前,强调该类动作发生的场所,而不能位于其后凸显该类动作完成的终点场所。而含有终点语义的动词则可以强调其动作发生的初始场所和动作完成的终点场所:

(66) a. 在院子里停着　停在院子里。

　　　b. 在桌子底下蹲着 蹲在桌子底下

在上例中,动词"停"和"蹲"含有内在的"终点"语义,可以表达动作的完成。因此,介词结构既可以在其之前对动作发生的场所进行限定,也可以位于其后对其动作完成的场所进行强调。因此,方所介词结构在句子中的位置受到语义方面的限制。此外,我们在上文中指出,介词"在"出现在动词之后的时候分为两种情况:

(67) a. 张三把字写在黑板上。

　　　b. 张三写了几个字在黑板上。

在上例中,介词结构"在黑板上"可以出现在动词的补语位置(a项)和宾语补足语位置(b项)。但这种句法分布要受到韵律因素的制约,比如:

(68) *张三写字在黑板上。

在(68)中,动词"写"的宾语为单音节的名词"字",句子不合语法。而(67)b中的动词后有体标记"了",而且动词宾语为多音节词汇,表达合法。当"在"位于宾语补足语的位置上时,除了韵律因素之外,体标记"了"也会对句子的合法度造成影响:

(69) a. ？张三写了字在黑板上。

　　　b. ？张三写几个字在黑板上。

　　　c. 张三写了几个字在黑板上。

从(67)–(69)中的例子可以看出,当"在"位于宾语补足语的位置上时,多音节宾语和体标记"了"共同制约着句子的合法度。体标记"了"表示动作的完成,凸显了动作发生的终点场所。

当"在"直接充当动词的补语的时候,动词宾语提前,介词"在"并入动词,比如:

(70) a. 那本书被放在了桌子上。

b. *那本书被放了在桌子上。

(71) a. 张三把画挂在了墙上。

b. *张三把画挂了在墙上。

从(70)–(71)可以看出,动词的直接宾语通过"把"和"被"进行了前置操作,体标记"了"不能出现在动词和介词之间,必须出现在动词和介词之后。这说明当动词的直接宾语为单音节名词时,受到韵律方面的制约,宾语前置,介词"在"和动词合并。

当由"在"构成的介词结构位于句首状语位置时,可以将介词结构视为话题成分修饰整个事件:

(72) a. 在公园里,人们正在悠闲地散步。

b. 在教室里,学生正在认真地读书。

在上例中,介词结构"在公园里"和"在教室里"作为句子的话题得到凸显,对其后动词发生的场所进行限定,而不是强调动作完成的终点场所。比如:

(73) a. 学生在教室里读书

b. 在教室里,学生正在读书。

(74) a. 学生把作业放在讲桌上。

b. *在讲桌上,学生放作业。

在(74)中,介词"在"携带[+loc]特征,凸显动作发生的处所,a项和b项的语义基本相同。在(75)中,介词"在"携带[+goal]和[+

loc]特征,凸显动作的终点位置,b项不能成立。这说明充当话题的介词"在"携带话题特征[+top]和处所特征[+loc]。

我们可以把"在"在句中的位置及语义要求表示如下:

(75)

表7-4 "在"的结构位置及语义特征情况表

结构位置	充当成分	语义特征
句首状语	话题	[+top][+loc]
动词之前	地点状语	[+loc]
动词之后	补语	[+goal][+loc]
动词之后	宾语补足语	[+goal][+loc]

下面我们以(61)中的句子为例,探索介词"在"在句子中游移的句法机制。我们将(61)中的句子重复如下:

(76) a. 张三写了几个字在黑板上。

b. 张三把字写在黑板上。

c. 张三在黑板上写了几个字。

d. 在黑板上,张三写了几个字。

我们在这里假设,句法操作的基本方式是合并和移位。句法移位造成了介词结构在句中不同位置之间的表层游移。特征核查是合并和移位的前提条件,而纳米句法的拼出操作为句法成分之间的特征匹配提供了技术手段。

首先看(76)a的生成过程。介词结构"在黑板上"首先生成。由于该介词结构位于动词之后,凸显的是动作完成的终点位置,因此介词"在"具有语义特征[+goal]和[+loc]。我们在第五章中指出,汉语介词结构的结构为 PathP – PlaceP – AxPartP – DP。介词投射部分为 PathP – PlaceP。前者分裂为 DirectionP、RouteP、PassageP、SourceP 和 GoalP 五种投射,后者分裂为 VicinityP 和 LocationP 两种投射。每种投射携带一种方所语义特征。纳米句法运算机制中的整体拼出(phrasal spell-out)可以将多个特征整体拼出为单一的词汇形式。在这种运算模式下，介词投射中的[+goal]和[+loc]特征被整体拼出为介词"在"。其过程如下(见图7-1)：

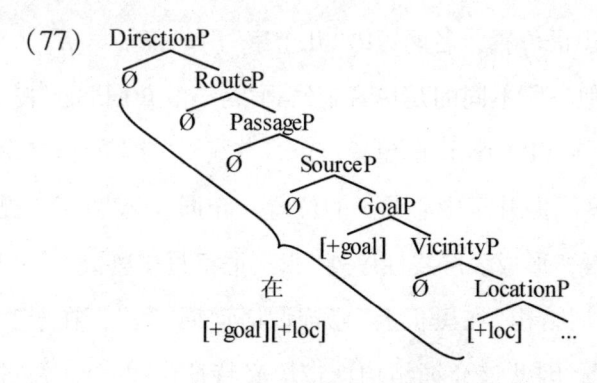

(77) DirectionP
　　　∅　RouteP
　　　　∅　PassageP
　　　　　∅　SourceP
　　　　　　∅　GoalP
　　　　　　　[+goal]　VicinityP
　　　　　在　　∅　LocationP
　　　　[+goal][+loc]　[+loc] ...

图7-1　整体拼出示意图

如上图所示，运算系统将特征[+goal]和[+loc]整体拼出为介词"在"。因此，介词结构"在黑板上"同时携带方所语义特征[+goal]和[+loc]。在(76)a和(76)b中，介词结构"在黑板上"位于动词之后，分别作动词的补语和宾语补足语成分，并凸显了动作完成的终点位置。(76)a和(76)b的生成过程如下图所示(见图7-2)：

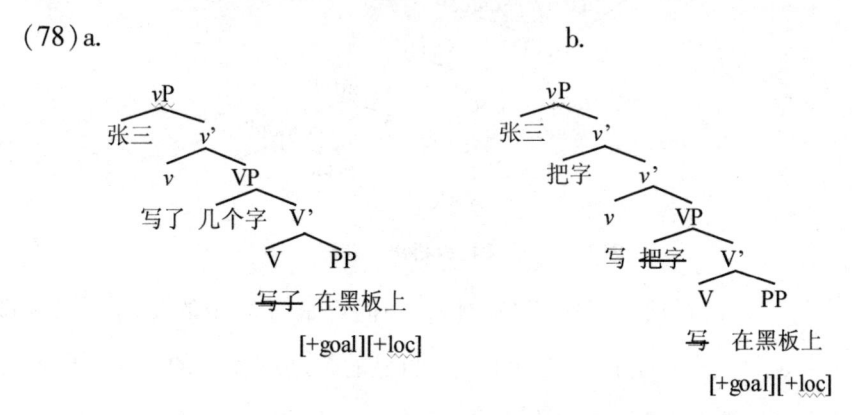

(78) a.　　　　　　　　　　　b.

　　　vP　　　　　　　　　　　vP
　张三　v'　　　　　　　　张三　v'
　　　v　　VP　　　　　　　　把字　v'
　　写了　几个字　V'　　　　　　v　　VP
　　　　　　　V　　PP　　　　　写　把字　V'
　　　　　写子　在黑板上　　　　　　　V　　PP
　　　　　　　[+goal][+loc]　　　　　写　在黑板上
　　　　　　　　　　　　　　　　　　　　[+goal][+loc]

图7-2　(76)a和(76)b生成过程

在(78)a中，介词结构"在黑板上"携带语义特征[+goal]和[+

213

loc],作为补语成分与动词"写了"合并(我们这里暂不考虑体标记"了"的影响)。动词的直接宾语"几个字"位于 VP 的标识语位置,主语"张三"位于轻动词投射 vP 的标识语位置。由于名词短语"几个字"在[spec,VP]位置上得不到结构格,动词"写了"提升至中心语 v 的位置,在结构上成分统制 VP 的标识语位置,名词短语"几个字"由此获得宾格。(78) b 的结构与(78)a 类似,所不同的是单音节宾语"字"由介词"把"提前,二者形成介词结构位于 VP 的标识语位置,单音节宾语"字"的宾格由介词"把"授予,动词"写"提升至中心语 v 的位置,介词成分"把字"提升至 vP 的中间投射位置,形成表层线性序列"张三把字写在黑板上"。

在(76)c 中,介词结构"在黑板上"修饰谓语动词"写",在语义上强调动作发生的处所,因此该介词结构携带语义特征[+loc]。在进入句法运算之前,介词"在"按照纳米句法的拼出方式进行拼出,使其携带特征[+loc],并将其与 DP"黑板上"合并生成"在黑板上"。介词投射的拼出过程如下图所示(见图7-3):

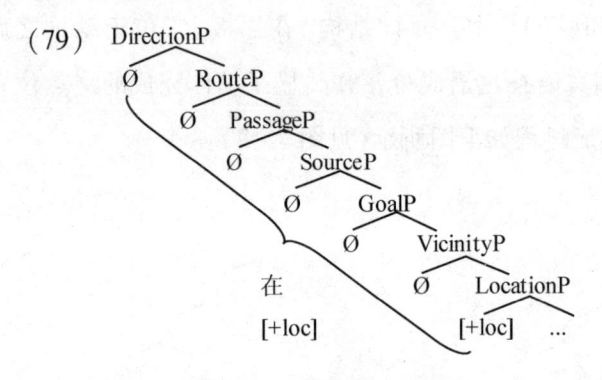

(79) DirectionP
　　Ø　RouteP
　　　　Ø　PassageP
　　　　　　Ø　SourceP
　　　　　　　　Ø　GoalP
　　　　　　　　　　Ø　VicinityP
　　　　　　　　　　　在　Ø　LocationP
　　　　　　　　　　　[+loc]　　[+loc] ...

图7-3　介词投射拼出示意图

(79)的拼出过程和(77)类似,不同点是(79)中的介词"在"仅携带[+loc]特征。因此,"在黑板上"凸显的是动词发生的处所。因此在结构上"在黑板上"修饰谓语动词,我们可以把(76)c 和(76)d 的生成过程表示如下(见图7-4):

(80) a.　　　　　　　　　b.

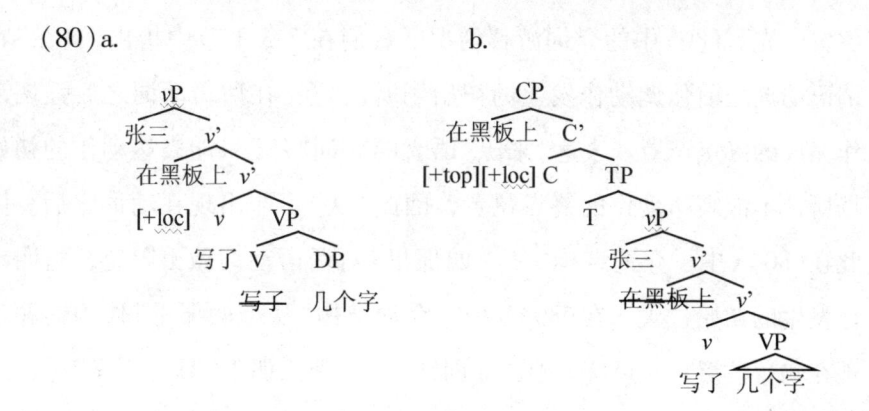

图7-4　(76)c和(76)d生成示意图

(76)c的生成过程如(80)a所示。介词结构"在黑板上"携带[+loc]特征,其在句法推导时和轻动词的中间投射进行合并,生成"张三在黑板上写字"这样的句子。(76)d的生成过程如(80)b所示。介词结构"在黑板上"首先合并至轻动词的中间投射位置,然后提升移位至CP的标识语位置,并在该位置获得话题特征[+top]。

7.3.2　路径类(Path)方所介词结构游移的生成机制

我们在第二节中指出,表达"来源""方向"和"沿途"语义的路径类方所介词结构在句中存在游移的现象。比如:

(80) a. 张三从李四那里获得了一些信息。

　　　b. 从李四那里,张三获得了一些信息。

(81) a. 白云缓缓地飘向远方。

　　　b. 白云缓缓地向远方飘去。

(82) a. 我们沿着这条小路一直走。

　　　b. 沿着这条小路,我们一直走。

(80)说明"来源"类方所介词结构可以出现在谓语动词前和句首状语位置;(81)说明"方向"类方所介词结构可以出现在谓语动词前后;(82)说明"沿途"类方所介词结构可以出现在谓语动词之前和句首状

215

位置。先看(80)中的介词游移情况。我们在7.3.1节中指出,"在"在谓语动词之前强调动作发生的初始场所,"在"在谓语动词之后强调动作完成的终点位置。表达"来源"语义的介词"从"只能表达动作的初始场所,不能表达动作的终点位置,因此"从"不能出现在动词之后。因此在(80)a中,介词结构"从李四那里"对谓语动词做出限定,指明动作发生的初始位置,在(80)b中,介词结构"从李四那里"作为话题出现在句首位置。在(80)a中,介词结构"从李四那里"具有语义特征[+sou]和[+loc],凸显动作发生的场所,而在(80)b中,介词结构"从李四那里"除了具有语义特征[+sou]和[+loc]之外,还从句首状语位置获得了话题特征[+top]。也就是说,介词结构从谓语动词之前提升至句首状语位置的内在动因在于核查话题特征[+top]。我们将(80)a和(80)b之间的联系表示如下(见图7-5):

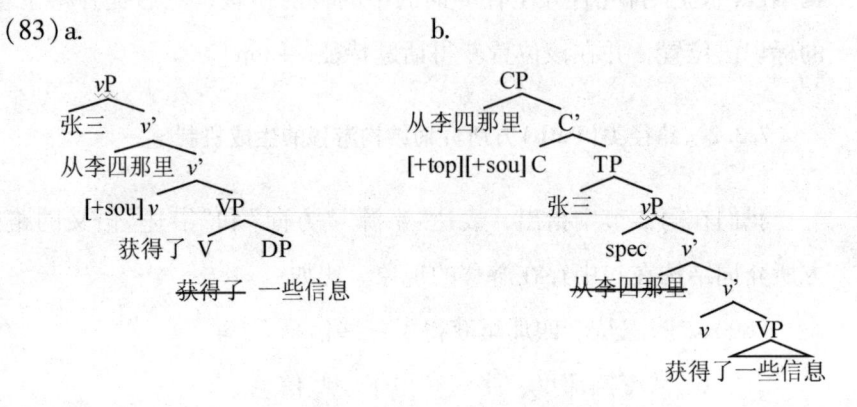

(83) a. b.

图7-5 (80)a和(80)b结构关系

在(83)中,运算系统根据纳米句法的拼出机制将介词"从"拼出,使其携带[+sou]特征。随后运算系统通过合并形成介词结构"从李四那里"。在(83)a中,介词结构合并至轻动词vP的中间投射位置,并在该位置对谓语动词进行修饰,强调动作发生的处所。在(83)b中,介词结构"从李四那里"移位至CP的标识语位置,并在该位置上获得话题特征[+top],原位置上的语迹被系统删除。

第7章 方所介词结构的句法分布及游移动因

在(81)中,表达"方向"语义的介词结构"向远方"出现在谓语动词之前和之后两个位置。和表达"处所"和"来源"语义的介词结构类似,位于谓语动词之后的介词结构强调动作的结果,而位于谓语动词之前的介词结构强调动作发生的方向。请看下例:

(83) a. 白云缓缓地飘向远方。

　　b. 白云缓缓地飘向了远方。

　　c. *白云缓缓地飘了向远方。

(84) a. 白云缓缓地向远方飘去。

　　b. 白云缓缓地向远方飘去了。

在(83)中,介词"向"并入了单音节动词中,体标记出现在"飘向"之后。"向远方"凸显了动词"飘"的结果,这一点和介词"在"表达"终点"位置的情况类似。而在(84)中,介词结构"向远方"对双音节谓语动词"飘去"进行修饰,强调动作进行的方向。(84)b 中体标记"了"表明动作完成,而不是凸显动作的方向性结果。此外,介词结构"向远方"一般不能出现在双音节动词之后,比如:

(85) *白云缓缓地飘去向远方。

我们可以将(81)中的句子结构分析如下(这里暂不考虑韵律因素的影响)(见图7-6):

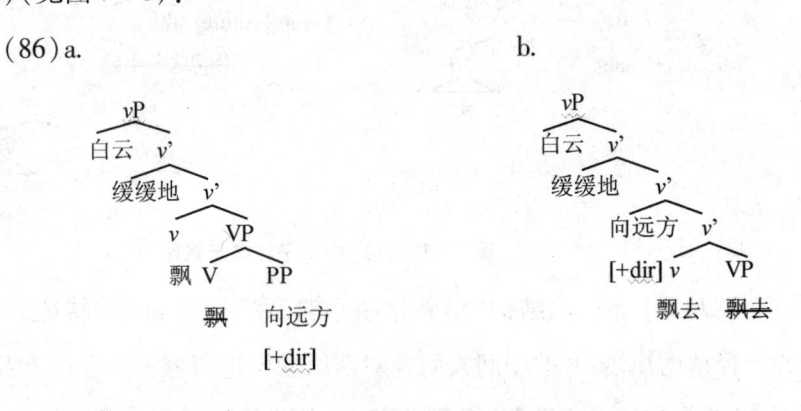

(86) a.　　　　　　　　　　　b.

图7-6　(81)中句子结构示意图

217

在(86)a中,介词结构"向远方"作单音节动词"飘"的补语,在语义上指明动作的方向性结果。在(86)b中,介词结构作为状语修饰双音节动词"飘去",指明动作发生的方向性。在句法运算的过程中,运算系统按照整体拼出的方式将介词"向"拼出,然后通过合并形成介词结构。在句法推导的过程中,介词结构在(86)a中与单音节动词合并,在(86)b中和轻动词vP的中间投射合并,形成句子的表层序列。介词结构在表层语序中所呈现出的差异是由其不同的合并位置所造成的。

我们最后看(82)中的句子结构。在(82)a中,介词结构"沿着这条小路"位于谓语动词之前对其进行修饰,强调动作发生的方位特点。在(82)b中,介词结构"沿着这条小路"位于句首,作为全句的话题得到语义上的凸显。和表达"来源"语义的介词"从"类似,表达"沿途"语义的介词结构可以位于谓语动词之前对动作发生的场所进行限定,也可以作为话题位于句首状语的位置得到凸显。介词结构在句法推导中不同的合并位置造成了表层的语序差异。我们把(82)中的句法推导表示如下(见图7-7):

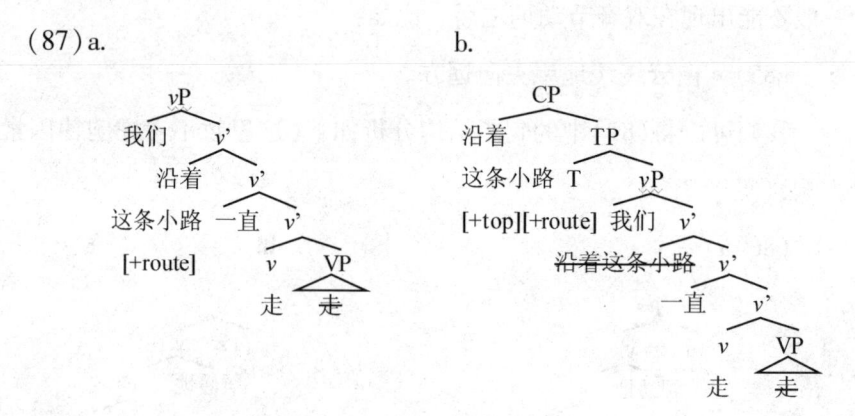

(87) a.   b.

图7-7 (82)中句子结构示意图

在(87)a中,介词结构"沿着这条小路"携带[+route]特征,直接合并至轻动词短语vP的中间投射,对谓语动词进行修饰。在(87)b中,介词结构"沿着这条小路"提升移位至CP的标识语位置,并在该位置获得话题特征[+top],从而得到语义上的凸显。

7.3.3 方所介词结构游移的内在动因

本章考察了方所介词结构在句子中的句法分布,总结出其在句中的游移形式,并用形式化的手段分析了方所介词结构在句子中的推导机制。我们指出,与不同类型的方所介词结构在句子中游移的形式有所不同,方所介词结构在句中的游移受到句法、语义和韵律方面的限制。其中,移位与合并是造成介词结构表层游移现象的句法手段,结构游移能够满足语义表达的多样化的需要,而结构游移同时也受到某些韵律因素的限制。请看下例:

(88) a. 张三在桌子上写字。

b. 张三把字写在桌子上。

(89) a. 张三从李四那里获得了一些信息。

b. 从李四那里,张三获得了一些信息。

在(88)中,介词结构"在桌子上"的表层语序差异来源于介词结构在句法推导中不同的合并位置:a项中的介词结构直接与轻动词 vP 的中间投射合并,充当状语对谓语动词进行修饰,旨在强调动作发生的场所。b项中的介词结构作为补语直接与谓语动词合并,指明动作完成的终点位置。在(89)中,介词结构"从李四那里"的表层语序差异来源于介词结构在句法推导过程中的移位操作:a项中的介词结构直接与轻动词 vP 的中间投射合并,充当状语对谓语动词进行修饰,这一点和(88)a的情况类似。b项中的介词结构则从轻动词 vP 的中间投射位置移位至 CP 的标识语位置,作为句子的话题而获得语义上的凸显。

(88)和(89)之间在句法操作方面的差异源自语义表达和韵律特点方面的限制。(88)中的谓语动词为单音节动词,具有较为特殊的韵律特征。介词结构"在桌子上"的移位会导致句子内部结构的变化,因此介词结构的表层游移源自句法推导中不同的合并位置。而(89)中的介词游移不涉及句子内部的成分变化和结构调整。因此，介词结构的表层游移源自句法推导中的移位操作。而合并和移位所导致的表层介词结构游移的内在动因在于特征的选择(selection)与核查(checking)。比如在(88)中，单音节动词"写"要求其后的补语携带[＋loc]和[＋goal]特征，用来指明动作完成的终点位置。而位于谓语动词前的介词结构只需要携带[＋loc]特征，用来凸显动作发生的场所。特征选择决定了介词结构不同的合并位置。而在(89)中，位于谓语动词之前的介词结构携带[＋dir]特征对动词进行修饰，其需要移位至CP的标识语位置并获得话题特征[＋top]，才能得到语义上的凸显。

因此，纳米句法的拼出操作为介词结构特征的携带提供了基础，而特征的选择与核查驱动了句法运算中的合并与移位，形成了介词结构在句中的表层游移现象。

7.4　本章小结

本章探索了汉语方所介词结构在句中的游移机制及内在动因。7.1节通过具体的语料分别考察了方位类介词结构和路径类介词结构在句中的句法分布。7.2节在句法分布的基础上，明确了方位类介词结构和路径类介词结构在句中游移的范围和形式。本节指出，方位类介词结构的游移主要表现为表达"处所"语义的介词"在"的游移。路径类介词结构的游移则表现为表达"来源""方向"和"沿途"语义的介词结构的游移。"在"的游移范围较为广泛，体现为"句首状语位置↔谓语动词之前↔补语位置↔宾补位置"区域之间的游移，而"从""向"和"沿着"等表达"来源""方向"和"沿途"语义的介词则主要在两个区域之间进行游移。7.3

节探索了方所介词结构在句中漂移的推导机制和内在动因。本节认为，介词结构的句法分布受到语法、语义和韵律等因素的制约，介词结构在句中表层的游移现象由不同的合并位置和句法移位所导致。纳米句法所倡导的拼出操作使介词结构携带特有的语义特征，而特征的选择与核查是驱动合并和移位的内在动因，直接导致了介词结构在句中的表层游移现象。

第8章 结 语

8.1 创新之处及存在问题

本书在生成语法的新近发展——纳米句法的理论框架下探索了汉语方所介词的结构形式及生成机制,并结合形式句法的运算方式为方所介词结构在句中的游移现象提供了理论解释。本书在全面梳理前人研究成果的基础上,从五个方面对汉语方所介词展开研究:1.方所介词的类型及句法语义特征;2.方位成分的类型、句法性质和语义功能;3.方所介词结构的内部构造及生成机制;4.方所介词结构中介词及方位词的隐现机制;5.方所介词结构的句法分布及游移动因。本书基于方所语义特征,将汉语方所介词分为"方位"(Place)和"路径"(Path)两个大类,前者包含"临近"和"处所"两个次类,后者包含"来源""终点""方向""沿途"和"经由"五个次类。每个类型的方所介词具有不同的语义强制性,对其后的名词性成分具有不同的语义要求。本书在语言类型学的视角下探索了汉语方所介词结构的内部构造,并在纳米句法的框架下阐述了方所介词结构的推导运算。在明晰了汉语方所介词结构的句法构造及语义特点的基础上,本书全面探索了方所介词结构中介词及方位词的隐现机制，并且对其在句中的游移形式及内部动因做出了研究。总体来说，本书的研究涵盖了方所介词结构的语义特征、句法构造、生成过程、隐现机制和游移动因等主要方面。本书的创新之处主要体现在以下几个方面：

第一，在纳米句法的理论框架下探讨了汉语方所介词结构的内部构造及生成机制。纳米句法善于语义的细致分解和结构的精密刻画，能够深刻地解释形态与句法界面之间的动态互动，为汉语方所介词的研究提供了坚实的理论基础。

第二，对汉语方位成分进行了科学的分类，揭示了汉语方所结构中"轴向部分"（Axial Part）的句法属性和语义功能。传统意义上的单音节方位词（如"上""下""左""右"等）被分析为"外轴向部分"，单音节准方位词（如"心""角""腰""脚"等）被分析为"内轴向部分"，其语义功能在于指明物体之间的相对位置，在结构中拥有自身独立的句法投射。

第三，提出了"语义强制性"这一概念，并根据语义强制性为汉语方所介词结构中方位词的隐现提供了理论解释。传统的研究主要着眼于"在+方位成分"中方位词的隐现问题。本书揭示了不同类型的方所介词所具有的语义特征，并将语义特征[+loc]视为语义强制性的来源。在语义特征类型和语义强制性的基础上，本书对方位词在不同类型的方所介词结构中的隐现规律提供了解释。

第四，在研究方所介词结构内部构造和生成机制的同时，兼顾语言类型学视角，在对比分析方所表达在其他语言中的结构形式的基础上，构建出汉语方所介词结构具有语言普遍性的层级性结构形式。将汉语方所介词结构放在语言类型学的视域中进行考察，能够凸显汉语方所介词结构的语言普遍性特征，更能全面深刻地揭示其内部构造及结构特征。

第五，本书在揭示汉语方所介词结构的内部构造的基础上，将其作为一个整体，探索了其在句子中的句法分布和游移形式，并详细刻画了方所介词结构游移的推导机制和内在动因。因此,本书对汉语方所介词结构的内部句法构造和外部句法表现均进行了较为全面的研究。

当然,本书的研究仍然存在一些问题,有待在将来的研究中进行进一步的探索与完善。首先,介词结构的跨语言对比过程中的语料范围不够广泛,语言类型和语料范围需要进一步的充实与扩展。其次,本书对于汉语方所介词结构的研究仅仅局限于"方所介词+方位成分"的结构类型,尚未涉及"在桌子以上五厘米处""在长城以北五千米"等含有数量短语的方所介词结构的研究,也没涉及"*桌子在书包下面"等非常规表达的内部机理。第三,我们在第七章中考察方所介词结构的句法分布中指出,汉语方所介词结构在句子中的句法位置除了受到语法语义因素的制约之外,还要受到韵律因素的制约。以介词"在"为例,其结构位置和句中动词和宾语的音节数量关系密切。比如"写在黑板上""写了几个字在黑板上"合法,而"*写字在黑板上"不合法。这里涉及句法-韵律的接口问题。本书在探讨方所介词结构的游移形式及生成动因的过程中暂时回避了句法与韵律的接口问题。这些不足与缺陷我们将在今后的研究中进行进一步的完善。

8.2 研究总结及未来展望

本书在纳米句法的理论框架下对汉语方所介词进行了研究。第一章阐明了本书的研究对象、选题意义、目的方法及章节安排。第二章全面介绍了纳米句法的产生背景、理论模型、操作要件及具体应用。第三章在前人研究的基础上,对汉语方所介词进行了分类,探索了方所介词的语义特征及语义强制性,并刻画出汉语方所介词结构的普遍性层级结构。第四章对汉语方位成分进行了分类,全面分析了方位成分的句法语义特征，并对汉语方位词及准方位词的句法地位和语义功能进行了研究。第五章系统分析了汉语方所介词的句法表现，并在此基础上探索了汉语方所介词结构的内部构造、推导机制及生成动因。第六章深入考察了汉语方所介词结构中介词及单音节方位词的隐现规律，并为其隐现机制提供了理论解释。第七章分析了汉语方所介词结构的句法分布，探索其在句中的游移形式及内在动因。

尽管本书对汉语方所介词的结构形式及推导机制进行了较为深入的研究，分析了方所介词结构中前后项的隐现规律及内在机制，并且探索了方所介词结构在句子中的句法分布及游移动因，在研究范围和研究深度上，本书仍然存在较大的提升空间。正如上文所指出的，本书在对比分析过程中所选用的语料不够丰富，在研究中所涉及的方所介词结构类型不够全面，在解释过程中的理论分析仍有待深入。在今后的研究中，应该着力从以下几个方面入手，逐步丰富并完善本书的研究：

第一，进一步深化纳米句法理论的探索与研究，提高其理论模型及操作方式在汉语中的兼容性与解释力。作为一种高度解析性的语言，汉语具有自身独特的语法特征及表达方式，有些特定的语言结构及语言现象并不能在形式化的语言学理论框架下得到令人满意的解释。纳米句法着眼于语言结构的精密描写与刻画，其所倡导的理论模型与运算方式为汉语语法研究提供了全新的理论视角。进一步提升纳米句法理论与汉语语法的契合度，是我们将来努力的方向。

第二，进一步拓展语言对比过程中的语料范围，为汉语方所介词结构的研究提供更为全面的语言类型学支撑。本书在探索汉语方所介词结构的普遍性层级序列的过程中涉及了英语、法语、德语、埃塞俄比亚方言以及达吉斯坦语族等语言，但从语言类型学的视角来看，本书所涉及的语言类型仍然不够多样化。在今后的研究中，应该进一步拓展研究的语料范围，为汉语方所介词结构的语言普遍性研究提供更为坚实的语言类型学支撑。

第三，进一步加强对更为复杂的方所介词结构（比如含有数量短语的方所介词结构）的探讨，并为某些方位表达（比如*桌子在书包下面）的不合理性提供解释。本书聚焦于汉语介词的句法结构及其句法分布的研究，尚未涉及更为复杂的介词结构以及不同事物之间空间关系的研究。因此在今后的研究中，应该强化这方面的探索与研究，努力对汉语方所介词结构做出更为系统全面的描写与解释。

第四，进一步强化句法-韵律接口理论的探索与应用，使其能够在解释汉语方所介词结构的句法分布的过程中发挥作用。在本书第七章中我们已经看到，方所介词结构在句中的结构位置和游移形式受到韵律因素的制约，动词及其宾语的音节数量对介词结构的句法位置具有显著的制约作用。句法-韵律接口理论能够为介词结构在句子中的句法分布提供更为深刻的理论解释，从而帮助我们发掘引发介词结构表层游移的内在动因。

附录　本书常用术语英汉对照表

专业术语	对应汉译
agglutinating languages	黏着语
agreement	一致
allomorph	语素变体
antisymmetry	反对称性
articulatory – perceptual system	发声 – 感知系统
axial part, AxPart	轴向部分
AxPart$_{EX}$	外轴向部分
AxPart$_{IN}$	内轴向部分
base generate	基础生成
binary branching	双分枝
cartography	制图理论
category – assigning morpheme	赋类语素
circumposition	框式介词
circumfix	环缀
clitic	附着成分
clitic pronoun	附着代词
conceptual – intentional system	概念 – 意向系统
cyclic movement	循环移位
degree modifier	程度修饰语

续表

专业术语	对应汉译
descriptive adequacy	描写充分性
diacritic feature	附加特征
directional preposition	方向介词
dislocation	易位
distributed morphology, DM	分布式形态学
eigenspace	本征空间
elsewhere condition	别处条件
explanatory adequacy	解释充分性
extended projection, EP	扩展性投射
feature bundle	特征束
final–over–Final Condition, FOFC	"后冠后"条件
fission	分裂
functional category	功能范畴
fusion	融合
grammaticalization	语法化
head	中心语
incorporation	并入
interface	界面
interpretable feature	可解释性特征
left periphery	左缘结构
lexicalization	词汇化
lexicon	词库
lexical array, LA	词汇序列
lexical entry	词项
locative preposition	方所介词
logical form, LF	逻辑式
lowering	下降
minimalist program	最简方案

续表

专业术语	对应汉译
merge	合并
movement	移位
nanosyntax	纳米句法
narrow syntax	狭式句法
neo-constructionist	新构式理论
nominalization	名物化
one feature-one head maxim, OFOH	特征-中心语——对应定理
phase	语段
Phonetic Form, PF	语音式
phonological exponent	音系形式
portmanteau morphology	混成形态
postposition	后置词
prosodic word, PrWd	韵律词
raising	提升
right branching	右向分叉
root	词根
snowball movement	整体移位
spatial preposition	空间介词
spell-out	拼出
spell-out loop	拼读回路
split	分裂
stative preposition	静态介词
stay	停留
strong pronoun	强代词
syncreticism	类并
transfer	移交
underspecification	不充分赋值
uninterpretable feature	不可解释性特征

续表

专业术语	对应汉译
Universal Grammar	普遍语法
universal feature sequence	普遍特征序列
vector space	矢量空间
vocabulary insertion	词汇插入
vocabulary item	词汇项目
weak pronoun	弱代词

参考文献

[1]白晓静.介词"往"在句中的省略用法浅析[J].潍坊学院学报,2010(1):57-59.

[2]贝罗贝,曹茜蕾.汉语方位词的历时和类型学考察[J].曹嫄,译.语言学论丛,2014(2):32-59.

[3]蔡言胜.中古以前汉语方位结构历时考察[J].南开语言学刊,2007(2):67-73.

[4]蔡言胜.《世说新语》方位词研究[M].天津:南开大学出版社,2008.

[5]陈昌来.介词与介引功能[M].合肥:安徽教育出版社,2002.

[6]陈昌来.汉语"介词框架"研究[M].北京:商务印书馆,2014.

[7]陈信春.介词运用的隐现问题研究[M].开封:河南大学出版社,2001.

[8]陈芊芳.存在句中处所介词"在"的隐现[D].湖南大学硕士学位论文,2012.

[9]陈瑶.官话方言方位词研究[M].武汉:武汉大学出版社,2014.

[10]程工,李海.分布式形态学的最新进展[J].当代语言学,2016(1):97-119.

[11] 储泽祥. 现代汉语的命名性处所词[J]. 中国语文, 1997(5): 326-335.

[12] 储泽祥. 现代汉语方所系统研究[M]. 武汉: 华中师范大学出版社, 2003.

[13] 储泽祥. 汉语"在+方位短语"里方位词的隐现机制[J]. 中国语文, 2004(2): 113-122.

[14] 储泽祥. 汉语处所词的词类地位及其类型学意义[J]. 中国语文, 2006(3): 216-224.

[15] 樊海燕. 现代汉语方位词隐现问题研究[D]. 南京师范大学硕士论文, 2008.

[16] 范继淹. 范继淹语言学论文集[M]. 北京: 语文出版社, 1986.

[17] 方经民. 论汉语空间区域范畴的性质和类型[J]. 世界汉语教学, 2002(3): 37-48.

[18] 方经民. 现代汉语方位成分的分化和语法化[J]. 世界汉语教学, 2004(2): 5-15.

[19] 方经民. 论汉语空间方位参照认知过程中的基本策略[J]. 中国语文, 1999(1): 12-20.

[20] 冯宏. 英汉方所介词对比初探[J]. 渭南师范学院学报, 2003(12): 154-155.

[21] 冯胜利. 汉语的韵律、词法与句法[M]. 北京: 北京大学出版社, 1997.

[22] 冯胜利. 汉语韵律句法学[M]. 上海: 上海教育出版社, 2000.

[23] 冯胜利. 汉语韵律语法研究[M]. 北京: 北京大学出版社, 2005.

[24]傅雨贤,周小兵,李炜,等.现代汉语介词研究[M].广州:中山大学出版社,1997.

[25]郭格.方所类框式介词"在……上"研究[D].湖南大学硕士学位论文,2016.

[26]蒋利.现代汉语方所介词的语义功能比较[J].淮海工学院学报(社会科学版),2015(6):53-55.

[27]冷淑梅.介词短语"在+X"的句法位置及介词"在"的隐现问题考察[D].北京语言大学硕士学位论文,2011.

[28]李崇兴.处所词发展历史的初步考察[M].北京:商务印书馆,1992.

[29]黎锦熙、刘世儒.中国语法教材[M].北京:五十年代出版社,1955.

[30]李婧.现代汉语方位结构中"上"和"里"的隐现考察[D].上海外国语大学硕士学位论文,2017.

[31]李亚非.汉语方位词的词性及其理论意义[J].中国语文,2009(2):99-109.

[32]廖秋忠.空间方位词和方位参考点[J].中国语文,1989(1):21-25.

[33]林晓桓.中古汉语方位词研究[M].北京:中央民族大学出版社,2011.

[34]林忠.句式中介词结构漂移的语篇语用阐释[J].重庆邮电大学学报(社会科学版),2012(3):111-115.

[35]林忠.介词漂移的语篇及物性阐释[J].重庆邮电大学学报(社会科学版),2013(2):113-121.

[36]林忠.介词结构漂移的语用功能阐释[J].中国社会科学院研究生院学报,2013(4):114-119.

[37] 林忠. 漂移介词结构的语义功能研究[J]. 中国社会科学院研究生院学报, 2014(3): 105-109.

[38] 刘兵. 汉语介词的隐现与论元标识功能的转换[J]. 云南师范大学学报, 2005(4): 27-32.

[39] 刘禀诚. 新闻标题的方所成分与介词隐现[J]. 重庆三峡学院学报, 2017(5): 89-93.

[40] 刘丹青. 汉语中的框式介词[J]. 当代语言学, 2002(4): 241-253.

[41] 刘丹青. 语序类型学与介词理论[M]. 北京: 商务印书馆, 2003.

[42] 刘宁生. 汉语怎样表达物体空间关系[J]. 中国语文, 1994(3): 169-179.

[43] 刘艳红. 唐五代方位词研究[M]. 北京: 中国社会科学出版社, 2015.

[44] 卢福波. 对外汉语教学实用语法[M]. 北京: 北京语言大学出版社, 1996.

[45] 陆庆和. 实用对外汉语教学语法[M]. 北京: 北京大学出版社, 2006.

[46] 吕叔湘. 中国文法要略[M]. 上海: 商务印书馆, 1947.

[47] 马贝加. 近代汉语介词[M]. 北京: 中华书局, 2002.

[48] 马建忠. 马氏文通[M]. 北京: 商务印书馆, 1898/1983.

[49] 麦子茵. 介词"在"的隐现机制研究[D]. 北京大学硕士学位论文, 2007.

[50] 齐沪扬. 现代汉语空间问题研究[M]. 上海: 学林出版社, 1998.

[51] 邱斌. 古今汉语方位词对比研究[D]. 复旦大学博士学位论

文,2007.

[52]邱斌. 汉语方位类词相关问题研究[M]. 上海:学林出版社,2008.

[53]石定栩."的"和"的"字结构[J]. 当代语言学,2008(4):298–307.

[54]史冬青. 先秦至魏晋时期方所介词的历时考察[D]. 山东大学博士学位论文,2008.

[55]史冬青. 两汉魏晋方所介词"从"的历史演变[J]. 山东社会科学,2008(5):150–156.

[56]史冬青. 先秦至魏晋时期方所介词"由"的历史演变[J]. 菏泽学院学报,2009(4):122–127.

[57]史冬青. 先秦至魏晋时期的方所介词"于"[J]. 山东师范大学学报(人文社会科学版),2010(1):16–21.

[58]史冬青. 先秦至魏晋时期方所介词研究[M]. 济南:齐鲁书社,2009.

[59]史冬青. 对先秦至魏晋时期方所介词"以"的考察[J]. 菏泽学院学报,2010(3):117–121.

[60]施建平. 汉语方位词"左""右""东""西""南""北"发展演变史[M]. 广州:暨南大学出版社,2018.

[61]施建平. 汉语方位词"上""下""内""外""里""中"发展演变史[M]. 广州:暨南大学出版社,2018.

[62]施建平. 汉语方位词"前""后"发展演变史[M]. 广州:暨南大学出版社,2018.

[63]石轶兰."介词+N/NP+方位词"中方位词的研究[D]. 东北师范大学硕士学位论文,2009.

[64]司富珍. 中心语理论与汉语的DP[J]. 当代语言学,2004(1):

26-34.

[65]孙文统."后冠后"条件——一条普遍性的句法制约原则[J]. 外文研究,2019(1):98-101.

[66]孙文统. 纳米句法:生成语法研究的新范式[N]. 中国社会科学报,2020-03-03(003).

[67]王红广. 复合方位词"前后""左右""上下"研究[M]. 天津:南开大学出版社,2009.

[68]王世群. 现代汉语框式介词研究[D]. 南京师范大学博士论文,2013.

[69]王世群. 现代汉语框式介词研究[M]. 南京:南京大学出版社,2016.

[70]王用源. 道书《太平经》的方所介词系统[J]. 新余学院学报,2016(5):34-38.

[71]肖治野."到"字结构中"从"的隐现之管见[J]. 河北师范大学学报(哲学社会科学版),2003(6):112-117.

[72]徐烈炯,刘丹青. 话题的结构和功能[M]. 上海:上海外语教育出版社,2007.

[73]杨朝军. 汉语框式介词"在+NP+L"中方位词的隐现研究[J]. 外文研究,2019(3):1-10.

[74]于娟娟. 唐五代至现代汉语方所介词历时考察[D]. 苏州大学硕士学位论文,2010.

[75]张宏胜. 介词"在"位于句首时的隐现形式描写[J]. 新疆教育学院学报,1996(3):31-35.

[76]张金生. 英汉空间介词多义性对比研究——认知语言学视角[M]. 开封:河南大学出版社,2017.

[77]张颖. 方所介词与单双音方位词组配的不对称性[J]. 浙江师

范大学学报(社会科学版), 2015(4): 89-95.

[78]张友学. 句首介词"在"的隐现及其对外汉教学的启示[D]. 上海外国语大学硕士学位论文, 2010.

[79]张云峰. 近代汉语框式介词研究[M]. 安徽: 黄山书社, 2014.

[80]郑继娥. 上古汉语方所介词"在"的对比研究——以《今文尚书》、甲骨文和金文为例[J]. 汉字汉语研究, 2019(1): 86-98.

[81]朱德熙. 语法讲义[M]. 北京: 商务印书馆, 1982.

[82]朱赛萍. 韵律制约下的PP前后分置及介词隐现问题——以双音节动宾式[VO]+PP结构为例[J]. 汉语学习, 2014(5): 59-66.

[83]邹霞. 句首"在+处所词"中"在"字隐现规律及其教学[D]. 南昌大学硕士学位论文, 2011.

[84] Abney, Steven Paul. The English Noun Phrase in Its Sentential Aspect[M]. Doctoral Dissertation, MIT, 1987.

[85] Aboh, Enoch Oladé. The Morphosyntax of Complement-Head Sequences[M]. New York: Oxford University Press, 2004.

[86] Ameka, Felix. Prepositions and postpositions in Ewe (Gbe): Empirical and Theoretical Considerations[C]//In Typologie des langues d'Afrique et universaux de la grammaire, edited by Patrick Sauzet and Anne Zribi-Hertz, 41-46, Paris: L'Harmattan, 2003.

[87] Ayano, Seiki. The Layered Internal Structure and the External Syntax of PP[D]. Doctoral Dissertation of Durham University, 2001.

[88] Baunaz, Lena and Lander, Eric. Nanosyntax: The Basics[C]// In Exploring Nanosyntax. Edited by Lena Baunaz, Karen De Clercq, Liliane Haegeman and Eric Lander. Oxford: Oxford University Press, 2018.

[89] Beyraube, Alain. Les Constructions Locatives en Chiinois Moderne

[M]. Paris: Edition Languages Croises, 1980.

[90] Belletti, Adriana (ed.). Structures and Beyond: The Cartography of Syntactic Structures. Vol 3 [M]. New York: Oxford University Press, 2004.

[91] Biberauer Theresa, Anders Holmberg, and Ian Roberts. A Syntactic Universal and Its Consequences [J]. Linguistic Inquiry, 2014 (45): 169 – 225.

[92] Biberauer Theresa, Glenda Newton, and Michelle Sheehan. Limiting Synchronic and Diachronic Variation and Change: The Final – over – Final Constraint[J]. Language and Linguistics, 2009(10): 699 – 741.

[93] Biberauer Theresa, Michelle Sheehan, and Glenda Newton. Impossible Changes and Impossible Borrowings[C]//In Continuity and Change in Grammar, edited by Anne Breitbarth, Chris Lucas, Sheila Watts, and David Willis, 35 – 60. Amsterdam: John Benjamins, 2010.

[94] Blake, Barry J. Case Marking in Australian Languages[P]. No. 23 in Linguistic Series. Australian Institute of Aboriginal Studies, Canberra, 1977.

[95] Bobaljik, Jonathan D. Universals in Comparative Morphology: Suppletion, Superlatives, and the Structure of Words[M]. Cambridge, MA: MIT Press, 2012.

[96] Bobaljik, Jonathan D. Distributed Morphology[J/OL]. Ms., University of Connecticut. http://bobaljik.uconn.edu/papers/DM_ORE.pdf, 2015.

[97] Borer, Hagit. Parametric Syntax [M]. Dordrecht, The Netherlands: Foris, 1984.

[98] Burling, Robbins. Garo[C]//In The Sino – Tibetan Languages,

edited by Graham Thurgood and Randy J. Lapolla, 387 – 400, London and New York: Routledge, 2003.

[99] Caha, Pavel. The Nanosyntax of Case[M]. Troms: University of Troms, 2009.

[100] Cardinaletti, Anna. Subjects and Clause Structure[C]//In The New Comparative Syntax, edited by Liliane Haegeman, 33 – 63. London: Addison, Wesley, Longman, 1997.

[101] Cardinaletti, Anna. Towards a Cartography of Subject Positions [C]//In The Structure of CP and IP: The Cartography of Syntactic Structures, Vol. 2, edited by Luigi Rizzi, 115 – 165. New York: Oxford University Press, 2004.

[102] Cardinaletti, Anna and Michal Starke. The Typology of Structural Deficiency. A Case Study of the Three Classes of Pronouns[C]//In Clitics in the Languages of Europe, edited by Henk van Riemsdijik, 145 – 233, Berlin: Mouton de Gruyter, 1999.

[103] Cartier, Alice. Les Indicateurs de lieu en Chinois[J]. La Linguistique, 1972(2): 8.

[104] Chomsky, Noam. Remark on Norminalizations[C]//In Readings in English Transformational Grammar. edited by R. Jacobs and P. Rosenbaum, Waltham, MA: Ginn and Company. pp. 184 – 221, 1970.

[105] Chomsky, Noam. Lectures on Government and Binding[M]. Dordrecht, The Netherlands: Foris, 1981.

[106] Chomsky, Noam. Barriers [M]. Cambridge, MA: MIT Press, 1986.

[107] Chomsky, Noam and Howard Lasnik. The Thoery of Principles and Parameters[C]//In Syntax: An International Handbook of Contemporary

Research, Vol. 1, edited by Joachim Jacobs, Arnim von Stechow, Wolfgang Sternefeld, and Theo Vennemann, 506 - 569, Berlin: Walter de Gruyter, 1993.

[108] Chomsky, Noam. The Minimalist Program[M]. Cambridge, MA: MIT Press, 1995.

[109] Chomsky, Noam. Derivation by Phase[C]//In Ken Halle: A Life in Language, edited by M. Kenstowicz, 1 - 52. Cambridge, MA: MIT Press, 2001.

[110] Chung, Inkie. Suppletive Negation in Korean and Distributed Morphology[J]. Lingua, 2007, 117(1): 84 - 115.

[111] Cinque, Guglielmo. Types of A' dependencies[M]. Cambridge, MA: MIT Press, 1990.

[112] Cinque, Guglielmo. Adverbs and Inflectional Heads[M]. Oxford: Oxford University Press, 1999.

[113] Cinque, Guglielmo (ed.). Functional Structure in DP and IP: The Cartography of Syntactic Structures, Vol. 1[M]. New York: Oxford University Press, 2002.

[114] Cinque, Guglielmo. Restructuring and Functional Heads: The Cartography of Syntactic Structures, Vol. 4[M]. New York: Oxford University Press, 2006.

[115] Cinque, Guglielmo and Luigi Rizzi. The Cartography of Syntactic Structures[C]//In CISCL Working Papers on Language and Cognition, 2, edited by Vincenzo Moscati, University of Sienna, distributed by MIT Working Papers in Linguistics, 2008, 43 - 59.

[116] Cinque, Guglielmo. The Syntax of Adjectives[M]. Cambridge, MA: MIT Press, 2010.

[117] Cole, Peter. Imbabura Quechua [M]. London: Croom Helm, 1985.

[118] Comrie, Bernard and Maria Polinsky. The Great Daghestanian Case Hoax [C]//In Case, Topology and Grammar: In Honor of Barry J. Blake, edited by Anna Siewierska and Jae Jung Song, 95 – 114, John Benjamins, Amsterdam, 1998.

[119] Crowley, Terry. Mwotlap [C]//In The Oceanic Languages, edited by John Lynch, Malcolm Ross and Terry Crowley, Curzon Language Family Series, 587 – 598, Curzon, Richmond, Surrey, 2002.

[120] Dékány, éva. The Nanosyntax of Hungarian Postpositions [J/OL]. Nordlyd, 2009 (36): 41 – 76. Http: // septentrio. Uit. No/index. php/nordlyd/index.

[121] Dikken, Marcel den. On the Syntax of Locative and Directional Adpositional Phrases [EB/OL]. Ms. , CUNY Graduate Center, 2003.

[122] Dikken, Marcel den. On the Functional Structure of Locative and Directional PPs [C]//In Mapping Spatial PPs, The Cartography of Syntactic Structures, Volume 6, edited by Guglielmo Cinque and Luigi Rizzi, 74 – 126, New York: Oxford University Press, 2010.

[123] Duff – Tripp, Martha. Gramática del idioma Yanesha'. Vol. 47 of Serie Lingüistica Peruana [M]. Lima: Instituto Lingüistico de Verano, 1997.

[124] Embick, David. The Morpheme: A Theoretical Introduction [M]. Boston and Berlin: Mouton de Gruyter, 2015.

[125] Embick, David and Rolf Noyer. Distributed Morphology and the Syntax – Morphology Interface [C]//In The Oxford Handbook of Linguistic Interface, edited by Gillian Ramchand and Charles Reiss, 289 – 324. Oxford:

Oxford University Press, 2007.

[126] Embick, David. Localism versus Globalism in Morphology and Phonology[M]. Cambridge, MA: The MIT Press, 2010.

[127] Embick, David and Alec, Marantz. Architecture and Blocking [J]. Linguistic Inquiry, 2008(39): 1-53.

[128] Enoch O. Aboh. The P route[C]//In Mapping Spatial PPs, The Cartography of Syntactic Structures, Volume 6, edited by Guglielmo Cinque and Luigi Rizzi, 2010, 225-260.

[129] Ernest, Thomas. Chinese Postposotions[J]. Journal of Chinese Linguistics, 1988(16): 219-245. Des langues d'Afrique et universaux de la grammaire, 41-67. Paris: L'Harmattan.

[130] Feng Shengli. Chinese Prosodic Syntax: History and Changes[M]. London and New York: Routledge Press, 2019.

[131] Fong, Viviane. The Order of Things. What Syntactic Locatives Denote[D]. Ph. D. thesis, Standford University, 1997.

[132] Greenberg, J. Circum-fixes and Typological Change[P]. Papers from the International Conference on Historical Linguistics, Amsterdam: John Benjamins, 1980.

[133] Giusti, Giuliana. The Categorial Status of Determiners[C]//In The New Comparative Syntax, edited by Liliane Haegeman, New York: Longman, 1997, 95-123.

[134] Hagège, Claude. Le Problém Linguistique des Prepositions et la Solution Chinoise[M]. Louvain: Peeters, 1975.

[135] Haegeman, Liliane and Raffaella Zanuttini. Negative Heads and the Neg Criterion[J]. The Linguistic Review, 1991(8): 233-251.

[136] Halle, Kenneth and Samuel J. Keyser. On Argument Structure and

the Lexical Expression of Syntactic Relations[C]//In The View from Building 20: A Festschrift for Sylvain Bromberger, edited by Kenneth Hale and Samuel J. Keyser. 111 – 176. Cambridge, MA: MIT Press, 1993.

[137] Halle, Morris and Alec Marantz. Distributed Morphology and the Pieces of Inflection[C]//In The View From Building 20: A Festschrift for Sylvain Bromberger, edited by Kenneth Hale and Samuel J. Keyser, Cambridge, MA: MIT Press, 1993, 111 – 176.

[138] Harley, H. & Noyer, R. Formal versus Encyclopedic Properties of Vocabulary: Evidence from Nominalisations[C]//In The Lexicon – Encyclopedia Interface, edited by Peeters, B., 349 – 374. Oxford: Elsevier, 2000.

[139] Haspelmath, Martin. A Grammar of Lezgian. No. 9 in Mouton Grammar Library[M]. Berlin: Mouton de Gruyter, 1993.

[140] Holmberg, Anders. Prepositions and PPs in Zina Kotoko[C]//In Some Aspects of the Grammar of Zina Kotoko, edited by Bodil K. Schmidt, David Odden and Anders Holmberg, 162 – 174, Munich: Lincom Europa, 2002.

[141] Hsieh, Hsin – I. Time and Imagery in Chinese[C]//In Functionalism and Chinese Grammar, edited by James Tai and Frank Hsieh, 45 – 94, 1989.

[142] Huang, C. – T. James. Lexical Decomposition, Silent Categories and the Localizer Phrase[J]. 语言学论丛, 2009(39): 86 – 122.

[143] Jackendoff, Ray. The Architecture of the Linguistic – spatial Interface[C]//In Paul Bloom, Mary A. Peterson, Lynn Nadel and Merrill F. Garrett (eds.), Language and Space, 1 – 30, Cambridge MA: MIT Press, 1996.

[144] Jackendoff, Ray. Semantics and Cognition[M]. Cambridge, MA: MIT Press, 1983.

[145] Jake, Janice L. Grammatical Relationships in Imbabura Quechua [M]. New York: Garland, 1885.

[146] Jia Bu Ji Nuo. 汉语中的后置词(一)[J]. 中国语文, 1957(6): 25-32.

[147] Jia Bu Ji Nuo. 汉语中的后置词(二)[J]. 中国语文, 1958(6): 35-39.

[148] Kayne, Richard S. Movement and Silence[M]. Oxford: Oxford University Press, 2005.

[149] Keresztes, László. Mansi[C]//In The Uralic Languages, edited by Daniel Abondolo, Rourledg Language Family Descriptions, 387-427, London and New York: Routledge, 1998.

[150] Koopman, Hilda. Prepositions, Postpositions, Circumpositions and Particles: The Structure of Dutch PPs[C]//In Hilda Koopman, The Syntax of Specifiers and Heads: Collected Essays of Hilda J. Koopman, 204-260. London: Routledge, 2000.

[151] Kracht, Marcus. On the Semantics of Locatives[J]. Linguistics and Philosophy, 2002(25): 157-232.

[152] Kracht, Marcus. Language and Space [EB/OL]. Ms. UCLA, 2007.

[153] Laenzlinger, Christopher. Comparative Studies in Word Order Variations: Pronouns, Adverbs and German Clause Structure[M]. Amsterdam: John Benjamins, 1998.

[154] Larson, Richard. On the Double Object Construction[J]. Linguistic Inquiry, 1988(19): 239-266.

[155] Lena, Baunaz et al. Exploring Nanosyntax[M]. Oxford: Oxford University Press, 2018.

[156] Levison, Stephen C. Vison, Shape, and Linguistic Description: Tzeltal Body – part Terminology and Object Description [J]. Linguistics, 1994(32): 791 – 855.

[157] Liu, Feng – his. A Clitic Analysis of Locative Particles[J]. Journal of Chinese Linguistics, 1998(16): 48 – 70.

[158] Magomedbekova, Zagidad. The Akhvkh Language: Grammatical Analysis, Texts, Dictionary[M]. Tbilisi: Mecniereba, 1967.

[159] Marantz, Alec. No Escape from Syntax: Don't try Morphological Analysis in the Privacy of Your Own Lexicon[P]. Upenn Working Papers in Linguistics 4: 201 – 225, 1997.

[160] Marr, David. Vision: Computational Investigation into the Human Representation and Processing of Visual Information [M]. New York: W. H. Freeman, 1982.

[161] Marvin, T. Topics in the Stress and Syntax of Words[M]. Cambridge, MA: The MIT Press, 2002

[162] Nam, Seungho. The Semantics of Locative PPs in English[D]. Ph. D. Dissertation, UCLA: 1995.

[163] McGinnis, M. On the Systematic Aspect of Idioms[J]. Linguistic Inquiry, 2002(33): 665 – 672.

[164] Newell, H. Aspects of the Morphology and Phonology of Phrases [D]. Doctoral Dissertation, McGill University, Montreal, Quebec, Canada, 2008.

[165] Nichols, Johanna. Ingush[C]//In North East Caucasian Languages, Part 2, edited by Rieks Smeets, Vol 4 of The Indigenious Languages of

the Caucasus. Delmar, New York: Caravan Books, 1994.

[166] Noonan, Máire. à To Zu[C]//In Mapping Spatial PPs, The Cartography of Syntactic Structures, Volume 6, edited by Guglielmo Cinque and Luigi Rizzi, 161 – 195, 2010.

[167] Pantcheva, Marina. Decomposing Path: the Nanosyntax of Directional Expressions[D]. Doctoral dissertation, University of Troms, 2011.

[168] Pollock, Jean – Yves. Verb Movement, Universal Grammar, and the structure of IP[J]. Linguistic Inquiry, 1989, 20(3): 365 – 424.

[169] Rygaloff, Alexis. Grammire élémentaire du Chinios [M]. Paris: PUF, 1973.

[170] Ramchand, Gillian. Verb Meaning and the Lexicon: A First – Phase Syntax[M]. Cambridge: Cambridge University Press, 2008.

[171] Richards, Norvin. Uttering Trees [M]. Cambridge, MA: MIT Press, 2010.

[172] Richards, Norvin. Contiguity Theory[M]. Cambridge, MA: MIT Press, 2016.

[173] Ritter, Elizabeth. Two Functional Categories in Noun Phrases: Evidence from Modern Hebrew [C]//In Perspectives on Phrase Structure: Heads and Licensing, edited by Susan D. Rothstein, San Diego, CA: Academic, 1991, 37 – 62.

[174] Rizzi, Luigi. The Fine Structure of the Left Periphery[C]//In Elements of Grammar, edited by Liliane Haegeman, pp. 281 – 337. Dordrecht, The Netherlands: Kluwer, 1997.

[175] Rizzi, Luigi. On the Position Int(errogative) in the Left Periphery of the Clause[C]//In Current Issues in Italian Syntax: Essays Offered to Lorenzo Renzi, edited by Guglielmo Cinque and Giampaolo Salvi, 287 –

296. Amsterdam: Elsevier, North-Holland, 2001.

[176] Rizzi, Luigi. Locality and Left Periphery[C]//In Structures and Beyond: The Cartography of Syntactic Structures, Vol. 3, edited by Adriana Belletti, 223-251. New York: Oxford University Press, 2004.

[177] Rizzi, Luigi (ed.). The Structure of CP and IP: The Cartography of Syntactic Structures, Vol. 2[M]. New York: Oxford University Press, 2004.

[178] Rizzi, Luigi. Syntactic Cartography and the Syntactisation of Scope-discourse Semantics[C]//In Mind, Values and Metaphysics-Philosophical Papers Dedicated to Kevin Mulligan, edited by Anne Reboul, pp. 517-533. Dordrecht, The Netherlands: Springer, 2013.

[179] Rocquet, Amélie. Splitting Objects: A Nanosytactic Account of Direct Object Marking[D]. Doctoral Dissertation, Ghent University, 2013.

[180] Rygaloff, Alexis. Grammire élémentaire du chinios[M]. Paris: PUF, 1973.

[181] Sheehan, Michelle. Explaining the Final-over-Final Constraint: Formal and Functional Approaches[C]//In Theoretical Approaches to Disharmonic Word Order, edited by Theresa Biberauer and Michelle Sheehan, 407-444. Oxford: Oxford University Press, 2013a.

[182] Sheehan, Michelle. Some Implications of a Copy Theory of Labelling for the Linear Correspondence Axiom [J]. Syntax, 2013b (16): 362-396.

[183] Sheehan Michelle, Theresa Biberauer, Ian Roberts, and Anders Holmberg. The Final-Over-Final Condition: A Syntactic Universal[M]. Cambridge, MA: MIT Press, 2017.

[184] Seyoum, Mulugeta. A Grammar of Dime[D]. Ph. D. thesis, Uni-

versity of Utrecht, 2008.

[185] Shlonsky, Ur. The Cartographic Enterprise in Syntax[J]. Language and Linguistics Compass, 2010, 4(6): 417 - 429.

[186] Siddiqi, D. Syntax within the Word: Economy, Allomorphy, and Argument Selection in Distributed Morphology[M]. Amsterdam/Philadelphia: John Benjamins Publishing Company, 2009.

[187] Starke, Michal. Nanosyntax: A Short Primer to a New Approach to Language [J/OL]. In Troms? Working Papers in Language and Linguistics. Nordlyd 33 (1): 1 - 6. Http: // septentro. uit. no/index. php/nordlyd/index. 2009.

[188] Starke, Michal. Towards an Elegant Solution to Language Variation: Variation Reduces to the Size of Lexically Stored Trees [J/OL]. Http://LingBuzz/001183, 2011.

[189] Starke, Michal. Auxiliaries and Structural Gaps: Current Issues in Nanosyntax[P]. Lecture series presented at CRISSP, Hogeschool - Universiteit Brussel. 18, 20, 22, 2013.

[190] Svenonius, Peter. Spatial P in English[P]. CASTL, University of Troms?, June 20th, 2004.

[191] Svenonius, Peter. The Emergence of Axial Parts [J/OL]. In Troms? Working Papers in Language and Linguistics. Nordlyd 2006, 33 (1): 49 - 77. Http: //septentro. uit. no/index. php/nordlyd/index.

[192] Svenonius, Peter. Projections of P[C]//In Syntax and Semantics of Spatial P, edited by Anna Asbury, Jakub Dotlačil, Berit Gehrke and Rick Nouwen, 63 - 84, John Benjamnins, 2008.

[193] Svenonius, Peter. Spatial Prepositions in English [C]//In Guglielmo Cinque and Luigi Rizzi (eds)., Mapping Spatial PPs, The Car-

tography of Syntactic Structures, Volume 6, 127 – 160. Oxford: Oxford University Press, 2010.

[194]Svenonius, Peter. Structural Decomposition of Spatial Adpositions [P]. Paper Presented at a Conference in Bochum in 2012.

[195] Szabolcsi, Anna. The Possessive Construction in Hungarian: A Configurational Category in a Non – configurational Language [J]. Acta Linguistica Academiae Scientiarum Hungaricae, 1981, 31(1 – 4): 261 – 289.

[196]Szabolcsi, Anna. The Possessor That Ran Away from Home[J]. The Linguistic Review, 1984, 3(1): 89 – 102.

[197]Szabolcsi, Anna. Functional Categories in the Noun Phrase[C]// In Approaches to Hungarian 2: Theories and Analyses, edited by István Kenesei, 167 – 189. Szeged, Hungary: JATE, 1984.

[198]Tai, James. Chinese as a SOV Language[P]. Papers from the 9th Chicago Linguistic Society, 1973(9): 659 – 671.

[199]Tai, James H – Y. Cognitive Basis of Spatial Expressions in Chinese: A Preliminary Analysis of the Zai Phrase[P]. Papers Presented at the 22nd Sino – Tibetan Conference, Hawaii, 1989.

[200]Terzi, Arhonto. Locative Prepositions and Place[C]//In Guglielmo Cinque and Luigi Rizzi (eds)., Mapping Spatial PPs, The Cartography of Syntactic Structures, Volume 6, 2010, 196 – 224.

[201]van Riemsdijk, Henk and Riny Huybregts. Location and Locality [C]//In Progress in Grammar: Articles at the 20th Anniversary of the of Grammatical Modes Group in Tilburg, edited by Marc van Oostendorp and Elena Anagnostopoulou, 1 – 23, Meertens Instituut, Amsterdam, 2002.

[202]Vellard, Jahen A. Contribución al Estudo de la Lenga Ura[M]. Universidad de Buenos Airies. Facultad de Filisofíay Letras, Buenos

Aires, 1967.

[203] Viitso, Tiit – Rein. Estonitan [C]//In The Uralic Languages, edited by Daniel Abondolo, Routledge Language Family Descriptions, 115 – 148, London and New York: Routledge, 1998.

[204] Watters, David E. A Grammar of Kham [M]. Cambridge: Cambridge University Press, 2002.

[205] Wunderlich, Dieter. How do Prepositional Phrases Fit into Compositional Syntax and Semantics? [J]. Linguistics, 1991(29): 591 – 621.

[206] Zwarts, Joost. Vectors as Relative Positions: A Compositional Semantics of Modified PPs [J]. Journal of Semantics, 1997(14): 57 – 86.

[207] Zwarts, Joost and Joad, Winter. Vector Space Semantics: A Model – Theoretic Analysis of Locative Prepositions [J]. Journal of Logic, Language and Information, 2000(9): 169 – 211.

[208] Zwarts, Joost. Aspect of a Typology of Direction [C]//In Theoretical and Crosslinguistic Approaches to the Semantics of Aspects, edited by Susan Rothstein, 79 – 106. John Benjamins, Amsterdam, 2008.

后 记

纳米句法是一种着眼于语言微观句法构造的形式句法学理论。如果从该领域的开山之作《纳米句法导论：语言研究的新方法》(*Nanosyntax: A Short Primer to a New Approach to Language*)(Starke，2009：1-6)算起，纳米句法的理论研究刚刚走过了第 11 个年头。从本书对其理论模型的介绍中可以看出，纳米句法主司语言微观结构的探索，其理论模型及运算方式与主流生成语法理论之间存在较大的差异。近些年来，西方语言学界在纳米句法的理论框架下对形式各异的语言现象做出了跨语言与跨结构的研究，产生了较为丰硕的研究成果。相比之下，国内对纳米句法关注较少，其理论主张及操作方式并不为国内语法学界所熟知，相关研究论文及研究专著较为稀少。本书是在纳米句法的理论框架下对汉语语言现象进行研究的一次尝试。我们认为，纳米句法能够很好地刻画汉语方所介词结构的内部结构，并为介词及方位词的隐现规律以及介词结构的句法分布和游移动因提供解释。我们相信，作为一种年轻的理论模型，纳米句法能够为汉语语法研究提供崭新的研究视角和技术支持，从而推动汉语语法研究的发展与完善。

恩师庄会彬教授对本书的写作给予了热切的关怀与希望，他以高尚的学术理想和道德品质时刻鼓励着我在学术的道路上勇往直前。本书的顺利完成，与恩师的鼓励与关怀密不可分。

本书在写作过程中广泛参照了 Lena Baunaz、Pavel Caha、Michal Starke、Marina Pantcheva、马贝加等学者的分析模型及语料用例，在此表示由衷的感谢。此外，本书的写作得到了 2020 年度教育部人文社会科学研究青年基金项目"汉语框式介词的生成语法研究"（项目编号：20YJC740055）的资助，在此一并致谢。

　　最后需要指出的是，由于作者自身的知识水平有限，理论基础薄弱，本书在论证过程中难免会出现一些疏漏与谬误，恳请广大专家与学者批评指正。

孙文统

2020 年 8 月 30 日